imaginist

想象另一种可能

理
想
国

imaginist

ESPEJOS: UNA HISTORIA CASI UNIVERSAL

镜子

一部被遮蔽的
世界史

EDUARDO GALEANO

[乌拉圭] 爱德华多·加莱亚诺 著　张伟劼 译　索飒 导读

民主与建设出版社
·北京·

© 民主与建设出版社，2024

图书在版编目（CIP）数据

镜子：一部被遮蔽的世界史 /（乌拉圭）爱德华多·加莱亚诺（Eduardo Galeano）著；张伟劼译. -- 北京：民主与建设出版社，2024.12. -- ISBN 978-7-5139-4804-3

Ⅰ. K109

中国国家版本馆 CIP 数据核字第 2024WR9107 号

ESPEJOS: UNA HISTORIA CASI UNIVERSAL
EDUARDO GALEANO
Copyright © 2009 by Eduardo Galeano
This edition arranged with Susan Bergholz Literary Services
through Big Apple Agency, Labuan, Malaysia.
Simplified Chinese edition copyright © 2024 by Beijing Imaginist Time Culture Co., Ltd.
All rights reserved.

北京市版权局著作权合同登记号 图字：01-2024-5400

镜子：一部被遮蔽的世界史
JINGZI YIBU BEI ZHEBI DE SHIJIE SHI

著　　者	［乌拉圭］爱德华多·加莱亚诺
译　　者	张伟劼
责任编辑	王　颂
特约编辑	毹　峸
装帧设计	高　熹
内文制作	陈基胜
出版发行	民主与建设出版社有限责任公司
电　　话	（010）59417749　59419778
社　　址	北京市朝阳区宏泰东街远洋万和南区伍号公馆 4 层
邮　　编	100102
印　　刷	山东韵杰文化科技有限公司
版　　次	2024 年 12 月第 1 版
印　　次	2024 年 12 月第 1 次印刷
开　　本	787 毫米 ×1092 毫米　1/32
印　　张	16.25
字　　数	347 千字
书　　号	ISBN 978-7-5139-4804-3
定　　价	86.00 元

注：如有印、装质量问题，请与出版社联系。

目 录

导读：重构世界史——《镜子》及加莱亚诺（索飒）
i

译序："南方"视角下的世界史（张伟劼）
xv

镜子
001

译名对照表
477

导 读

重构世界史——《镜子》及加莱亚诺

索 飒

1

爱德华多·加莱亚诺（Eduardo Galeano）作品的第一层磁力来自他的语言。

作家确在语言的城池内恣意施展身手，但这位乌拉圭作家似乎生性不守规矩，就像他的一部作品题目所示：《四脚朝天——教你颠倒看世界》（*Patas arriba: Escuela del mundo al revés*）。

在加莱亚诺那些一反常规的辞藻表达、浑然天成的警句比喻、天马行空的浮想念头里，隐藏着一个"反体制"的精灵。语言只是血肉，骨子里是思想。

曾被右翼军人独裁政府逼迫流亡国外十余年之久的加莱亚诺，少年时在课堂里遭受过第一次"驱逐"：当女教师讲解说西班牙殖民者巴尔沃阿登上巴拿马一座山峰后成为同时看见大西洋、太平洋两大洋的第一人时，加莱亚诺举手发问："老师小姐，当时印第安人都是瞎子吗？""出去！"

也许造化在一些人的精血里植下了反抗的髓质，但真正锻造人品性的，还是历史。

2

曾有人质疑"反体制"的表达，似乎反体制不啻无政府主义。回答这种质疑的方法，不是在理论和词语中周旋，而是面对严峻的历史和现实。

加莱亚诺转述有位长期在巴西丛林生活的西班牙神父对他说的话："确实，教会人们捕鱼比给人们分发小鱼做礼物更好，但是，如果河流被投了毒或被出卖给了别人，那么教人打鱼又有什么用呢？"

寓意中，被投毒和出卖的河流就是我们所言及的政治—文化含义上的"体制"：在"问题"的背后有一个比一个更大的"问题"。

人若非直接感受生存威胁，很容易自觉不自觉地习惯和适应环境；而压迫人的"体制"，经过近千年谋划、数世纪演练，已经炉火纯青，压力可达千钧，精密细于发丝，可张可弛，以恐吓、欺骗、利诱逼迫人就范。

地球上延续至今的这张大网始自排斥他人的选民观念，经过了金融意识、资本成型、战争贸易、殖民体系、种族主义、官僚制度、现代媒体，至今密织不破。

但是，这张大网也遭受过一次次巨浪的冲击。拉丁美洲是冲击的一角，一浪浪的接续造就了一种反体制文化，成为与体制较量的对头。拉丁美洲是一块深受体制之害的大陆，大地被改变了面貌，人口被置换了肤色、宗教、语言，还有被强加的政治制度、经济结构、被阉割的文化。五百年前，非人制度首先在这块土地上落地生根，五百年后依然魅影重重。但是，"反体制"的斗争从来没有止息。"60年代""五百周年"和近年的印第安—左翼政治运动，是半个世纪以来的几次大潮。

1959年的古巴革命承接20世纪初开始的传统社会主义革命，但是埃内斯托·切·格瓦拉抛弃官职、走进丛林、实践国际主义的举动，给面临异化危机的革命指出了一种突破的可能。"60年代"的拉丁美洲，并非"五月革命"的法国和"反文化"的美国，但高潮迭起的人民运动折射出有别于传统革命的反体制精神。"依附理论"提出对现存世界政治经济体制的根本质疑，加莱亚诺最雄辩的作品《拉丁美洲被切开的血管》（*Las venas abiertas de América Latina*）可以视为对这一理论的文学式展开。"解放神学"从历史与拯救并行不悖的角度颠覆天主教会的虚伪和思辨神学的脆弱，为正义斗争加冕"希望"的永恒光环。巴西民众教育家巴勃罗·弗莱雷（Pablo Freire）倡导"解放教育学"，提出人接受"教育"的过程必须是人对自身处境的"觉悟"过程，否则脱盲即重新落入体制的圈套。

直至"秩序"井然的20世纪末，在墨西哥的东南山区居然还能杀出一支推陈出新的当代游击队。游击队的主体是"失踪"归来的印第安人，他们的代言人副司令马科斯如加莱亚诺一样，浑身带刺，在协同印第安人造反的间隙，读诗、上网，给加莱亚诺写信。

这是一种孕育着反体制精神的人民，尽管他们看起来势单力薄，面对着顽固的后殖民环境和强大的中产阶级。使这一精神胚芽得以存活生长的原因，除了严酷的历史遭遇，还有人民及其知识分子文化中的积极乌托邦精神，后者大概是唯一可以为"新大陆"提法正名的因素。

对这一文化的检验刚刚到来，对这批知识分子的考核刚刚到来，对这块大陆前途的挑战刚刚到来。随着属于"野蛮"范畴的印第安人登上政治舞台，一场对反体制斗争彻底性的考验既针对台上，也针对台下。

印第安人出身的玻利维亚总统埃沃·莫拉莱斯提出的"新十诫"象征着一种新的人类生存方式。他能把这条路走通呢，还是会落入美国黑人中产阶级集团的窠臼？作为白人移民主体国家的知识分子，加莱亚诺坚定地站在了印第安人一边，他在《镜子》中并在就《镜子》的发言中反复提到，印第安人是我们这块大陆上最早的失踪者，他们未及出现，已经失踪。这样，他就把当代政治斗争中的"失踪者"概念溯源至美洲近代史和世界殖民史的开端，并将"文明"与"正义"的悖论提交给世界反思。他以《时间之嘴》（*Bocas del Tiempo*）命名自己的一部书，象征"永恒"的时间观念取自印第安玛雅文化，加莱亚诺以这一借来的世界观抵御体制所依赖的"进步"观。

3

反体制精神并不等同于知识分子的怀疑论或虚无主义。后者貌似特立独行，实则没有脱离资本主义体制中的个人中心文化范畴。反体制精神具有鲜明的认同感，它认同人类文明的基石——

友爱精神，它认同不公正体制的最大受害者——底层受辱民众。这种精神在拉丁美洲被称作 solidalidad（友爱），它有别于政治层面的 unidad（团结），有别于自上而下的 caridad（仁慈）。

这种"横向的互相尊重的"友爱精神被加莱亚诺反复强调，他的一部书甚至直抒胸臆地题为《拥抱之书》（*El libro de los abrazos*）。从《拉丁美洲被切开的血管》中与衣衫褴褛的印第安人同车奔波于崎岖山路上的感受，到几十年后《时间之嘴》中奔走于地球各个角落的被"全球化"驱赶的穷国移民，加莱亚诺称：

> 我为那些不能读我的作品的人写作；为那些底层人，那些几个世纪以来排在历史尾巴的人，那些不识字或者没有办法识字的人写作。

这种知识分子在拉丁美洲被称作对人民"承诺"的知识分子（comprometido，葛兰西称之为"有机知识分子"，台湾知识界有时译为"同伙知识分子"）。

不久前，年轻的中国独立学者对世界银行在中国的发言勇敢质疑，正是凭借知识分子对人民恪守的诺言，才滋生出藐视"强大"的勇气。

在这个意义上，加莱亚诺的记者出身有了象征意义。他感受生活的脉息，他与形形色色的人交谈，他直接学习民众的语言，将他们的话语摆进一个更有意义的框架。2011 年，身患癌症 70 岁高龄的加莱亚诺出现在西班牙"愤怒青年"抗击体制的太阳门广场，俨然不下战场的老骥，处处激发活跃的思想与活泼的语言。

采用由记者生涯锤炼的短小杂文也成了他习惯的挑战手段。自《拉丁美洲被切开的血管》之后，加莱亚诺似乎没有写过连贯性的整部作品，每部书几乎都是在某一主题下的一连串小"故事"，即便解析拉丁美洲历史的巨著三部曲《火的记忆》(*Memoria del fuego*) 也不例外。《镜子》原以"一部准世界史"为副标题，亦由五百多篇小短文组成。这些文字不是文人骚客的小品文，它们是邀请读者思考的、逝去的和活着的历史，它们组成别样意义的"洗脑"，让谎言不攻自破，让恶行暴露于光天化日，帮助人们冲出体制之网的重围。

4

政治强权携文化强权同行。迄今为止的文化史和传世文本，基本由"体制"把持。它刻意制造的种种史迹、神话、名人典籍充斥每个角落，如加莱亚诺所言，"世界史基本上是一部欧洲史"。这些由教科书传授、经人云亦云而流传的"文化"至今是令思想窒息的压顶磐石。

对付文字话语霸权的一个手段是抢救"记忆"。散落于民间的、流传于口头的记忆，被冷落在纸页边缘的记录，均具有反体制作用。在史料的大海中捞针，在民众的记忆中淘金，是学者和知识分子的责任。加莱亚诺对这种责任是这样表达的：

> 我是一个希望为抢救记忆做贡献的作家，抢救整个美洲被劫持的记忆，尤其是拉丁美洲——这块我深爱着

而被人歧视的土地——被劫持的记忆。

在解释《镜子》的写作时，加莱亚诺曾举例描述过这种抢救的艰辛：有时捕捉到被体制大网疏漏的蛛丝马迹，但没有一点文字记载，他不得不重新调查，自己动笔写作历史。《镜子》中的五百多个故事中，有一些就是这样写成的。

体制不仅把持着文字书写的历史，还培育了甘心听从体制的思维定式。如果说对付前者的手段之一是抢救记忆，对付后者的一剂解药则是唤醒"常识"。这个词在西班牙语中叫作 sentido común。唤醒常识即复述被体制麻药所麻痹的基本知识，帮助恢复因体制的宣传所失却的正常思维，为朴素的良知拍打掉常年积累的灰尘。

"常识"也是加莱亚诺反复提及的词汇。在写于 2004 年的一篇短文《表扬常识》里，作家这样表述：

> 我们在哪里还能找到一个空间，让我们能够彼此对话，共同努力？难道不能先从常识中开始寻找这样的空间吗？就在这越来越不寻常的常识中去寻找……
>
> 为了让熊在马戏场上跳舞，驯兽者这样训练它：在音乐的节奏中用带刺的棍棒打它的屁股。如果熊按规矩跳舞，驯兽员就停止棒打，并喂之以食。如果熊不听话，就继续折磨，并在晚上被饿着关进牢笼。出于害怕，害怕惩罚，害怕挨饿，所有的熊都照章舞蹈。从驯兽者的角度来看，这是纯粹的常识。但是，如果从被驯者的角

度来看呢?……

真正的教育,从常识引发并导向常识的教育,指导我们为夺回被篡夺的一切而斗争。

5

《镜子》在五百多个小故事里为读者呈现古今内外的常识,许多"常识"匪夷所思,骇人听闻,振聋发聩。

《镜子》原以"一部准世界史"为副标题,意在颠覆欧洲中心的文化历史体系,邀请读者阅读灿烂多彩的世界文明。《镜子》细致讲述不同文明的魅力,引领读者从一面反传统的镜子里看到:

> 镜子里装满了人。
> 不为人所见的人,望着我们。
> 被人遗忘的人,记着我们。
> 我们看到自己,也看到了他们。
> 我们离去之时,他们是否也会离去?

对强占史册的冠冕堂皇的人物,作者捉住其一撮狐狸尾巴,毫不留情地将之拖出伪饰的殿堂。在《教皇真慷慨》里他写道:

> 自中国舰队远航之后,过了七十年,西班牙开启了征服美洲的大业,并把一个西班牙人安排到梵蒂冈的宝座上。
> 出生于瓦伦西亚的罗德里戈·波西亚用四头满载金

银的骡子买来红衣主教们的选票，成为罗马教皇，后称亚历山大六世。

这位西班牙教皇颁布"捐赠诏书"，以上帝之名，把那些几年后被称为"美洲"的岛屿和土地赠送给西班牙国王、王后和他们的继承者。

教皇也承认，葡萄牙是撒哈拉沙漠以南的非洲岛屿和土地的主人、拥有者。葡萄牙自半个世纪前开始就从撒哈拉沙漠以南的非洲源源不断地掠夺黄金、象牙和奴隶。

他们航海的目的，与郑将军就不完全一样了。教皇赠送美洲和非洲，"以使蛮族败降，皈依天主教信仰"。

当时，西班牙的人口比美洲少十五倍，撒哈拉沙漠以南的非洲的人口则是葡萄牙的一百倍。

在《自由哲学家》里，可以读到一个西方哲人的世俗面目：

好几个世纪过去了，英国哲学家约翰·洛克对世界思想的影响还在继续增加。

这不足为怪。正是因为洛克，我们才知道上帝把世界交给它的合法拥有者，"勤奋、理智的人"，也正是洛克给所有种类的人的自由奠定了哲学基础：创业自由、贸易自由、竞争自由、雇佣自由。

还有投资自由。这位哲人在写作《人类理解论》一书时，用他的积蓄投资了皇家非洲公司的大宗股票，为人类理解作出了新的贡献。

这家属于英国王室和"勤奋、理智的人"的公司，其主营业务是在非洲抓奴隶然后卖往美洲。

根据皇家非洲公司的说法，他们的努力保证了"长期、充足、价格适中的黑奴货源供应"。

在《在海上漂动的牢笼》里，我们从历史的细节中读到了殖民主义者的残忍：

> 最热爱自由的奴隶贩子把他最钟爱的两条船分别命名为"伏尔泰号"和"卢梭号"。
>
> 有些奴隶贩子给他们的船安上宗教色彩十足的名字："灵魂号""怜悯号""先知大卫号""耶稣号""圣安东尼奥号"……
>
> 另一些奴隶贩子则以船名证明他们对人类、对大自然和对女性的爱："希望号""平等号""友谊号""英雄号""彩虹号""鸽子号""夜莺号""金蜂鸟号""欲望号""可爱的贝蒂号""小波莉号""可爱的赛西丽亚号""淑女汉娜号"。

在《圣诞老人的诞生》的背后，我们读到了"文化"的狡诈功能：

> 桑塔·克劳斯首次出现在1863年的一期纽约《哈泼斯》杂志上，其形象是一个矮矮胖胖的小精灵，正往一

根烟囱里钻。这个形象出自漫画家托马斯·纳斯特之手。他是从圣尼古拉斯的传说中偶得灵感的。

1930年圣诞节，桑塔·克劳斯开始受雇于可口可乐公司。在此之前，他不穿制服，一般倾向于穿蓝色或绿色的衣服。漫画家哈顿·桑布罗姆给他换了身行头，用可口可乐公司的标志色，一身鲜红加白色绲边，又给他添上今天我们所有人熟知的一系列特征。这位孩子们的老朋友留着白胡子，总是笑个不停，乘雪橇出行。他长得那么肥，还背着礼物，一手一瓶可口可乐，真不知道他是用什么法子钻进一根又一根烟囱的。

也没人知道，他和耶稣有什么关系。

众多的故事有时被安排在同一组题目下。

《疫苗的诞生》讲述18世纪初疫苗的诞生，"如何离不开一位生自奴仆之家、成为实验室小白鼠的孩子"。

《新闻通讯社的诞生》讲述滑铁卢之战中真正的胜利者是银行家内森·罗斯柴尔德。他指挥着一支规模极小的信鸽部队，先于所有人知道拿破仑已经战败，但他却散布传言说法军取得决定性胜利，以此造成的股市魔术使罗斯柴尔德持有的财富猛涨了二十倍，成为全世界最有钱的人。

《生态学的诞生》记叙德国科学家洪堡注意到"在奥里诺科河中的乌鲁安纳岛上，印第安人并不会把海龟产在沙滩上的蛋尽数取走，这样才能让海龟继续繁殖后代，但欧洲人并没有学会这一好习惯，他们贪婪无比，把大自然赐予的伸手可及的宝藏损耗殆尽"。

《好莱坞的诞生》娓娓道出这个被世界追捧的电影王国的出世：

> 蒙面人骑马行进，白色的长袍，白色的十字架，火把高高举起：渴求白人少女的黑人，在这些为女士美德和骑士荣誉复仇的骑手面前瑟瑟发抖。

> 在私刑最盛的年代，D.W. 格里菲斯执导的电影《一个国家的诞生》为三K党高唱赞歌。

> 这是好莱坞的第一次大成本制作，收获了无声电影历史上的最佳票房。这也是第一部在白宫首映的电影。时任总统的伍德罗·威尔逊当场起立鼓掌。他为影片鼓掌，他为自己鼓掌：这位扛着自由大旗的总统，便是陪伴这些史诗场景的大部分说明文字的执笔人。

> 总统的话语解释说，奴隶的解放是"文明在南方遭遇的一场真正的灾难，白人的南方被黑人的南方踩在了脚下"。

> 自此，这块土地陷入混乱之中，因为黑人"是不懂得威权的用处的，只认得它的残暴无情"。

> 但是，总统点燃了希望之光："终于，伟大的三K党诞生了。"

> 在影片结尾，甚至连耶稣也亲自下凡，来传递他的祝福。

6

文化环境长期严重扭曲，重构世界史举步维艰。迷雾重重，不仅是对（政治经济意义上的）南方和（文化意义上的）东方的整体遮蔽，也使后者之间缺少深刻的横向了解和认识。相对于涉及东方文明的文字，加莱亚诺显然更有能力准确和贴切地描写他所"深爱着而被人歧视的"拉丁美洲。

《镜子》在归还多元文化、多神教应有地位的同时，对三大一神教均有针砭，抨击的主要火力对准拉丁美洲人口的统治宗教天主教。《镜子》对被压迫者阵营的批评和指责总体是善意的，但是对于一些重大命题的判断，短文的形式能否使读者得出全面公正的结论，却可以斟酌。

压迫者的阵营在结成体制板块对付被压迫者时，逐渐锻炼成铁板一块一致对外，颠覆体制的这种艰难，唯提请反叛者更加团结、超越个体力量和文化背景难以逾越的局限并共同完成大业。作者也正是这样强调的："常识（sentido común）本质上是一种共同体意识（sentido comunitario）。"

7

《镜子》全书以《消失的东西》结尾：

> 20 世纪在和平和公正的呼声中诞生，在血泊中死去，留下一个比先前更不公正的世界。

21世纪也在和平和公正的呼声中诞生,接着上个世纪的老路前行。

小时候,我坚定地相信,在地球上消失的一切,最后都跑到月亮上去了。

可是,宇航员在月球上并没有发现危险的梦,或遭到背叛的承诺,或破碎的希望。

它们不在月亮上,又在哪里呢?

会不会是,它们没从地球上消失呢?

会不会是,它们就藏在这地球上呢?

长久注视着加莱亚诺的工作,不时总想起他回忆的少年课堂体验。正是因为那个小孩敢于表达对"一个外来者是同时看见两大洋的第一人"的话语的反感,一场伟大的对世界史叙述的颠覆革命才成为可能。

加莱亚诺在《镜子》中曾借莎士比亚之语说道:"一群疯子带领着一群瞎子,这是这个时代的不幸。"但一切并不悲观。领悟了乌托邦含义的拉丁美洲人在发掘希望和梦想,而"跟在疯子后面的瞎子们"一旦恢复了正常视力——那时,不仅重建一种世界史是可能的,建设一个更好的家园也是可能的。

2012年春

译 序

"南方"视角下的世界史

张伟劼

今天的世界,被笼统地划分为富裕的北方和贫穷的南方。在古代阿拉伯人的地图上,南方在上面,北方在下面。在中世纪的欧洲人看来,北方在上,南方在下:北方是世界的上半身,干净整洁,仰望星空;南方是世界的下半身,又脏又臭,藏污纳垢。在南方,黑夜取代了白昼,夏天是寒冷的,河流是倒着流的,统治南方的不是上帝,而是魔鬼。

那么南方人看到的世界历史,该是什么样的?

很难就这本书给出一个明确的上架建议:论主题内容,它该归入历史类,但全书通篇没有脚注或尾注,更不见系统性的思想观点,看上去是那样的不靠谱;论行文风格,它该归入文学类,但除去一些原始传说,该书所述并没有多少虚构的成分,不像小说倒更像新闻报道,正如该书作者、乌拉圭作家爱德华多·加莱亚诺在 20 世纪 70 年代写就的名作《拉丁美洲被切开的血管》,用他自己的话说，是"用爱情小说和海盗小说的方式来谈政治经济学"，结果写成了一本既深刻又好看的经典。在加莱亚诺的笔下，诗歌、散文乃至新闻报道之间的界限模糊了，与此同时，传统主流价值观所划定的边界被他冲击得七零八落，被遗忘的人们从历史之河中浮现出来，于是就有了这五百多个小故事，它们组成了一部别样的世界史。

黑人用乌黑的手臂建起了白宫，却被拒斥在美国独立的盛典之外。同样没有受到邀请的，还有印第安人、女人和穷人。在墨西哥大革命中，妇女们走出厨房，背负炊具为她们的革命者丈夫和兄弟提供后勤保障，当他们乘坐火车进军时，她们只能坐在车厢顶上。革命结束之后，没有人付给她们任何抚恤金。在历史的舞台上，他们只是群众演员，分享极低的片酬，极少留下自己的名字。他们没有权力，也就没有说话的机会。我们以为他们不说话，也就当他们不曾存在过了。今天，仍然有许许多多的人，不管他们是被称作"边缘人"也好，被称作"底层民众"也好，或是"弱势群体"也罢，他们的声音鲜为我们听到。

加莱亚诺在谈及写作此书的动机时说："历史是一个行走不歇的悖论。矛盾推动它迈开脚步。也许正因为如此，它的沉默比它的话语传达了更多的信息，而它的话语往往通过谎言的形式揭示真理。"从原始人到 21 世纪的文明人，这些小故事试图让曾经沉默的人开口说话。即使他们说不出话来，我们也第一次知道了他们的想法，知道他们原来有这样那样的诉求。

不过，这部世界史并没有刻意回避正史中的主角们，只不过是用另外的方式描述他们，或是把他们不为人知的细节披露出来。资本主义的伟大先驱者，是口衔短刀、单眼蒙布、肩上站着只鹦鹉的。这个人是干什么的？你猜。为人类生活的改善作出巨大贡献、令名校毕业生趋之若鹜的一些知名跨国公司，原来也曾与希特勒同流合污，为纳粹事业作出巨大"贡献"。

传统上的世界史，是胜利者写就的，也就是说，是以欧洲为中心的历史。对于第三世界的知识分子来说，打破欧洲中心论的桎梏仍是一项未完成的任务。拉美作家的独特优势，在于既能充分吸收欧洲文明的营养，又能时时跳出欧洲文明的框子，识得庐山真面目。加莱亚诺就是一个例子。在这部著作中，他的笔头时常能精准地探入种种西方意识形态的内部，揭示西方人一些长期怀有的偏见起源。女人、黑人和印第安人是如何被妖魔化的？为什么殖民者能在《圣经》里找到依据，从而肆无忌惮地猎取黑奴？英国人是借"自由贸易"来传播"文明"，还是借传播"文明"来搞"自由贸易"？……这些会让极右翼分子、种族主义者或某些爱国主义者抓狂的问题，都能在此书中找到答案。

我看到我生活的城市每天都在发生变化。大楼造得越来越高，几可蔽日；街上的汽车越来越多，塞满地上地下；手中的通信技术越来越发达，彩铃声此起彼伏……总之，一切都在发展，都在进步，为更美好的生活努力奋斗的人们，脸上充满希望，都在内心里呼喊：我要成功！我要成功！于是书店里摆满了教你怎样做成功人士的励志书籍。

小时候，我以为历史是呈直线发展的，人类只会变得越来越好；

后来，哲学老师告诉我，历史是呈螺旋式发展的，人类会在某些时候走点弯路，但若看总体趋势，仍是朝着越来越好的未来迈进的。为了发展，我们可以在某些方面作出一些让步，可以作出一些暂时的牺牲，但总归会越来越好。经济学家这么看，人文学者也这么看，我们在数字的欢歌里迷醉自己。

在《科技革命简史》这一节里，加莱亚诺写道："我们发明了武器用来自卫，却被武器夺了性命。我们发明了汽车用来行路，却被汽车阻挡了脚步。我们发明了城市是为了相聚，却被城市疏远了彼此……我们成了我们的机器的机器。"

在《毁灭世界的战争》这一节里，加莱亚诺写道："21世纪的科技进步将相当于人类历史两万年进步的总和，但谁也不知道，人类将在哪个星球上庆祝这些进步了。"

历史是在发展的吗？人类生活真的越变越好吗？在这本非主流的世界史里，我们找不到肯定的论据。大约四十年前，在他的成名之作《拉丁美洲被切开的血管》里，加莱亚诺告诉我们，发展的意思就是，发达国家的人过得越来越好，与此同时，不发达国家的人过得越来越坏。在他的这本新作里，对"发展"的批判有了更多的含义。

既然如此，人类历史是呈什么样的态势流动的呢？如果把这本书真正当一部历史著作来看，我们找不到一条清晰的脉络。也许作者无意要给世界五千年做一个提纲挈领的概括，更无意给人类社会指明一条方向。把这本书当作小说来读，可能会让喜好作分类的学者更加心安一点。很多时候，文学比史学更能精准地道出人类命运的玄机，不告诉我们应该做什么，却可以告诉我们不应该做什么。

黄仁宇在他的《万历十五年》一书的最后，解释了他的"大历史观"是如何获得的。他写道："大历史观不是单独在书本上可以看到的。尤其不仅是个人的聪明才智可以领悟获得的。我的经验，是几十年遍游各地，听到不同的解说，再因为生活的折磨和煎逼，才体现出来的。"对历史有深刻见解的人，必定对人生有透彻的了解。真正爱历史的人，一定不会拒斥关于人生的学问。加莱亚诺的写作视野，他用文学的视角写历史的本领，大概也与其个人经历紧密相关。和许多拉美知识分子一样，20世纪70年代，当军人独裁的阴影笼罩整个大陆的时候，他被迫离开他的祖国乌拉圭，开始流亡生涯，先是到了阿根廷，后又远赴西班牙。因为乌拉圭独裁政府没有给他开具任何证件，在巴塞罗那，他每个月都必须去警察局作登记。他在警察局跑过不知多少个窗口，填过无数张表格，到后来他干脆在表格的"职业"一栏里填上作家，后面加上括号：(专写表格的)。在外漂泊十二年后，他才得以重返故乡蒙得维的亚。

今天被圈养在校园和研究机构里、为学位和职称奋斗不息的人文知识分子，怕是很难有对人生和世界的深刻洞悟的。若是一边以精英自居，一边还哭穷，则会令人厌恶了。我不否认自己也时常这样。穷酸、清高、谨小慎微，历来是我们的漫画式写照。狭隘的心胸只会孕育出狭义的宇宙观。以狭义的宇宙观做研究而得的成果，即使其面貌是严肃崇高得吓人，也终将接受时间的检验，沦为一堆笑柄。历史告诉我们，当某一种误入迷途的短浅思想被当权者加以利用,其祸害是不逊于原子弹的。

本书以"镜子"为题。中国的古人早有"以史为鉴,可知兴替"的妙喻,这里的"史",只是帝王将相的史。我们在历史的镜子中照见自己,也可以看到那些被遗忘的人。他们也是历史的重要组成,他们也是历史的创造者。

全球化的进程是从美洲大陆"被发现"开始的,新旧殖民主义也都是从那里发端的。因此,拉美的知识分子比我们更早地接触"全球化"。一方面,他们更易于以世界为怀;另一方面,他们也切身体会到资本的全球化究竟是怎样一个好东西。加莱亚诺曾经这样定义"国际化":"就是把自己与他人视为一体,把你身边的人、远方的人乃至还没有出生的人都当成是你的兄弟。"与国际接轨,不是与国际市场接轨,而是与所有的人分享共同的命运。这种"全球化"思维,有别于资本主义全球化的逻辑,却也不完全是无产阶级国际主义的新世纪翻版。我们需要听到这样的思想,哪怕是不成系统的只言片语,不是因为我们的思想里缺乏这些东西,而是因为它们本来就有,却被我们遗忘了。

本文初刊于 2010 年 5 月 30 日第 92 期《东方早报·上海书评》,原题为《"弱势群体"视角下的全球史》,有改动。

镜 子

本书不附脚注和参考文献。实在迫不得已。我及时地认识到，如果把参考文献全部列出，那么它们占据的页数会比本书讲述的近六百个小故事还要多。

本书也不列出众多合作者的名单。他们的努力，使得《镜子》不止于一个异想天开的计划。但我还是要列出以下人士的名字，他们耐心地读完终稿，帮我避掉了好多雷。他们是：蒂姆·查普曼、安东尼奥·多尼亚特、卡尔·胡伯纳、卡洛斯·马查多、比拉尔·罗约和拉奎尔·比亚格拉。本书献给他们，也献给那些让这项不可能的任务成为可能的无以计数的朋友。

也献给埃莱娜，深情地。

爱德华多·加莱亚诺
蒙得维的亚，2007 年岁末

爸爸,请把世界画在我身上。
(南达科他印第安人谣曲)

镜子里装满了人。
不为人所见的人,望着我们。
被人遗忘的人,记着我们。
我们看到自己,也看到了他们。
我们离去之时,他们是否也会离去?

我们是欲望造的

生命，没有名字，没有记忆，孤存于世。它有一双手，但没有人供它触碰。它有一张嘴，但没有人和它说话。生命，原本是单一的，单一的生命不啻无。

于是，欲望弯弓射箭。欲望的箭头将生命对半分开，于是便有了两个生命。

两个生命相遇，对视而笑。相互望见，惹他们发笑。互相触摸，也同样惹他们发笑。

盛会之路

亚当和夏娃是黑人吗？

人类的世界之旅，从非洲开始。我们的祖先从那里出发，开始征服地球。不同的道路开启了不同的命运，太阳负责分配肤色。

今天的男男女女，是地上的彩虹，我们比天上的彩虹拥有更多的颜色；但我们都是非洲移民。就连最最白的白人也来自非洲。

今天我们不愿记起我们共同的起源，或许是因为种族主义制造遗忘，或许是因为我们怎么也无法相信，在那个久远的年代，整个世界都是我们的国土，是一幅没有国界的巨大地图，而我们的一双腿，是唯一须持有的护照。

捣乱鬼

天与地,善与恶,生与死,原先都是分开的。日与夜不相混同,女人是女人,男人是男人。

埃舒[1],这四处流窜的匪徒,却大玩大闹,一直玩到现在,搞得天地失序,一片大乱。

他尽情胡闹,抹去了分界线。众神分开的,他却撮合起来。拜他所赐,太阳变成了黑色,黑夜燃烧起来,男人们的毛孔中喷出了一个个女人,女人们的皮肤上渗出了一个个男人。要死去的人重生了,正诞生的人死去了,在所有的造物和正待造出之物中,正与反混作一团,直至不知谁是统治者谁是被统治者、不知哪里是上哪里是下的地步。

拖延了好久,神的秩序才重建了它的等级和它的地理,让每样东西、每个人都各居其位;但没过多久,疯狂重现。

于是众神感叹,这个世界可真不好管呢。

洞穴

钟乳石从顶上倒挂下来。石笋从地面往上长。

它们都是脆弱的晶体,生自洞穴深处岩石的汗水。水和时间

---

[1] 埃舒是非洲约鲁巴人宗教中的精灵之一。——译者注(本书所有脚注均为译者注)

在山中凿出了这些洞穴。

千年万年，钟乳石和石笋在黑暗里互相找寻，一滴接着一滴，有的往下走，有的往上走。

有一些要耽搁上一百万年，才能碰头。

它们不着急。

火的诞生

上学时，老师告诉我，在穴居时代，我们在反复摩擦石头或树枝时发现了火。

从那以后我就不断做试验，但终究没能擦出半点火星来。

虽然我个人的尝试失败了，我还是要感谢火赐予我们的恩惠。它给我们御寒，也帮我们抵挡野兽的侵袭，它给我们烧饭，帮我们照亮了黑夜，还邀请我们一起坐下，偎依在它身边。

美的诞生

它们就在那里，画在洞穴的壁上和顶上。

这些形象，野牛、麋鹿、熊、马、鹰、女人、男人，没有年纪。它们早在千万年前就已诞生，然而每次有人投来目光，它们就会重生。

我们的远祖，怎会有如此精致的画笔呢？这些

赤手空拳与野兽搏斗的蛮人，怎会创造出如此曼妙的形象呢？这些飞扬的线条，似要逃离岩壁、腾跃空中，他们是怎样描出来的呢？他们怎会……？

或者，是她们？

撒哈拉之绿

在塔西里和撒哈拉沙漠的其他地区，能看到石壁画。差不多六千年来，它们一直在那里，向我们展示别致的图像：母牛、公牛、羚羊、长颈鹿、犀牛、大象……

这些动物难道都是想象出来的吗？这些沙漠里的居民难道是饮沙解渴吗？它们吃什么？吃石头吗？

这些艺术创作告诉我们，这片沙漠原来不是沙漠。这里原有浩瀚如海的湖泊，有牧草丰美的山谷，后来，动物们不得不向南迁徙，去寻找遗失的绿色。

我们如何做到的

吃还是被吃，猎还是被猎。这便是问题。

我们理应受鄙视，或者至多受怜悯。在充满敌意的旷野中，谁也不尊敬我们，谁也不惧怕我们。黑夜和丛林让我们满怀恐惧。在大地上的动物群落中，我们是最羸弱的虫豸，最无用的幼崽，即使成年也无足轻重，没有利爪，没有獠牙，没有飞毛腿，也没有尖鼻子。

我们最初的历史遗失在迷雾中。当时我们似乎只是一个劲地把石头砸开，举起棍棒合力战斗。

但人不禁要自问：在几乎不可能生存的条件下，我们竟能存活下来，不正是因为我们懂得团结起来自卫，懂得分享食物吗？今天的人类，这个人人自保、各自顾各自的文明，若是回到那个时候，还能在世界上维持片刻吗？

年岁

这一切发生在我们出生之前。在我们开始成形的身体里，出现了某种像腮的东西和某种程度上的尾巴。这些赘余，出现又消失，只存在了一刹那。

它们的闪现是不是在告诉我们，我们曾是鱼？我们曾是猴子？离开了水面、征服陆地的鱼？抛弃了丛林或被丛林抛弃的猴子？

还有我们在童年时代曾怀有的恐惧，对一切的恐惧，对虚无的恐惧，是不是在告诉我们，我们曾有过害怕被吞噬的时候？对黑暗的惧怕，孤独而致的焦虑，是不是让我们忆起远古时代那些无助的时刻？

现在，我们长大了，曾经满怀恐惧的我们，现在制造恐惧。猎物成了猎手，口中之食成了吞食之口。昨天追杀我们的猛兽，今天成了我们的囚徒。它们住在我们的动物园里，装点我们的旗帜和我们的颂歌。

表兄弟

汉姆，这位宇宙空间的征服者，是在非洲给人逮到的。

它是第一只远离世界旅行的黑猩猩，第一个黑猩猩宇航员。它坐在"水星号"航天舱里出发。它身上的电线比电话交换机还要多。

它平平安安地回到世界。对它的每一项身体机能所做的记录表明，我们人类也可以活着完成太空之旅。

汉姆曾登上《生活》杂志的封面。它在动物园的笼子里度过余生。

先祖

对于撒哈拉沙漠以南的非洲的许多村民来说，祖先是不死的魂灵，他们就在你家旁边的树上，或在田野里吃草的牛儿身上。你高祖的曾祖父现在就是那条在山上蜿蜒的小溪。你的祖先可以是任一个愿意伴你游走世界的魂灵，即使他从没做过你的亲属，即使你从未认识他。

家是没有边界的，达格拉部落的索沃弗·索梅说：

"我们的孩子有好多个母亲，好多个父亲。他们想有多少个就有多少个。"

而古老的魂灵，那些帮助你行路的魂灵，便是每个人的许许多多个先祖。你想有多少个就有多少个。

文明简史

我们游荡在森林里，在河岸边，终于走累了。

我们便渐渐收住了脚步。我们创造村庄和社群生活，把兽骨做成针，把尖刺做成鱼叉，工具延伸了我们的手，手柄让斧子、锄头和刀子威力倍增。

我们种植稻谷、大麦、小麦和玉米，把绵羊和山羊圈入围栏，我们学会把谷物存入粮仓，以防在灾年死于饥饿。

在开垦过的田地中，我们虔诚供奉保佑丰产的女神，这些肥腰巨乳的女人，但随着时间的推移，她们被战争男神所取代。我们唱起了颂歌，膜拜国王、军事首领和高级祭司。

然后我们发现了"你的"和"我的"这两个词，土地有了主人，女人成了男人的财产，父亲成了子女的产权人。

我们随意漂泊、没有家舍也没有目的地的时代已然相当久远了。

文明的结果很令人意外：我们的生活更加安全，却没那么自由了，每天还需要劳作更多的时间。

污染的诞生

俾格米人[1]身材矮小却记忆漫长。他们记得时间发明之前的时代。那时候,地在天之上。

尘土与垃圾之雨,绵绵不绝,从地上降落到天上,弄脏了众神的住宅,毒化了他们的饭食。

这些污秽的排泄物,众神忍受了许久,终于耗尽了耐心。

他们发出一道闪电,将大地一分为二。通过裂开的大地,他们把太阳、月亮和群星抛向高空,然后他们也沿此路上升。在上头,在远离我们的地方,众神逃离了我们,建起了他们的新王国。

从此,我们就在下面了。

社会阶级的诞生

在最初的时代,饿肚子的时代,当第一个女人正在刨土时,太阳光从她身后射入体内。不一会儿,一个生灵诞生了。

帕恰卡马克神[2]对这太阳的恩赐之物一点也没有好感,便把新生儿劈得粉碎。从死婴身上冒出了第一丛植物。死婴的牙齿变成了玉米粒,骨头变成了木薯,血肉变成了土豆、甘薯、南瓜……

太阳勃然大怒。道道日光烧灼了秘鲁的海岸,使之永远干涸。

---

1 俾格米人是生活在赤道非洲雨林里靠狩猎和采食为生的人类群体。
2 美洲印加人神话中的创造之神。

太阳又在这片土地上下了三个蛋,复仇行动才算告终。

从金蛋里出来的是老爷们。

从银蛋里出来的是老爷们的太太。

从铜蛋里出来的,是那些干活的人。

仆人与主人

可可豆不需要阳光,它体内就有。

从它体内的太阳里,生出了巧克力能给予的快乐和愉悦。

这浓稠的灵药,却为高高在上的众神所垄断,我们人类不幸无以知晓它的存在。

羽蛇神[1]为托尔特卡人[2]将可可盗走。当其他神正在沉睡时,他拿了几粒可可种子,藏在胡须里,顺着一条长长的蜘蛛丝滑下地来,把种子赠送给图拉城。

羽蛇神的赠礼却被众王子、祭司和军事长官据为己有。

只有他们的舌头才有资格接受这美食。

天上的神禁止人类食用巧克力,地上的主人又禁止俗人粗人食用巧克力。

---

1 羽蛇神是墨西哥古代神话中最重要的神之一。
2 托尔特卡人,墨西哥古代部族,其活动中心位于今图拉·德·阿连德市。

统治者与被统治者

耶路撒冷《圣经》上说,以色列人是上帝的选民,是上帝之子。

据第二诗篇所言,上帝把世界的统治权交给这个被选中的民族:

> 你求我,我就将列国赐你为基业,将地极赐你为田产。

但以色列人却让上帝一次次地不高兴,因为他们不懂感恩,造孽多端。有人讲坏话说,在实施了多次威胁、诅咒和惩罚后,上帝终于失去了耐心。

打那以后,先后有别的民族把这一馈赠加到自己头上。

1900年,美国参议员阿尔伯特·贝弗里奇宣称:

"全能的上帝指定我们为他的选民,从今往后,由我们来引导世界的新生。"

劳动分工的诞生

据说,是摩奴王[1]给印度的种姓树立神圣权威的。

从他的口中出来了僧侣。从他的手臂出来了君王与武士。从他的大腿出来了商贾。从他的脚出来了奴仆和工匠。

自此,印度的社层金字塔矗立了起来,它有三千多层。

每个人都在他应该出生的地方出生,做他应该做的事。你的摇篮里就有你的坟墓,你的起点就是你的终点:你的今生是你前生应得的补偿,或是罪罚;你从上代人继承下来的,决定了你的地位和你的职责。

摩奴王建议修正恶行:"低种姓的人若是听闻圣书中的诗句,就要往他的耳朵里灌铅水;他胆敢吟诵诗句,则要把他的舌头割掉。"这些教诲如今已不再实行,但谁要在爱情上、在工作中或在其他方面逾越自己的位置,仍要冒受众人责罚的危险,要么被打死,要么被弄得半死不活。

每五个印度人中就有一个是无种姓者。他们比最卑贱的人还要卑贱。他们被唤作"不可触碰之人",因为他们不洁净:这些人渣中的人渣,不能与旁人讲话,不能走他们的路,不能碰他们的杯子碟子。这些人受法律保护,却为现实排斥。他们,可以任人欺凌;她们,可以任人强奸。这时候,不可触碰之人倒可以被触碰了。

---

[1] 在印度古代神话中,摩奴王是第一位君临人间的王。

2004年末，海啸袭击了印度沿岸，不可触碰之人负责捡垃圾、收尸。

历来如此。

书写文字的诞生

当伊拉克还不叫伊拉克的时候，在那里诞生了第一串书写文字。

它们看上去像鸟的足印。是用削尖的芦苇，以精湛的手笔，画在黏土上的。

火烤熟了黏土，将这些图案保留下来。火有毁灭之用也有挽救之用，能杀人也能给予生命：众神亦然，我们同样如此。多亏火的功劳，直到今天，这些泥板还能继续向我们讲述几千年前在这块两河之间的土地上曾被讲述过的故事。

到了我们生活的时代，乔治·W.布什大概坚定地相信，书写文字是在得克萨斯诞生的。他针对伊拉克发动了一场毁灭战争，他做得欢欢喜喜，毫无罪感。罹难者成千上万，受害者并不仅仅是血肉之躯的人。许多记忆也惨遭杀害。

不计其数的泥板，这些有生命的历史，在轰炸中被盗被毁。

其中的一块泥板上，有这样的话：

> 我们是尘土，是虚无。
> 我们所做的一切都不过是风。

我们是泥巴造的

古代苏美尔人相信,世界是夹在两条河、两片天之间的土地。

在上面的那片天里,住着那些专事统治的神。

在下面的那片天里,住着那些专事劳作的神。

一直如此,直到有一天,住在下面的众神受够了辛勤劳作的生活,世界史上的第一场罢工爆发了。

这造成了恐慌。

为了不至于饿死,住在上面的众神用泥巴团捏出了女人和男人,让人为他们劳作。

女人和男人便是在底格里斯河和幼发拉底河岸边诞生的。

讲述这个故事的书,也是用这泥巴做的。

这些书上说,死去的意思是"回到泥中"。

日子的诞生

当伊拉克还叫苏美尔的时候,时间里有一个个星期,星期里有一个个日子,每一个日子都有名字。

祭司们绘出了最早的天象图,给星辰、星座和日子取了名字。

这些名字流传下来,从一种语言到另一种语言,从苏美尔语到巴比伦语,从巴比伦语到希腊语,从希腊语到拉丁语,如此传播。

他们曾把在天空中移动的七颗星星称为神,几千年后的今天,我们仍把在时间之中移动的七个日子称为神。星期中的各天仍然对应着各自最初的名字,尽管稍有变化:月亮、火星、水星、木星、金星、土星、太阳。"周一""周二""周三""周四"……[1]

酒肆的诞生

当伊拉克叫巴比伦的时候,女人的手负责餐桌:

> 让席间不缺啤酒,
> 让家中羹汤丰盛,
> 面包充足。

在宫殿和神庙里,做大厨的是男人。但在家里,做饭的是女人。女人制作多种多样的啤酒,爽口的,精制的,白色的,金黄色的,黑色的,陈年的,也做羹汤和面包。若有剩余,则送给邻居。

渐渐地,有的人家设了柜台,客人成了顾客。于是酒肆诞生了。这小小的王国,从家舍里延伸出来,成了聚会的地点、自由的空间,在此掌权的是女人。

在酒肆里,有人策划阴谋,有人缔结违禁之情。

三千七百多年前,在汉谟拉比王时代,众神向世界传送了两百八十二条法律。

其中的一条法律规定,女祭司若有参与在酒肆中谋反的行为,

---

[1] 在一些西方语言中,如西班牙语,这些星辰的名字亦是神的名字(比如火星便是战神玛尔斯,金星是美神维纳斯),分别与一周七天的名字相对应,写法相近。

一律活活烧死。

餐桌上的弥撒

当伊拉克叫亚述的时候，一位国王在尼尼微城[1]的宫殿里大摆宴席，有二十道热菜、四十道配菜，啤酒和葡萄酒如河流般浇灌这些佳肴。根据三千年前的史书记载，受邀宾客有六万九千五百七十四人，全是男性，没有一个女性。除此之外，众神也来享用了美酒佳肴。

其他的宫殿，年代还要久远，在那里诞生了最早的菜谱，是掌勺大师写下的。他们与祭司享有同等的权力和声望，他们为珍馐圣餐制作的公式历经时间和战争的灾难流传了下来。他们的菜谱制定了很具体的细节（如面团应置锅里四指之高），有时不那么明确（如随意放些许盐），但所有的菜谱最后一句都是：

即可享用。

三千五百年前，小丑阿鲁辛奴给我们留下了他的菜谱。其中有一道，成了日后上等香肠的预言：

"在一年之中倒数第二个月的最后一天，没有哪种美食可与灌

---

[1] 尼尼微城是古亚述帝国的都城，位于今伊拉克北部、底格里斯河东岸。

满苍蝇屎的驴大肠相比。"

啤酒简史

苏美尔语最古老的谚语中,就有一条为饮酒开脱事故责任:

> 啤酒没有错。
> 出错的是路。

根据最古老的书的讲述,吉尔伽美什的朋友恩奇都发现了啤酒和面包后,就不再是野兽了。

啤酒从我们今天称作伊拉克的地方传到了埃及。埃及人相信,这是他们的奥西里斯神的馈赠,因为它能让人再生一双眼睛。又因大麦酿制的啤酒是面包的孪生姐妹,他们便把它叫作"液体面包"。

在美洲安第斯山区,它是最古老的祭品:大地一直要求人们将奇恰酒这玉米做的啤酒喷洒在她身上,让她的生活充满欢愉。

葡萄酒简史

不知道引诱亚当的究竟是苹果还是葡萄。我们有理由质疑。

但我们明确知道,从石器时代起,这个世界上就有葡萄酒了,那个时候,葡萄无须人工帮助,自然发酵。

在中国的古老颂歌中,酒是为愁者解忧的良方[1]。

埃及人相信,荷鲁斯神有一只太阳眼,一只月亮眼。月亮眼常淌泪,淌出来的是葡萄酒,生者饮之可入睡,死者饮之可苏醒。

葡萄树是波斯王居鲁士的权力象征。葡萄酒浇灌了希腊人和罗马人的嘉会。

为了欢庆人间之爱,耶稣把六罐水全变成了葡萄酒。这是他第一次行圣迹。

欲得永生的国王

时间做过我们的接生婆,也会成为我们的刽子手。它昨天喂我们奶吃,明天就会把我们吞噬。

事理如此,我们都懂。

我们究竟懂不懂?

世界上的第一本书讲述了吉尔伽美什的历险,他不愿死去。

从大约五千年前起,这篇史诗口口相传,又为苏美尔人、阿卡德人、巴比伦人和亚述人不断书写。

幼发拉底河畔的君主吉尔伽美什,是一位女神和一个男人的儿子。神的意志,人的命运:他从女神那里继承了权力和美貌,

---

1 西语中的"vino"一词可指葡萄酒也可指米酒。

从男人那里继承了死亡。

生命有限,对他来说无所谓,直到有一天,他的好友恩奇都走到了生命的尽头。

吉尔伽美什和恩奇都共同创造了骄人的战绩。他们一起闯入雪松林那众神的居所,战胜了曾一声吼就能让山岳震颤的巨人卫士。他们并肩战斗击败了天牛,它曾经只消咆哮一声就能轰出一个让百人坠入的大坑。

恩奇都的死让吉尔伽美什沮丧不已。他心生恐惧。他发现,他这勇猛的朋友原来是用泥做的,他自己也是用泥做的。

于是他上路去寻找永久的生命。他追求不朽,漂泊在草原和沙漠中,

穿过了光明与黑暗,

驾舟驶过大江大河,

来到天堂的花园,

受酒肆的蒙面女掌柜、掌管秘密的主人招待,

抵达海的另一边,

遇见大洪水之后幸存的船夫,

找到能让老人重返青春的仙草,

沿着北天星辰的路线和南天星辰的路线继续行走,

打开太阳进来的门,关上太阳离开的门。

于是他终得不朽,直至死去。

另一则不朽的远征记

毛伊,波利尼西亚群岛的创建者,与吉尔伽美什一样,生下来时也是半人半神。

他那神性的一半让原本匆匆行走的太阳放缓步伐,慢步天空,他还用鱼钩钓岛,把新西兰、夏威夷、塔希提一个个从海底钓出,放在今天它们安居的位置上。

但因为那人性的一半,他终究要死去。毛伊并非不知晓,他的成就并不能帮助他忘却这一点。

他潜入地下世界,去寻找主宰死亡的女神希奈。

终于找到了:她身形巨大,在烟雾缭绕中沉睡。看上去就像一座庙宇。她双膝高举,形成一个圆拱,耸立在她身体的暗门的上方。

为了征服不朽,必须全身钻入死神体内,穿过她的身躯,从她口中出来。

在那扇大门,也就是那方半闭的巨大切口前,毛伊脱下衣裳,卸下武器。他赤身裸体进去了,然后一点一点地滑行。他在女神身体的深处不断开出路来,长道悠悠,笼罩在一团湿湿的、炙热的黑暗里。

然而当他行至中途,百鸟开唱,她醒了过来,感觉到毛伊在她的体内挖个不停。

于是,她让他永不得出来。

我们是泪水造的

在埃及成为埃及之前,太阳创造了天空,还有翱翔空中的鸟儿,创造了尼罗河,还有畅游其中的鱼儿,还在它黑色的河岸撒下绿色的生命,于是,岸边长起了花草,有了动物的住家。

于是,生命的缔造者太阳坐下来,欣赏他的作品。

他感受到新生的世界深沉的呼吸,看到世界在他眼前缓缓打开,听到世界的第一声叫唤。

太美了,美得让他生痛。

太阳的眼泪落在地上,变成了泥。

接着泥变成了人。

尼罗河

尼罗河听从法老。是他为洪水开出道路,使埃及的土地年复一年地恢复惊人的肥力。法老死后,仍有法力:只要第一道日光穿透法老墓的隙缝,照亮他的脸庞,土地必有三次收成。

过去是这样。

现在不了。

三角洲的七只手臂,如今仅剩两只。当年神圣的肥土轮回,如今既不轮回,也不再神圣,只剩下那献给世界最长河流的古老颂歌:

你浇灭了所有羊群的炙渴，
你喝下了所有眼睛的泪水，
起来吧，尼罗河！让你的声音回响！
让一切生灵听到你的声音！

会说话的石头

拿破仑入侵埃及时，他的一名士兵在尼罗河边发现了一块大黑石，上面刻满了符号。

他们把这石头唤作罗塞塔。

让·弗朗索瓦·商博良专门研究消失的语言。他绕着这块石头走了一圈又一圈，度过了他的青春时代。

罗塞塔讲三种语言。其中的两种破译了。埃及象形文字还有待破解。

金字塔创造者们的文字，依旧是个谜。很多人谎称破译了这种文字：希罗多德、斯特拉波、狄奥多罗斯和赫拉波罗翻译出来的是他们自己编造的文字，耶稣会教士阿塔纳斯·基尔歇发表过四大卷谎话。他们都确信，这些文字都是图画，从属于一个符号系统，至于它们的意思，则有赖于各位译者的奇思妙想了。

是沉默的符号吗？是耳聋之人吗？在他的整个青年时代，商博良都在询问罗塞塔石，它的回答只是长久的沉默。这个可怜的人被饥饿和沮丧蚕食，忽有一天他想到了一种前人未想到的可能：这些象形文字是符号，会不会也是声音呢？它们会不会是一种像

ABCD 那样有序可循的字母呢?

就在这一天,坟墓打开了,死去的王国开始说话。

不要书写

商博良之前的五千年,托特神来到底比斯城,向埃及王塔姆斯赠送书写之术。他向他解释这些象形文字,告诉他说,文字是用来治愈坏记性和智慧匮乏的最佳解药。

国王拒绝了这份礼物:

"记性?智慧?这个发明会制造遗忘。智慧存于真理,而非附于表象。他人的记忆不能代替自己的回忆。人们将只会记录,却不能记忆;将只会复述,却不能亲历;将获悉万象,却一无所解。"

要书写

格涅沙肚子很大,因为他太喜欢吃糖了。他生着象的耳朵、象的鼻子,却是用人的手写字的。

他是启蒙老师,帮助人们开始做事。要是没有他,印度的任何事情都不能开始。在书写术上,在其他各方面,开头是最重要的。任何一项开始都是生命中的伟大时刻,格涅沙说,一封信、一本书的开头几句话都非常关键,就像造房屋或神庙时最先垒起的那几块砖。

奥西里斯

埃及文字告诉我们奥西里斯神以及他的妹妹伊西斯的故事。

奥西里斯在一场家族纷争中被杀。在天上,在地上,家族纷争是常有的事。他的尸体被大卸八块,然后没入尼罗河底。

他的妹妹兼爱侣伊西斯潜入水底,捞出尸块,用泥土把它们一块一块地粘好,残缺的部分也用泥土塑造成型。全身完整后,她把他平躺着放在河边。

这些为尼罗河搅拌过的泥土,含有大麦粒和其他植物。

奥西里斯的身体上抽出绿芽来。他站起身,开始行走。

伊西斯

和奥西里斯一样,伊西斯也在埃及学会了反复重生的神秘本领。

我们都知道她的形象:这位母神喂她的幼子荷鲁斯吃奶的情景,很像后来的圣母玛利亚给耶稣哺乳的场面。但是,怎么说呢,伊西斯可不像圣母那样圣洁。当她和奥西里斯一同在娘胎里渐至发育成形时,她就和他做爱。长大后,她又在推罗城从事最古老的职业,干了十年。

在接下来的几千年里,伊西斯走了很多地方,致力于让妓女、奴隶和其他受诅咒之人重生。

在罗马,她在贫民区修建神庙,庙宇紧挨着妓院门口。在皇帝的命令下，神庙悉数被毁，庙中的祭司全被钉上十字架，但这些犟骡子却一次次地活过来。

查士丁尼大帝的士兵摧毁了尼罗河菲莱岛上供奉伊西斯的神庙，在废墟上建起圣埃斯特万天主教堂，但朝圣者仍源源不断地赶来，在基督教祭台前膜拜他们的罪孽女神伊西斯。

愁容国王

据希罗多德所述，法老塞索斯特利斯三世曾控制了整个欧洲和亚洲。对于勇猛的民族，他赏以一个阳具作为标志；对于懦弱的民族，他在他们的石碑上刻上女阴，以示羞辱。更值得一提的是，他亲爱的兄弟曾企图将他活活烧死，他便在众子女身体之上行走，以免被烧着。

所有这些听上去都令人难以置信。的确如此。然而，谁也不会否认，这位法老下令修建了很多灌溉渠，将荒漠变为花园，并征服了努比亚，把帝国的疆界拓展到尼罗河第二瀑布之外。事实上，埃及王国从没有如此强盛有力、招人嫉妒过。

然而，只有塞索斯特利斯三世的雕像才显露出一脸阴郁，两眼焦虑，双唇作苦相。其他的法老，则平和地看着我们，笼罩在他们天国般的宁静里，被帝国的雕刻师定格在永恒之中。

永生是法老专享的权利。或许，谁知道呢，对于塞索斯特利斯来说，这样的特权是一种惩罚。

母鸡的诞生

法老图特摩斯从叙利亚凯旋。刚刚结束的那场大战,又一次给他增添了荣耀,使他的权力从尼罗河三角洲延伸到幼发拉底河。

和往常一样,战败国王的尸体给吊在法老旗舰的船头,脸朝下。舰队满载着贡物和供品。

在这些赠礼中,有一只埃及人从未见过的鸟,长得又肥又难看。献礼者把这见不得人的东西捧出来见人:

"没错,没错,"他低垂着两眼承认,"这只鸟儿是不好看,又不会唱歌。嘴尖短小,头顶丑陋,两眼呆傻。而且它的翅膀生着凄惨的羽毛,已经忘记飞翔的本领了。"

随后他咽了口唾沫,又说:

"不过,它可以每天生一个后代。"

然后他打开一个箱子,里面有七颗蛋:

"这些是它这一周来产下的。"

这些鸡蛋被放入沸水中。

法老一——剥去蛋壳,加盐品尝。

然后,那只鸟进入法老的船舱,安卧在他身边。

哈特谢普苏特

"她的光芒和她的身形神圣无比,绝美的少女,如盛开的鲜花。"这便是人们对图特摩斯长女的毫无夸张的描述。哈特谢普苏特，这位尚武之王的女儿也骁勇善战。她登上父亲的王座，自封为王，而不是王后。王后，王的女人，史上已有好多，但哈特谢普苏特是独一无二的，她是太阳的女儿，君临天下，是真正的王。

这位有乳房的法老戴男人的头盔，穿男人的披风，用假胡须，她给埃及带来了二十年的繁荣昌盛。

她亲手养大的侄儿，从她那里学来了兵法和治国之术，却把关于她的记忆统统抹杀了。他下令从法老的名谱中除掉这位胆敢篡夺男权的女人，把她的名字和她的肖像从绘画和石碑上删除，她为自己歌功颂德而竖立的雕像也要全部毁掉。

但是，一些雕像和一些文字记录还是逃过了这场洗劫。多亏这一点点的失误，今天我们知道，确曾有过一位化装成男人的女法老，她生着凡人的肉身，却不愿死去，她曾说："我的战鹰要越过王国旗帜飘扬的地方，飞向永恒……"

三千四百年后，有人发现了她的墓。里面空空如也。据说，她去了另一个地方。

另一座金字塔

有一些金字塔，需要建一百多年。成千上万的人，一块接一块，一天接一天，垒起了这庞大的寓所。每一位法老都将在其中安度永生，身边簇拥着陪葬的珠宝。

大造金字塔的埃及社会，便也是一座金字塔。

塔基上，是无地农民。尼罗河发大水时，他去建庙宇、筑河堤、开运河。当大河的水退回原道时,他就去耕作不属于他的土地。

大约四千年前,抄写官德瓦—耶提这样描述他:

> 菜农身负枷锁。
> 他的双肩在枷锁下紧缩。
> 他的后颈生茧流脓。
> 他早上浇灌豆菜。
> 他午后浇灌黄瓜。
> 他正午浇灌椰枣。
> 他一旦倒地,就再也起不来。

没有墓碑为他作纪念。他赤条条地活着,死去后大地就是他的寓所。他横躺在沙漠的道路上,陪伴他的只有他睡觉的破席子和喝水的陶杯。

他握紧的拳头里给放了几粒小麦,他若想吃就吃。

战争之神

独眼的奥丁,维京人最神圣的神,保佑战功的神祇,杀戮之父,绞死鬼和作恶者之王,无论是从正面还是从侧面看,都令人害怕。

他信任的两只乌鸦,福金和牧宁,为他主导情报工作。它们每天早上都从他的肩头上出发,飞越整个世界的上空。黄昏时,它们飞返,告诉他一天之中的所见所闻。

瓦尔基丽娅，宣示死亡的天使，也为他飞翔。她们在战场上游荡，在死尸中挑选最优秀的勇士，招入由奥丁在天上统率的幽灵军团中。

在地上，奥丁向由他保护的王子们送去海量的战利品，用隐形盔甲和无敌宝剑武装他们。他若是决定把谁招入天上，陪伴其左右，就让谁去死。

尽管他拥有千条战船，驾八腿宝马驰骋，他却更愿意稳坐不动。这位当代战争的先知是距敌远远地作战的。他的魔枪是远程制导导弹的鼻祖，一旦脱手，便对准敌人的胸口直击而去。

战争之戏

日本皇子大和武尊生在两千年前，是天皇的第八十子。他将他的孪生兄弟剁成碎块，只因为他没能准时赶来吃晚饭，他由此开始了自己的事业。

之后，他将九州岛造反的农民统统剿杀。他穿上女人的衣裳，梳起女人的发型，抹上女人的脂粉，把起义军的头目们引诱过来，欢聚一堂，然后挥剑如切西瓜般将他们一一砍杀。在另外的地方，他袭击其他胆敢挑战帝国秩序的倒霉鬼，要安定这些人，就得把他们剁成碎块，那时候就是这么说的，现在也还这么说。

而他最显赫的战功当数消灭了在出云国捣乱的恶名昭著的土匪。大和皇子向土匪提出免罪求和，土匪便邀他来他的领地走一走。大和随身带了一根奢华的剑套，里面放着把木头剑，其实是骗人的。中午，皇子和土匪在河中沐浴，享受清凉。乘着土匪在河中畅游的当儿，大和把他们的剑互换了。他把木剑插入土匪的剑套，拿了土匪的金属剑。

黄昏时分，他向他提出比剑。

战争之术

两千五百年前，中国将军孙武撰写了第一本军事战略和战术专著。该书所提供的智慧，直到今天还在战场和血流得更多的商场上使用。

孙将军说：

> 如果你很有能耐，你就要装作没能耐。
> 如果你很强，你就要示弱。
> 距敌很近的时候，你要装作距敌很远。
> 敌人强大的时候，万不可出击。
> 不要打你赢不了的仗。
> 如果你条件不够，居于下风，那就撤退。
> 如果敌人很团结，就要想办法分化他们。
> 敌人不防你，你就前进；
> 在敌人防守最松懈的地方，发起进攻。
> 要了解敌人，先了解你自己。

战争之畏

老子骑一头青牛出行。

他走的是矛盾之路,矛盾之路通往那水与火相交融的秘境。

在矛盾之中,有与无、生与死、近与远、前与后相会在一起。

乡野里的哲学家老子认为,一个国家越富,就越穷。他还认为,认识了战争,也就学懂了和平,因为荣耀中蕴含着痛苦:

>一切行动都能激起反应。
>暴力总会复归。
>在军队驻扎的地方,只会生出野草和荆棘。
>战争促成饥饿。
>在征服中寻开心的人,也在人的痛苦中寻开心。
>在战场上杀人的人,应当用葬礼庆祝每一场胜利。

黄河

中国最可怕的河流之所以叫黄河,或许是因为一条疯狂的龙,或许是因为人的疯狂。

在中国成为中国之前,天上有十个太阳,有一条龙打算骑一个太阳穿过天空。

行至中午,龙再也忍受不了身下的那团火。

它受着太阳的炙烤,口渴得发狂,看到一条河便一头扎下去。

它从高空中直坠入河底，喝光了所有的水，一滴不剩，原先河流淌过的地方，只剩下一条长长的黄土河床。

有的人说，这个故事无事实依据。他们说，历史表明，约两千年前，河边的那些保护河流免受雪崩、土崩和垃圾危害的森林惨遭杀戮，原先绿得如翠玉般的大河，失去了色彩，便得"黄河"之名。随着时间的流逝，情况愈发糟糕，这条河最后变成了一条巨大的阴沟。1980年，河里尚有四百头河豚。到了2004年，仅剩一头。它没活多久。[1]

羿与大旱

十个太阳发了疯，一同在空中旋转。

众神把羿叫来商量。这位弓箭手从未失手过，是最精于射箭术的人。

"大地烧起来了呵，"他们对他说，"好多人死了，鸟兽花草也死了。"

夜将尽时，羿开始等待。天刚亮，他便拉弓放箭。

太阳一个个地永远熄灭了。

只活下一个，今天还在点亮我们的每一天。

火热的儿子们死去了，众神为之痛哭。尽管羿是被他们喊去

---

[1] 此处原文如此，作者也未标明其信息来源。本书中涉及中国的具体史实，皆是如此。——编者注

射日的,他们还是把他逐出天庭:

"你这么喜欢地上的人,你就跟他们走好了。"

于是,羿踏上了流放之途。

他成了不得永生的人。

禹和大水

大旱之后,便是大水。

岩石在战栗,大树在咆哮。还没开始叫黄河的黄河,吞咽着人和农田,淹没了高山和峡谷。

禹,瘸腿的神,便来拯救世界。

他艰难地行走着,蹚入水里,挥动铁锹开凿沟道,给发了疯的水宣泄压力。

帮助禹的,有一只熟悉河的神秘的鱼,一条勇往直前用尾巴扫水开路的龙,还有一只驮着淤泥的乌龟殿后。

中国书的诞生

仓颉有四个眼睛。

他以观星象和算命为生。

在仔细研究过星座的排列图、山峦的轮廓线和百鸟的羽毛之后,他创制了能把言语画出来的符号。

在用竹片做成的最古老的书中,仓颉发明的表意符号讲述了一个王国的故事。在那个王国里,男人能活八百岁以上,女人浑身是阳光的颜色,因为她们吃太阳。

以岩石为食的火君挑战王权,指挥他的军队在通往王位的道路上发起进攻。他运用法力,降下一层厚厚的雾障,让朝廷的军队不知所措。士兵们在迷雾中东倒西歪,双目失明,不辨方向,就在此时,身有鸟羽的玄女从天而降,创制了指南针,送给几近绝望的国王。

于是迷雾被打败了,敌人也被击溃了。

中国家庭剪影

在古代,舜曾统治过中国。舜的意思是木槿。后稷,意指小米,是他的农业部长。

他们俩在童年时都曾遭遇过一些麻烦。

舜自出生之后,就一直不讨他父亲和兄长的喜欢。有一次他们在他住的房子上点火,当时幼小的舜就在里面,但他竟然毫发未损。还有一次,他们把他推入井里,往里头撒土,直到把井填满,但年幼的舜居然都不知此事。

后稷也一样在家人的特殊"关怀"下保全性命。他的母亲生下他时,深信这个孩子会给她带来厄运,便把他丢在荒野里,想让他活活饿死。见他饿不死,她就把他扔到林子里喂老虎。可老虎对他并不感兴趣,她就把他摔到雪地里,想让他冻死。几天后,她看到他开开心心的,脸上还热得有点发红。

丝绸原是唾液

黄帝的妻子嫘祖创建了中国的丝绸艺术。

根据说书人的讲法,嫘祖养了第一条蚕。她给蚕喂白桑树的叶子吃,不久之后,蚕开始用唾沫丝织茧,把自己的身子团团围住。嫘祖便伸出手指,小心翼翼地把这千米长丝一点一点地抽取出来。于是,这本要化为蝴蝶的蚕茧成了丝绸。

丝绸又变成透明轻纱、平纹细布、丝网眼纱和塔夫绸,与厚厚的天鹅绒、精美的织锦一起,加以珍珠点缀,成为女士先生们的衣装。

在中国之外,丝绸是严加保护的奢侈品。运送丝绸的道路,穿过白雪皑皑的群山、熊熊燃烧的沙漠和海妖海盗出没的海域。

中国蚕的出逃

许多年过后,丝绸之路上不再埋伏着那么多可怕的敌人,但谁要把桑树种子或蚕卵带出中国,就要被砍头。

420年,于阗国国王玄奘[1]向一位中国公主求婚。他说,他只

---

1 译注:原文如此。

见过她一次，但打那以后他每日每夜都能见到她。

于是，这位叫刘氏的公主便被赐给了他。

国王派大使专程去接她。

于是交换礼物，宴席和仪式一场接一场。

乘着可以单独讲话的当儿，大使把未婚夫的烦恼告诉公主。于阗一直是用玉来支付中国的丝绸，但现在国内的玉已所剩无多。

刘氏什么也没说。她那满月一般的面容没有变化。

然后她上路了。护送她的车队，有几千只骆驼，几千个叮叮作响的铃铛，穿过广袤的沙漠，抵达玉门关口的边界。

搜查工作进行了好几天，连公主也要查。

长途跋涉好久后，车队终于抵达目的地。

刘氏在全程中未发一言，面无表情。

她命令全体人员在一座寺庙中歇脚。她在那里沐浴、抹香粉。她在乐声中进食，悄然无息地睡去。

当她的男人到来时，刘氏把她藏在药箱中一路带来的桑树种子交给他。然后，她向他介绍三位专门服侍她的少女，她们既不是少女也不是专门服侍她的。她们是丝绸专家。接着她摘下用桂皮树叶子做的硕大头冠，在他面前散开她的一头乌发。那里面藏着蚕卵。

从中国的角度看，刘氏背叛了她出生的祖国。

从于阗的角度看，她是由她统领的祖国的英雄。

生前建造自己陵墓的皇帝

中国叫"China"是因为秦，秦始皇是秦朝的第一位皇帝。

他用血与火创建了他的帝国，在此之前，这个国家分裂成数个互相敌对的王国。他强制推行了统一的语言和统一的度量衡，创制了唯一一种货币。这种货币是用青铜制作的，中间有一个小孔。为了保护他的领地，他修建了长城，这道石头峰峦绵延不绝，穿越地图，两千两百年后，仍是世界上参观人次最多的军事防御建筑。

但这些都是小打小闹，他还是不能放弃他的梦想。他一生的巨作就是他的死亡：他的坟墓，他身后的宫殿。

他十三岁那年坐上王位，就在同一天，他的陵寝工程开工。陵寝一年年增长，规模超过了一座城市。将要守护他的军队也在发展壮大，这七千多名骑兵和步兵，着血红色制服、黑色盔甲。这些今天让世界为之惊叹的陶俑战士，出自最优秀的雕塑家之手。他们一出生就免去了变老的命运，他们绝对无法背叛他。

建造陵寝的是囚犯，他们过劳而死，尸体被扔到荒漠里。皇帝主导整个工程，连最微小的细节也不放过，并且要求越来越多。他很焦虑。他的敌人已经有好几次试图杀死他，他害怕死无葬身之所。他每次出行前都要乔装打扮，每晚都睡在不同的地方。

宏伟的工程终于结束了。军队集结完毕。巨大的陵寝全部造好，这是一项旷世杰作。任何一项改动都会有损于它的完美。

于是，当皇帝即将过满他半个世纪的寿命时，死神来找他，他就任由死神带走了。

宏大的剧场已经安排就绪，幕布已启，大戏开始了。他绝不能错过。这台歌剧，只有一个声音。

脚的杀手

两个世纪前，李汝珍虚构了一个颠倒过来的中国。在他的小说《镜花缘》里，有一个女儿国，那里掌权的是她们。

在故事里，她们成了他们，他们成了她们。男人们必须取悦女人，被迫接受各种各样的奴役。他们受到的欺凌之一，是要让脚变小。

谁也没把这不可能的可能当真。现实中仍旧是男人把女人的脚束缚住，把它们变成跟山羊蹄一样的东西。

一千多年里，直到 20 世纪，美的规范都还禁止妇女的双脚自然生长。在 9 世纪的中国，有人写出了灰姑娘故事的第一个版本，男人对娇小的女人脚的迷恋，在文学上成形了；差不多是在同时，女孩子自童年起就要被家人裹脚的风俗也确立下来。

这不仅仅是出于一个美学理想。被捆缚的脚也有捆缚之用：它们是美德之盾。它们让女人无法自由活动，也就避免了哪个伤风败俗的出逃女子使家族荣誉陷于危机的可能。

言语的走私者

阳焕宜的双脚自幼就被强制变小了。她摇摆着走完了她的人生。她在2004年秋天去世，差点就活满了一百岁。

她是最后一个懂女书的人。女书是中国妇女的秘密语言。

这种女性专用的密码始自古代。她们被逐出男性语言的领地，不能写男人的文字，便创建了她们自己的语言，这种语言是秘传的，不对男人开放的。她们生来不能识字，就发明了自己的字符系统，这些字符伪装成纹饰的模样，在她们主人的眼里不得破解。

女人们在衣服和扇面上画下她们的言语。将它们绣出的手，不是自由的，但符号是自由的。

男人的恐惧

在最古老的夜晚，男人和女人第一次躺在一起。然后，他听到她身体里发出一丝充满威胁的低音，似乎在她的两腿之间，有一阵牙齿咬合的响动，他吓得从她肩上撤回了手。

今天，在世界上的任何一个地方，最男人的男人记起那险被吞噬的一刻时，也仍会颤抖，尽管他都不知道他记起的是什么。他们自问，尽管都不知道疑问的是什么：是不是因为，女人至今仍是一扇进去了就出不来的门呢？是不是因为，谁进入了她，必将永留她体内呢？

危险的武器

在超过三十个国家,还存在着割阴蒂的习俗。

割阴礼确认了丈夫对妻子或妻子们的所有权。

残害人体器官的刀手们,把这一扼杀女性快感的罪行称为"净化"。他们解释说,阴蒂

> 是染上毒液的箭头,
> 是蝎子的尾巴,
> 是白蚁窠,
> 会夺去男人的性命,或让他生病,
> 让女人兴奋,
> 使她们的奶水有毒,
> 把她们变得永不知足,
> 让她们彻底发疯。

为了给割阴礼正名,他们引述先知穆罕默德的话,引用《古兰经》里的词句。穆罕默德从未谈及此事,《古兰经》也并未提及割阴之礼。

九个月亮

孤塔巴整天躺在吊床里摇啊摇,睡大觉。他的女人连名字都

没有,整天给他抓头,赶蚊子,喂他吃东西。他时不时就下床站起,暴揍她一顿,如此方可矫正她的举止,保持他自己的风度。

有一天他的女人跑了,孤塔巴便去找她。他沿着亚马孙河高高的岸边一路搜寻,拿着根棍子猛击女逃犯任何可能的藏身之处。有一回他用尽全力抽打林中的一个角落,打中的是一个马蜂窝。

蜂群像暴怒的旋风,在他一个膝盖上扎下千根毒针。

他的膝盖顿时肿了起来。一夜接一夜,肿包渐渐变成了一个大球。在大球中,许许多多的小人,男男女女,渐渐长成形,活动起来。他们编织草篮和挂饰,打造弓箭和吹箭筒。

到了第九夜,孤塔巴生了。他的膝盖上诞生出第一批提库纳人,蓝翅鹦鹉、大嘴鹦鹉、葡萄鹦鹉等评论家七嘴八舌嚷嚷着,迎接他们的降生。

胜者太阳,败者月亮

使女人受孕的并不是风。当这条消息传开时,月亮输掉了与太阳展开的第一场战役。

此后,历史又带来更多的悲惨消息:

劳动分工将几乎所有的任务都交给女性,好让我们男人能专心于互相残杀;

财产所有权和继承权让她们什么也不能拥有;

家庭组织将她们关进父亲、丈夫和儿子的牢笼,

国家得到巩固,国家便是另一个更大的家。

月亮和她的女儿们一起承担落败的命运。

而这样的时代已经远去：埃及的月亮每晚把太阳吞吃掉，早上把他放出来，

爱尔兰的月亮以无尽长夜威胁太阳，使他屈服，

希腊和克里特岛的国王在胸前垫上破布假装成女王，在圣礼上高举月亮旗帜。

在尤卡坦，月亮和太阳曾共度夫妻生活。他们掐架的时候，便是日食或月食时分。她，月亮，是海洋和泉水的女主人，是大地之神。时过境迁，她失去了所有的权力。现在她只负责分娩和疾病。

在秘鲁的海岸，月亮的落败受辱有日期可考。1463年，就在西班牙人侵入之前不久，奇穆国掌管最高统治权的月亮在印加人的太阳大军前投降了。

墨西哥女人

特拉索尔泰奥特尔，墨西哥月亮，华斯台卡[1]的夜神，在阿兹特克男神的圣殿中占据一席之地。

她是最具母性的母亲，护佑产妇和接生婆，引导种子通往成熟的旅行。她是爱情女神，也是垃圾女神，她被罚以粪便为食，是多产和淫乱的化身。

---

1 华斯台卡，古地区名，位于今墨西哥东北部海岸。

和夏娃、潘多拉一样，特拉索尔泰奥特尔对男人的堕落负有罪责；在以她名字命名的那天出生的女人，注定要受快感的惩罚。

当大地抖动的时候，不管是轻微的震颤，还是灭绝一切的地震，谁也不会怀疑：

"是她。"

埃及女人

据来自希腊的希罗多德考证，埃及的河流与天空跟其他地方的河流与天空都不像，那里的风俗也是这样。埃及人都是些怪人：他们用脚揉面团，用手搓泥团，他们把他们死去的猫做成木乃伊，还要存放在神龛里。

但最引人注目的，当数女人在男人中间占据的地位。不管是贵族还是平民，她们可以自由结婚，婚后无须放弃自己的名字和财产。受教育、拥有财产、劳动和继承遗产都是她们的权利，而不仅仅属于他们。在市场上买东西的是她们，而他们则在家里从事纺织。根据惯于胡编乱造的希罗多德的说法，她们是站着撒尿的，他们则跪着撒尿。

希伯来女人

据《旧约》全书的说法，夏娃的女儿们继续遭受天谴。

通奸的女人、施巫术的女人和不以处女之身走向婚姻的女人都可以被乱石砸死；

教士的女儿若是出卖身体，则要火刑处死。

圣律规定，抓过男人睾丸的女人要砍手，哪怕是出于自卫，哪怕是为了保护自己的丈夫才这么做的。

生儿子的女人，有四十天的不洁期。若是生女儿，她就要脏八十天。

经期中的女人，七天七夜都是不洁的，她还会把这不洁传给任何一个碰她的人，或是碰了她入座的椅子或睡觉的床的人。

印度女人

密特拉，太阳、水以及所有生命源泉的母亲，自出生时起就是神。当她从巴比伦或波斯抵达印度时，她不得不从女神变成男神。

密特拉到来后，几年过去了，女人在印度还是不大受欢迎。女人比男人少。在一些地区，每十个男人对应八个女人。很多女性都不能走完最初的行程，有的死在娘胎里，更多的刚出生就被活活闷死。

治病不如先预防，有些女人是非常危险的，印度人传下来的圣书中有一本就说：

"不庄重的女人是毒药，是蛇，是死亡，集以上所有于一身。"

德行高尚的女人，也是有的，尽管好风气正在渐渐丧失。传统规定，死了丈夫的女人，必须投到焚烧亡夫尸体的火堆中去，但现今已没有多少女人愿意执行这个规定了，假如还有那么一两个的话。

几百年、几千年中，都有这样的妇人，而且有很多。然而，在整个印度的历史中，过去从没有、今天也从没有听说有哪个丈夫曾一头扎进焚烧他亡妻的火堆里去的。

中国女人

大约一千年前，中国的女神不再是女神。

男权已经君临大地，现在也要在天上推行秩序了。女神羲和被分为两个男神，女娲神降格为女人。

羲和曾是众太阳和众月亮的母亲。她一次次走过穿越白天和黑夜的艰难旅程，给她的子女们带来安慰和食物。当她被分裂成羲与和这两个男神后，她就不再是她，消失了。

女娲没有消失，却被贬为女人。

在此之前，她创造了所有的生灵：

她砍下宇宙巨龟的腿，让天与地可以有柱子支撑；

她将世界从火灾和水灾中拯救出来；

她跟她哥哥躺在一大丛高高的野草之后，发明了爱情，

还创造了贵族和平民，用黄土捏出了上等人，用河泥捏出了下等人。

罗马女人

西塞罗曾说,女人应该听从男人的保护,"因为她们思维能力较弱"。

罗马女人从男人手里过到男人手里。父亲嫁女儿,可以把她当成财产交给她的丈夫,或者以借贷的方式交付。总之,重要的是嫁妆和遗产,至于享乐之事,则由众女奴负责。

罗马的医生相信,亚里士多德也这么认为:所有的女人,不管是贵族、平民还是奴隶,牙齿数量和大脑容量都不及男人;经期中的女人会弄脏镜子,在上面留下一层红晕。

帝国的最高科学权威老普林尼证明,经期妇女会让新酿的葡萄酒变酸,让庄稼歉收,让种子和水果变干,让嫁接的植物和成群的蜜蜂死掉,让青铜生锈,让狗发疯。

希腊女人

一阵头痛之中,可以诞生一个女神。雅典娜便是从她父亲宙斯的疼痛难忍的脑袋里跳出来的。他开裂自己,生下了她。她是无母而生。

后来,在众神的审判台上,当奥林匹斯必须宣布一个艰难的判决时,她的投票成了关键。

为了给父亲报仇,厄勒克特拉和她的弟弟俄瑞斯忒斯一斧砍断了他们母亲的后颈。

复仇三女神将他们告上法庭。她们要求将凶手以乱石击死，因为王后的生命是神圣的，而弑母之人是不得宽恕的。

阿波罗站出来为他们辩护。他坚称，两位被告的母亲是个不称职的母亲，而母亲的概念是无足轻重的。他说，母亲不过是那一道让男人撒种的干巴巴的犁沟而已。

陪审团的十三位神明，六位投票支持严惩，六位投票支持免罪。

如何打破平局，就看雅典娜的了。她没有母亲，也就投了反对母亲的票，让男权在雅典城得以永恒。

亚马孙人

亚马孙人都是些可怕的女人。她们和赫丘利打过仗，当时赫丘利还叫赫拉克勒斯。她们也曾在特洛伊战争中对抗阿喀琉斯。她们厌恶男人，还把右乳割掉，以使箭头更准。

横贯美洲之躯的那条大河，便叫亚马孙。此名的得来，是西班牙征服者弗朗西斯科·德·奥雷亚纳的功劳。

他是第一个在这条大河中航行的欧洲人，他从内陆一直航行到出海口。回到西班牙时，他少了一只眼睛。他讲述说，他的船队曾遭遇一群女武士的箭雨袭击。她们赤身裸体战斗，像野兽一样怒吼，当感觉到对爱的饥渴时，便把男人绑架了去，在夜里吻他们，天亮时就把他们掐死。

为了给他的故事添上希腊的光环，奥雷亚纳声称，这些女武士就是那些膜拜狄安娜女神的亚马孙人，他遂以亚马孙来命名她们的王国所在的这条河。

几百年过去了。后人再也没有得到半点关于这些亚马孙人的消息。但这条河还叫这个名,而且尽管每天它都受杀虫剂、化肥、矿场排出的汞和轮船泄出的油毒害,在鱼和鸟的种类上、在故事的产量上,它仍是世界上最富有的水域。

当灵魂以肝脏为家时

多年以前,在心脏病学专家和波莱罗舞曲词作者还没有诞生的时候,"心情"应该叫"肝情"。

肝曾是一切的中心。

中国传统认为,肝是灵魂睡觉和做梦的地方。

在埃及,负责保护肝脏的是艾姆谢特,他是荷鲁斯神的儿子。在罗马,负责看管肝脏的则是众神之父朱庇特。

伊特鲁里亚人[1]在他们献祭的动物的肝脏上解读命运。

根据希腊传说,普罗米修斯为我们人类从众神那里盗来了火种。奥林匹斯山的最高统治者宙斯为了给他罪受,用铁链把他捆在一块岩石上,让一只秃鹫每天啄食他的肝脏。

不是心脏,而是肝脏。但是,普罗米修斯每天都重长出新的肝来,这便是他不朽的证明。

---

1 系意大利古代居民。

大男子主义的诞生

宙斯惩罚背叛了他的普罗米修斯,以上的酷刑不算,他还创造了第一个女人。然后他把这个礼物送给我们。

根据奥林匹斯诗人们的讲法,她叫潘多拉。她貌美,好奇心重,是个冒失鬼。

潘多拉在怀里捧着个大盒子降临人间。盒子里囚禁着各种灾难。宙斯是禁止她打开这个盒子的;但是,她刚刚降临在我们中间,就禁不住诱惑,打开了盒盖。

灾害们群起飞出,把毒针扎在我们身上。于是,死亡来到世间,还有衰老、疾病、战争、劳役……

根据念《圣经》的神父们的讲法,另一个叫夏娃的女人,在另一片云朵上被另一个神造出,便也净给我们带来祸害。

赫拉克勒斯

宙斯很喜欢搞惩罚。因举止恶劣,他的儿子赫拉克勒斯给他当奴隶卖掉了。后来到了罗马时代,赫拉克勒斯被称为"赫丘利"。

赫拉克勒斯的买主是吕底亚女王翁法勒。赫拉克勒斯为她效劳,杀死了一条巨蛇。对于一个自小就会把蛇碎成几截的人来说,这无须费多少气力。他还把在夜晚变成苍蝇、偷走人的美梦的双胞胎给捉拿归案。

可是，翁法勒女王对这些功绩并无半点兴趣。她需要的是一个情人，不是保镖。

他们长相厮守，几乎总是闭门不出。出来见人时,他浑身闪亮，戴着珍珠项链、金手镯，穿着五颜六色的紧身衣，这些衣服只能穿一会儿，因为他的肌肉很快就会把缝合之处撑破。她则是一身狮皮，来自他曾在尼米亚徒手掐死的那头狮子。

根据该国流传的说法，他要是表现不好，她就拿一只凉鞋打他屁股。还流传说，在没事可干的时候，赫拉克勒斯就躺倒在他女主人的脚下，纺纱织东西玩儿，宫女们则在一边给他扇扇子，梳头，喷香水，喂他吃东西，给他一小口一小口地品尝葡萄酒。

假期持续了三年。到最后，他的爸爸宙斯命他迅速回到工作之中，去完成他这个宇宙超级男子汉的十二桩伟业。

国际贸易组织的诞生

必须选一个贸易之神出来。宙斯坐在奥林匹斯的王座上仔细考察他的家庭成员。不用多想，非得是赫耳墨斯不可。

宙斯送给他一双带金翅的鞋，命他掌管商贸促进、合约签署和贸易自由的保护。

赫耳墨斯在罗马时代被称作"墨丘利"。他被选中的原因是，他最会撒谎。

邮政的诞生

两千五百年前,把消息和口信带到远方的,是马和喊声。

居鲁士大帝,阿契美尼德家族的儿子、安善王子、波斯之王,创建了一个邮政系统。该系统日夜运转不息,靠的是骑手接力,他们是从波斯国骑兵中挑选的佼佼者。

更为昂贵的特快服务则是靠喊。从一个声音到另一个声音,话语穿过大山,越过高岭。

艾科

很久以前,仙女艾科学会说话了。她说起话来极为优美,从她口中出来的语句,像是从没被使用过,从未经由任何一张嘴出来过。

宙斯的合法妻子赫拉经常因嫉妒攻击别的神。有一回,她给艾科下了诅咒。艾科遭受了最严酷的惩罚:她被夺去了自己的声音。

从此,她不会说话,只会重复[1]。

后来,习俗将这一神的惩罚变成了崇高美德。

---

1 在西班牙语中,小写的"艾科"(eco)即指回声。

泰勒斯

两千六百年前，在米利都城[1]，有一个叫泰勒斯的智者。他总是心不在焉，喜欢在晚上散步，窥探星星的活动，因此时常掉到坑里去。

泰勒斯，这个常怀好奇心的人，探究出万物不死，一切都会变形，世上没有哪样东西不是活的，以及一切生命的源头和终点之中都有水的存在。不是神，而是水。地震的发生是因为大海搅动，摇晃了大地，并不是波塞冬发脾气所致。眼睛能看见东西，并不是神的恩赐，而是因为眼睛能反映现实，就像河水能映照出岸边的灌木丛一样。日食的发生是因为月亮盖住了太阳，而不是因为奥林匹斯发怒把太阳吓得躲起来了。

泰勒斯在埃及学会了思考。他精准地预言了日食的发生，精确地测出了从远海开来的船只的到岸距离，还懂得通过塔身的射影准确算出胡夫金字塔的高度。最著名的数学定理是以他命名的，此外还有四个泰勒斯定理，甚至还有人说，他发现了电。

不过，也许他的伟大成就是另一种：自由自在地活着，脱去宗教的厚重外衣，无须慰藉。

---

[1] 古希腊城邦，今属土耳其。

音乐的诞生

俄耳甫斯抚摸里拉琴琴弦的时候,音调如此优美,竟至色雷斯森林里的栎树也跳起舞来。

当俄耳甫斯与阿耳戈众英雄登船航行时,礁石闻乐声,这所有的语言交汇其中的语言,于是船幸免于海难。

太阳升起的时候,俄耳甫斯在潘盖翁山之巅用里拉琴向他问好,然后他们面对面聊天,以光对光,因为音乐也会把空气点燃。

宙斯发来一道闪电,把这高调炫耀的家伙劈为两半。

神之独尊

众神忍受不了来自粗俗野蛮的地上人的竞争。

我们理应受他们羞辱,对他们服从。根据他们的说法,我们是他们造出来的;天庭之中的新闻审查制度严禁散布这样的谣言:他们其实是由我们造出来的。

玛雅人的神发觉我们能看到地平线以外的东西时,便往我们的眼里撒灰;希腊众神得知叙姆普勒加得斯王菲尼亚斯的视力超越时间以外后,便弄瞎了他的眼睛。

路西法是犹太人的上帝、基督徒的上帝和穆斯林的真主最喜欢的天使长。当路西法想把自己的位置拔高到群星之上时,上帝让他在一团美艳的火焰中烧成灰烬。

也就是这位上帝,赶走了亚当和夏娃,这人类的第一对,这两位没有肚脐的人,因为他们想品尝天福;也是他,惩罚了巴别塔的修建者,这些人胆大妄为,竟敢想登天。

感谢惩罚

巴比伦,邪恶之城,在《圣经》里被描述成"娼妓一般的城市,是娼妓之母"。就在这座城里,那座人类不可一世的罪孽之塔正在长高。

暴怒的闪电没有等待多久:上帝罚这些建造者操起了各不相同的语言,这样谁也听不懂谁的话,塔也就永远中途而废了。

按古希伯来人的看法,人类语言的多样性是一个天谴。

但是,也许,上帝想惩罚我们,却做了一件好事,使我们免于只存在一种语言的单调处境。

语言的诞生

古代墨西哥人的讲法,却是另外一回事。

他们说,在大海分为两半的地方,耸立着奇科莫佐克山,山里有七个洞。

每个洞里,都有一个神施行统治。

最早诞生在墨西哥的民族,便是用这七个洞穴的土和这七位神祇的血揉出来的。

这些民族的人从山的七张嘴里陆续跳了出来。

至今，每个民族都还在使用创造了他们的那个神的语言。

所以语言是充满神性的，所以这说出来的音乐才如此多样。

所有的雨

希伯来人的神对他子民的恶劣行径十分不满，于是天降暴雨，作为惩戒，把所有的活人都埋到水下去了，顺带着把飞禽走兽也葬入水底。

只有诺亚，世上唯一一个正直的人，才享有建造方舟的特权。他用木头造的三层方舟，拯救了他的家人和曾经在世界上繁衍生息的物种，每一物种都有一公一母上船保命。

其他的生灵，统统被大洪水淹没了。

那些之前被逐出方舟的，同样不配享有生的权利：那些非正常的情侣，比如形影相随的马和母驴，比如热恋中的母狗和狼，以及受雌性管束的雄性，那些雌性竟敢漠视自然的等级秩序。

种族主义的宗教起源

方舟安抵阿勒山，诺亚喝酒庆祝，喝得大醉。

他醒来时，身体已经不完整了。根据《圣经》多个版本中的一个，他的儿子含在他沉睡时割去了他的男根。这个版本还说，上帝因之诅咒含和他的子女以及他的子女的子女，罚他们万世为奴。

但是，虽然《圣经》版本繁多，并没有哪一本说含是黑人。《圣经》诞生的时候，非洲还没有开始卖奴隶，含是很久以后才变黑了皮肤的。他也许是 11 或 12 世纪才变黑的，当时阿拉伯人开始从沙漠南边贩运黑奴，不过可以肯定的是，到了 16 或 17 世纪，含就全身皆黑了，那时贩卖黑奴成了欧洲的一宗大生意。

自此，黑奴贩卖便具有了神圣权威和永久生命。理性为宗教服务，宗教为压迫服务：奴隶是黑人，所以含也应当是黑人。他的子女也是黑人，生来便是奴，因为上帝是不会错的。

于是含和他的子女以及他的子女的子女就生出卷发、红眼睛和厚嘴唇，他们赤裸着身子走来走去，露出令人脸红的生殖器，他们酷爱偷盗，憎恨自己的主人，从不说真话，睡觉的时候净干些肮脏的事情。

种族主义的科学起源

直到今天，盘踞在人类等级顶端的少数白人，还叫"高加索人种"。

这是 1775 年由约翰·弗里德里希·布卢门巴赫命名的。

这位动物学家认为，高加索是人类的摇篮，智慧和美貌都来自那里。虽然无根无据，这一术语却沿用至今。

布卢门巴赫收集了两百四十五具人类颅骨，由此创建了欧洲人侮辱其他人的权利。

人类组成一个五层金字塔。

上面是白人。

往下几层,原初的纯净被皮肤肮脏的种族毁坏了:澳洲原住民、美洲印第安人和亚洲黄种人。在所有人底下,是非洲黑人,他们里里外外都长成畸形。

科学总是把黑人置放在地下底层。

1863年,伦敦人类学学会得出结论说,黑种人在智力水平上要低于白种人,只有欧洲人才具备将他们"人化"和"文明化"的能力。欧洲将它最好的精力都奉献给了这崇高的使命,不过运气不佳。差不多一个半世纪后,2007年,诺贝尔医学奖得主、美国人詹姆斯·沃森断言,科学已经证明,黑种人还是不如白种人聪明。

爱的雅歌

所罗门王向他的女人中最女人的那一位献歌。他歌唱她的身体,她的身体之门,以及绿得鲜艳的两人共枕之床。

《雅歌》跟耶路撒冷《圣经》中的其他篇目全然不同。为什么把它收进去呢?

根据拉比们的讲法,它比喻上帝对以色列的爱。根据神父们的讲法,它是献给基督与教会的婚礼的欢乐颂。但是,《雅歌》之中没有一句提到上帝,更别提在《雅歌》被唱响之后好多年才诞生的基督或教会了。

更确切的猜想是,这是一个犹太国王和一个黑种女人的邂逅,是人类激情和我们的肤色多样性的颂歌。

"你的吻啊,胜过葡萄酒。"这个女人唱道。

根据流传至今的那个版本,她还唱道:

"我皮肤黑,但我很美。"

她为此难为情,给出她肤色如此的理由:她要在葡萄园里顶着烈日劳作。

但是,在其他的版本里,这个"但"字是多余的。她原来是这么唱的:

"我皮肤黑,我也很美。"

亚历山大

德摩斯梯尼曾笑话说:

"这个小年轻,想让我们给他造祭坛。好吧,我们就来满足他。"

这个小年轻便是亚历山大大帝。他自称与赫拉克勒斯和阿喀琉斯有血缘关系。他自称为"不败之神"。他受过八次伤,却继续征服世界。

他杀掉所有的亲属后,加冕为马其顿国王,开始了自己的事业。他还想加冕为所有其他土地的国王,于是他在短暂的余生里不停地打仗。

他的黑马劈风疾驰。他手握利剑,头冠白羽,总是第一个发起进攻,仿佛每一场战斗都是他的一桩私事:

"我从不窃取胜果。"他常说。

他总是牢记他的老师亚里士多德的教诲：

"人类分成两种：生来发号施令的和生来听命于人的。"

他用铁腕平息叛乱，把不听话的人钉死在十字架上或以乱石击死，但他也是一个不同寻常的征服者，他尊重被征服民族的习俗，竟至于肯学习他们的习俗。他生来为王，国王中的至尊，他攻取了从巴尔干到印度之间的陆地和海洋，所过之处，波斯、埃及和所有他目光所及的土地都成为他的地盘，他还在所有的地方广撒婚姻之种。他让希腊士兵与当地女子通婚，这一狡猾的想法对于雅典来说是个令人不快的消息，让他在雅典留下恶名，但同时也在他新的世界版图上巩固了他的威严与权力。

不管是行军还是打仗，赫费斯提翁都与他形影相随。在战场上，他是他的左膀右臂。在欢庆之夜，他是他的情人。他和他还有他的数千名不可阻挡的骑兵一起，持长枪，放火箭，建造了七座城市，七个亚历山大城，似乎永无止步的念头。

赫费斯提翁死后，亚历山大独自啜饮他们曾共享的葡萄酒，到了黎明时分，他醉醺醺地下令燃起一大堆篝火，要把天空烤焦，还下令整个帝国之内不许演奏音乐。

不久之后，他也死去了，他死在三十三岁时，没有把普天之下的所有王国悉数征服。

荷马

没有一个人，什么也没有。连鬼魂都没有。只有沉默的石头，时不时闪出一只绵羊来，在废墟间找草吃。

但是，盲诗人却能在那里看到曾经的那座大城。他看到这建在山上俯瞰海湾的城池，为高墙所环绕；他听到那场将该城摧毁的大战发出的吼声和雷声。

他为这座大城歌唱。这是特洛伊的重生。毁灭了四个半世纪后，特洛伊在荷马的诗句中再次诞生。不幸沉入遗忘之河的特洛伊战争，成了一切战争中最著名的战争。

历史学家说，这是一场商贸之战。特洛伊人封锁了通往黑海的要道，征收高额的过关费。希腊人将特洛伊毁为灰烬，是为了打开经达达尼尔海峡通往东方的航路。但是，世界上发生过的所有战争，或说几乎所有，都是商贸战争。这场战争没什么特别之处，为何就这么值得铭记呢？特洛伊的石头，终将变为沙尘，只会化为沙尘而已，这是它们的自然命运，可是，荷马看到了它们，听到了它们的声音。

他所吟唱的，是纯粹的想象吗？

为了营救从一个天鹅蛋中诞生的海伦王后而出发的一千两百艘战船，是奇思妙想之作吗？

阿喀琉斯把他的手下败将赫克托尔绑在一辆马车上，拖着他绕着大军包围下的城池跑了好几圈，这是荷马杜撰出来的吗？

阿佛洛狄忒见帕里斯战败，便降下魔雾，将他团团掩住，这样的故事是出于疯癫发作还是饮酒过多？

还有阿波罗将致命箭头导向阿喀琉斯的脚踵的故事？

发明了蒙过特洛伊人眼睛的巨型木马的人，是不是奥德修斯，也称尤利西斯？

阿伽门农苦战十年，胜利而归，却被他的女人杀害在浴缸之中。这样的结局有多少真实成分？

这些女人，这些男人，这些女神，这些男神，他们和我们如此相像，也会嫉妒，也会报仇，也会背叛，他们确实存在过吗？

谁晓得。

唯一可以肯定的是，他们存在于现世。

狗的文学起源

阿耳戈斯是一个百眼巨人，也是一座四千年前的希腊城市的名字。

当乔装打扮过的奥德修斯抵达伊塔卡时，唯一一个认出他来的，也叫阿耳戈斯。

荷马讲述说，奥德修斯经过多年征战、在海上漂泊了好久后，终于回来了。他装扮成一个年老多病、衣衫褴褛的乞丐，走近了他的家门。

谁也没有发觉，这个人就是他。

只有一个已经不会叫，也不会走路，也不会动弹了的朋友感觉到了。阿耳戈斯躺在一间破屋门口，无人问津，浑身受扁虱叮咬，正在等待死亡。

当它看到，或说闻到那个乞丐慢慢走近时，它忽地抬起头来，摇起了尾巴。

赫西俄德

关于荷马,人们一无所知。有七座城市都宣称自己是荷马的出生地。也许荷马在那些地方待过,某天晚上,在某处诵些诗句,以求得当晚的住宿和饭食。

关于赫西俄德,据说他出生在一个叫阿塞拉的村子,生活在荷马的时代。

但他不为武士的赫赫战功而歌唱。他歌唱的主角是比奥夏地方的农夫。赫西俄德关心他们的劳作,关心这些人每日的生活。他们从坚硬的土地上拔出瘦小的果实,让无情的众神发出的诅咒得到应验。

他的诗歌建议人们在天狼星出现的时候砍伐树木,

在天狼星向南运动的时候摘取葡萄,

在猎户座到来的时候给谷物脱粒,

在七姊妹星团探出头时收割庄稼,

在七姊妹星团藏起身时犁地,

赤身裸体地劳作,

不要相信大海,不要相信小偷、女人、不安分的舌头和倒霉日子。

特洛伊的自杀

根据荷马的说法,是雅典娜女神把那条妙计吹到奥德修斯耳边的。就这样,抵抗希腊军队围攻达十年之久的特洛伊城,被一匹木马打败了。

为什么特洛伊王普里阿摩斯放它进来呢？自从这头巨大的怪兽出现在城墙外等待进城，城内家家户户的厨房冒出红烟，雕像开始哭泣，月桂树转而枯萎，天空中消失了星辰。卡珊德拉公主往木马身上扔了一把燃烧的火炬，祭司拉奥孔往马肚上插进一根长矛。国王的谋士们认为，有必要把木马打开，看看里头究竟装了什么。在整个特洛伊城，没有谁不怀疑，这只大虫是一个陷阱。

但是，普里阿摩斯选择了自己的败亡。他宁愿相信，雅典娜女神送来了一份大礼以示和平。为了不冒犯女神，他下令打开城门，木马在赞美和感恩的颂歌声中被迎进城内。

从木马肚子里杀出了一队士兵，将特洛伊城洗劫一空，连它的最后一块石头也没放过。战败在他们手下的，成了他们的奴隶；战败者的女人也成了他们的女人。

英雄

特洛伊战争如果是从一个无名士兵的视角讲述的话，该会是什么样呢？这个士兵是一个靠双腿行军、不为众神所知、只为盘旋在战场上空的兀鹫所钟爱的希腊人吗？还是一个临时充当战士、无人歌颂也无人塑像的农夫？或者是任何一个被迫杀人、毫无兴趣去为海伦的眼睛送死的常人？

这个士兵预感到后来欧里庇得斯提出的论断了吗？海伦从没有到过特洛伊，在那里的只是她的影子吗？十年杀戮，难道只为一袭空空的长袍而起?

如果这个士兵活了下来,他会忆起什么呢?

谁知道。

也许是气味。疼痛的气味,仅此而已。

特洛伊覆灭三千年后,战地记者罗伯特·菲斯克和弗朗·塞维利亚告诉我们,战争是有味道的。他们曾亲身经历过好几场战争,自内心感受过战争之苦,他们熟知这种腐烂的气味,热热的,甜甜的,黏黏的,会渗透你身上所有的毛孔,长留在你体内。

这种恶心的感觉,你永远去除不掉。

希腊家庭剪影

太阳在天空中走反了方向,往东边去了。就在那奇怪的一天行将结束时,阿特柔斯攻取了迈锡尼的王位。

阿特柔斯感到王冠在他的头脑里摇摇晃晃。他斜着眼打探他的家族中人。在他的众侄儿的眼睛里,闪耀着对权力的渴望。出于疑心,他砍了他们的头,把他们剁成碎块,烧熟了端上宴席,席上只有这一道菜。他设宴款待的是他的弟弟堤厄斯忒斯。堤厄斯忒斯是死者们的父亲。

阿特柔斯之子阿伽门农继承了王位。克吕泰涅斯特拉原本是他叔叔的妻子,他想娶她做王后。阿伽门农不得不把他叔叔给杀了。若干年后,他又不得不割断他最漂亮的女儿伊菲革涅亚的后颈。这是阿耳忒弥斯女神要求他干的,好让她手下的精灵、人马怪和仙女发出强风，助他的舰队开往特洛伊投入战斗。

战争结束后，在一个月圆之夜，阿伽门农迈着胜利的步伐，走进他在迈锡尼的宫殿。克吕泰涅斯特拉王后向他致以欢迎，给他准备了盛满热水的浴缸。当他出浴时，她用她编织的一张网将他罩住。这张网便成了阿伽门农的裹尸布。克吕泰涅斯特拉的情夫埃癸斯托斯将一把双刃剑刺入阿伽门农体内，她挥起一把斧子，砍下了丈夫的头。

后来，厄勒克特拉和俄瑞斯忒斯也是用这把斧头为父亲报了仇。阿伽门农和克吕泰涅斯特拉的儿女把母亲和她的情夫碎尸万段。这姐弟俩为诗人埃斯库罗斯和弗洛伊德医生提供了灵感。

夹紧双腿罢工

在伯罗奔尼撒战争激烈进行期间，雅典、斯巴达、科林斯和比奥夏的女人宣布进行反战罢工。

这是世界历史上第一次紧合双腿的罢工。罢工在剧场里上演。它诞生于阿里斯托芬的想象，诞生于剧作家通过雅典妇女领袖吕西斯忒拉忒之口发出的那句呼喊：

"我不会抬脚向天，也不会四肢着地翘起屁股了！"

罢工不间断地持续下去，直到武士们在爱情的斋戒前屈服下来。他们厌倦了苦战，面对妇女的暴动惊恐不已，不得不向战场告别。

阿里斯托芬差不多就是这么讲述、这么编造的。他是个保守的作家，一直捍卫传统，仿佛他真的相信这些传统似的，但在内心深处,他认为唯有笑的权利才是神圣的。

在戏台上,和平降临。

在现实中,还没有。

当这部作品首演时,希腊人已经打了二十年的仗,之后杀戮又持续了七年。

女人们仍然没有罢工的权利,也没有发表意见的权利,她们唯一的权利,就是老老实实从事专属她们性别的劳动。演戏是不在这些劳动之列的。女人可以去观看演出,只能占据最差的位置,也就是说地势最高的看台,但她们不能出演。那个时候,没有女演员。阿里斯托芬作品中的吕西斯忒拉忒和其他女主角是由戴着女人脸面具的男人来扮演的。

画你的艺术

在科林斯湾的某一张床上,一个女人借着火光端详着她熟睡中的情人的身形。

他的影子映在墙上。

她的情人此刻躺在她身边,不久就要离开了。天明时,他将奔赴战场,走向死亡。影子,他的旅伴,也将随他而去,和他共亡。

夜未央。女人从火堆中拿起一根炭棒,在墙上画下了这条影子的轮廓。

这些线条不会离去。

它们不会拥抱她,她懂。但它们不会离去。

苏格拉底

这边,那边,好几座城市之间争战不休。而这场希腊人的战争,这场杀希腊人杀得最多的战争,主要是斯巴达与雅典的战争。一方是人数稀少并以人数稀少为荣的寡头政治,一方是人数稀少却装作囊括所有人的民主政治。

公元前404年,斯巴达在笛声的伴奏下,慢慢地、无情地推倒了雅典的城墙。

雅典还剩下什么?五百条沉船,八万名死于瘟疫的亡灵,不计其数的开了膛破了肚的武士,以及一座蒙受羞辱、满是缺胳膊少腿的人和疯子的城市。

而雅典的法庭却给雅典最正直的人判了死刑。

闹市中的大师,一边在公共广场上徘徊一边大声思考追寻真理的人,在刚刚结束的战争中参加过三场战役的人,被宣布有罪。"他教唆青年学坏",众法官作了如此裁决,尽管他们也许是想说,他的罪过在于以嘲讽雅典的方式爱雅典,经常批评她,从不奉承她。

奥林匹克运动会

希腊人喜欢互相残杀,不过在战争之外,他们也进行别的体育活动。

他们常在奥林匹亚城竞技。每当举行奥林匹克运动会时,希腊人就会暂时忘却一阵他们的战争。

所有人都赤身裸体：赛跑的，扔标枪和铁饼的，跳跃的，拳击的，摔跤的，赛马的和赛歌的。没有人穿品牌运动鞋或时髦运动衫，他们唯一穿戴的就是自己一身油光闪亮的皮肤。

冠军是不会领取奖牌的。奖品是一顶桂冠、几罐橄榄油、终身免费吃饭的权利以及邻居们的尊敬和仰慕。

第一位冠军是个叫科雷乌斯的人，他原先靠做厨师维持生计，后来还是继续干厨师。在第一届奥林匹克运动会上，他跑过了他所有的竞争对手，跑过了令人生畏的北风。

奥林匹克运动会是分享共同身份的仪式。在进行体育运动的时候，这些身体在无声地说："我们互相憎恨，我们互相争斗，但我们都是希腊人。"这样的仪式持续了千年，直到取得胜利的基督教禁掉了这种有辱于主的赤身异教行为。

希腊的奥林匹克运动会从没有女人、奴隶或外邦人参加。

希腊的民主，也是这样。

帕特农及其后

菲狄亚斯，所有时代最遭人嫉妒的雕塑家，是悲伤而死的。他的才华令人不能承受，被处以坐牢的刑罚。

多年之后，菲狄亚斯又遭强占的刑罚。

帕特农神庙的群雕是他最好的作品，现在却不在雅典，而在伦敦。这些作品也不叫"菲狄亚斯大理石群雕"，而是被冠以"额尔金大理石群雕"之名。

额尔金爵士跟雕塑家扯不上一点边，他是英国大使。两百年前，他把这些珍品悉数装运上船，卖给了他的政府。自此，这些艺术品就在不列颠博物馆里长驻。

当额尔金爵士把他带走的东西带走时，帕特农神庙已经被风吹日晒和数次侵略战争摧毁殆尽了。这座为雅典娜女神的永久荣耀而生的圣殿，遭受过圣母玛利亚和她的众教士的侵略。他们毁掉了一些雕像，抹掉了许多张面孔，砍掉了所有的阴茎。多年以后，又是威尼斯军队入侵，神庙给充作火药库，发生爆炸。

帕特农化为一堆废墟。额尔金爵士抢走的那些雕像本就已残缺不全，今天仍是这样。这些战利品如今在向我们诉说它们的过去：

这一袭长袍，现在只不过是一块大理石而已，但在它的褶皱处，高低起伏着一个女人或女神的身体的轮廓；

这只膝盖已经没了大腿，却还延续着它的姿势；

这段躯干若是接上被砍掉的人头，就完整了；

缺失的那匹骏马，在这绺飞扬的鬃毛中嘶鸣。这几只在风中疾驰的马蹄，还能发出雷鸣般的巨响。

在这些所剩无几的残片里，曾经有的，都还在那里。

希波克拉底

他被称为"医学之父"。

新手入职行医，都要念他的名字宣誓。

两千四百年以前，他行医也写作。

以下是他的一些名言，据他说，这些说法诞生于他的经验：

经验是会骗人的，生命是短暂的，治病的技艺是长久的，机会是稍纵即逝的，作判断是艰难的。

医术是所有技艺中最高贵的，但因为行医者的无知，医术倒要比其他技艺落后得多。

一切皆有循环，一切皆有吐纳。一切皆与一切相关。

若不了解整个机体的性质，就无法了解身体各部的性质。

症状实是身体的自然防卫方式。我们称之为病症，但事实上它们是病症正在得到治愈的表现。

阉人之中是没有秃顶之人的。

秃顶之人不会患静脉曲张。

让每一餐饭都成为供给你营养的食物，让食物成为你的药物。

能把一个人治好的，也能让另一个人丢命。

怀男胎的女人脸色好。怀女胎的女人脸色差。

阿斯帕西娅

在伯里克利的时代，阿斯帕西娅是雅典最有名的女人。

这句话也可以这么说：在阿斯帕西娅的时代，伯里克利是雅典最有名的男人。

她的敌人不能原谅她是女人、外邦人，为了给她增加非议，他们给她编造了一个不可告人的过去，还说她主导的修辞学派专门抚育轻佻的青年女子。

他们控告她鄙视众神，此罪是可以判死刑的。在一千五百个男人组成的法庭前，伯里克利为她辩护。阿斯帕西娅终被赦免无罪，尽管伯里克利滔滔不绝讲了三个小时，却忘了告诉众人她并不鄙视众神，她认为众神鄙视我们，常常让我们凡人短暂的幸福毁于一旦。

那时候，伯里克利已经把他的妻子赶下床，驱逐出门，和阿斯帕西娅同居了。为了维护他和她所生的儿子的权利，他不惜违反了他自己颁布的一部法律。

为了听阿斯帕西娅讲话，苏格拉底常会中断他的授课。阿那克萨哥拉常常引用她的观点。

"这个女人究竟有什么手法还是力量，能将最杰出的政治家纳入自己的掌控之中，能开启哲学家的智慧？"普鲁塔克自问道。

萨福

关于萨福，人们知之甚少。

据说她两千六百年前出生在莱斯博斯岛，正因为她，莱斯博斯才成了女同性恋的代称[1]。

---

1 即所谓的"蕾丝边"。

据说她是嫁了人的，生过一个儿子，曾经因为一个水手不理会她而从山崖上纵身跳下。还有人说，她又矮又胖，长相难看。

谁知道呢。对我们男人来说，一个女人若是不拜倒在我们不可抵挡的魅力之下，却喜欢另一个女人，这样的女人是不大好的。

1703年，天主教会这一男权的堡垒下令，将萨福所著的书统统烧毁。

只有她的一些诗歌，寥寥无几，幸免于难。

伊壁鸠鲁

在他位于雅典的花园里，伊壁鸠鲁发表讲话反抗恐惧。反抗对神、死亡、痛苦和失败怀有的恐惧。

他说，我们以为我们是由众神管着的，这纯粹是幻想。他们不朽，他们完美，他们并不给我们奖励或惩罚。神不足惧，因为我们，这些生命短暂而粗制滥造的生灵，只配享有他们的漠视。

死也不足惧，他说。当我们还是我们的时候，它什么都不是；当它成为死亡的时候，我们已经不是我们了。

畏惧痛苦吗？对痛苦的畏惧才是最让人痛苦的，但没有什么比痛苦离去时的愉悦更令人愉悦的了。

畏惧失败吗？什么失败？对于不知足的人来说，没有什么是足够的，但有什么快乐比得上在一个晴朗的午后与朋友谈天的快乐呢？有什么力量比得上推动我们去爱、去吃、去喝的需要呢？

伊壁鸠鲁提议说，让我们把这不可避免要走向死亡的人生变得幸福美好吧。

城市安全隐患的诞生

希腊的民主热爱自由，却是靠它的战俘生存的。男奴隶和女奴隶耕作土地、

开拓道路、

开山掘地寻找白银和宝石、

建造房屋、

编织衣物、

缝制鞋子、

做饭、

洗衣、

打扫卫生、

锻造长矛盔甲、锄头锤子、

在节庆中和妓院里提供欢娱、

哺育主人的孩子。

一个奴隶比一头骡子还便宜。奴隶制度是受人鄙弃的话题，很少出现在诗歌、戏剧或装点陶罐和墙壁的绘画中。哲学家无视奴隶制的存在，要提到它，除非是为了证明这是低等人的自然宿命，或是为了警示世人。对他们要小心，柏拉图警告说。他说，奴隶都不可避免地倾向于憎恨他们的主人，只有对他们不间断地加以

监督，才能保证我们不会被他们统统杀害。

亚里士多德坚持说，考虑到普遍存在的不安全因素，公民的军事训练是不可弃置的。

亚里士多德口中的奴隶制

从属于别人的人，从本质上说就是一个奴隶。具有人的性质而从属于别人的人，是一件财产、一个工具。奴隶是有生命的工具，而劳动工具是无生气的奴隶。

从性质上划分，有各种级别的首领和部下。自由人支配奴隶，男人支配女人，成人支配儿童。

战争的技艺包括猎取野兽，也包括猎取那些生来受人支配却不肯服从的人，这样的战争自然是正义的。

以体力服务于生命的各种需要的，应当是奴隶和经过驯化的动物。正因如此，大自然才分别造出了自由人和奴隶的不同躯体。

小心酒神节

在罗马，也是一样，奴隶是每天的太阳、每晚的梦魇。奴隶既向帝国贡献生命，也给帝国带来恐惧。

就连酒神节的狂欢也威胁到帝国秩序，因为在夜晚的节庆中，在奴隶和自由人之间是没有障碍的；秩序所禁止的，酒给予许可。

淫乱之中，等级秩序陷入混乱：人们先是怀疑，后来知道，这些放纵行为和在南方爆发的奴隶起义关系密切。

罗马没有坐视不管。公元前两百多年，元老院指控酒神的追随者有谋反之罪，并指派马奇乌斯和波司土米乌斯这两位执政官在整个帝国境内根除酒神节庆。

鲜血开始奔流。

酒神节没有消亡。起义亦然。

安条克王

他的主人把他用作宴会上的小丑。

奴隶优努斯装神弄鬼，口喷白烟和火焰，还发出预言，逗得众宾客大笑不已。

一次大宴上，表演了迷魂状态和喷火功后，优努斯庄严宣称，他将成为这个岛上的国王。他说西西里将成为他的王国，他还说这是得墨忒耳女神告诉他的。

宾客们笑得在地上打滚。

几天后，奴隶果真成了国王。他口喷大火，砍下了他主人的脑袋，发动了一场声势浩大的叛乱。奴隶们杀进村庄和城市，将优努斯加冕为西西里王。

整个岛都烧起来了。新君主下令把他的俘虏统统杀掉，只放过那些会造兵器的人，还发行货币，他的新名字"安条克"印在钱币上面，旁边是得墨忒耳女神像。

王国存在了四年,安条克最终败在叛徒手中,被关进牢里,为跳蚤所吞噬。

半个世纪之后,斯巴达克斯来了。

斯巴达克斯

他曾在色雷斯放牧,在罗马当兵,在卡普阿当角斗士。

他做了逃亡之奴。他出逃时,带了把菜刀,之后在维苏威火山脚下建立了他的自由人军团,他们在行进中发展壮大,成了能打仗的军队。

公元前72年的一天早晨,罗马颤动起来。罗马人看到斯巴达克斯的人正在望着他们。群山的峰顶,一大早就像刺猬一样遍插长矛。奴隶们站在那里观望着这座城市的庙宇和宫殿,这座拥有最高权力的城市,这座统领着全世界的城市:现在,它就在那里,伸手可及,尽入眼底。它曾经拔除了他们的名字和记忆,将他们从人变成可以受鞭笞、可以被赠送或转卖的东西。

攻城之战并没有发生。从来无人知晓,斯巴达克斯和他的部队是否真的到过那里,离罗马如此之近,或许这样的情景只是恐惧造成的幻象而已。因为在那些日子里,奴隶们正在狠击罗马军团。

这场游击战争持续了两年,让整个帝国命悬一线。

最终,起义军在卢卡尼亚山区陷入包围圈,被罗马军士兵全歼。这些士兵,是一个叫尤利乌斯·恺撒的青年军官在罗马召集的。

斯巴达克斯见自己已经战败,便把头靠在他的战马的头上,额头紧贴着与他共同经历过大小所有战斗的战友的额头,将一把长刀刺入马身,切开了它的心脏。

木匠们在亚壁之道上竖起了新的十字架,一路排开,从卡普阿一直延伸到罗马。

罗马假日

手工劳动,是奴隶们的事。

短工和工匠虽然不是奴隶,他们的劳动也被称为"下人的行当"。西塞罗从事放高利贷的高贵行当,他曾定义了各个劳动等级:

"最无荣誉可言的是那些为暴食者服务的人,比如制作香肠的、卖禽肉或鱼肉的、厨子……"

最受尊敬的罗马人是发动战争的大人们,他们自己很少上战场,还有土地的所有者,他们自己很少下地。

做穷人是一项不可饶恕的罪行。富人若是家道中落,就会四处举债以掩盖变穷的耻辱,如果幸运的话,还可以走上政坛为他们的债主服务,取得事业上的成功。

色情之欢的贩卖是一项可靠的创收来源。贩卖政坛官场上的人情同样稳赚。这两样活动拥有同一个名称。娼妓业界的企业家和政界职业说客都叫"中间人[1]"。

---

[1] 原文为 proxenetas,拉丁语,有中介、协调人之意,多指拉皮条者。

尤利乌斯·恺撒

他被人称作"花花秃子",有人说他是所有女人的丈夫也是所有丈夫的女人的丈夫。

知情者说,他曾在克娄巴特拉的卧房里待了好几个月,闭门不出,连鼻子也不探出来一下。

她是他的战利品。他带着他的战利品从亚历山大城荣归罗马。他对他自己的荣耀顶礼膜拜,要给他在欧洲和非洲打赢的胜仗加上桂冠,将一大批角斗士送上死路,并把克娄巴特拉赠送给他的长颈鹿和其他奇珍异宝拿出来展示。

罗马给他紫袍加身,这是整个帝国唯一的一件紫红色长袍,还在他的额前环绕上桂冠。御用诗人维吉尔歌颂他的神圣族脉,他的族脉可以上溯至埃涅阿斯、玛尔斯和维纳斯。

没过多久,他站在巅峰的巅峰之上宣布自己为终身独裁者,并颁布了改革条令,改革威胁到他自身阶级的不可触碰的特权。

于是,贵族们,与他应是一家人的贵族们商定,与其费力治疗,不如预防在先。

于是,这位踏上死途的全能至尊被他的众亲信团团围住,他宠爱有加的马可斯·布鲁图斯说不定就是他的亲生儿子,正是他第一个抱紧了恺撒,然后在他的背上扎下第一刀。

后面的短刀跟上来,一齐刺进同一个身躯,然后高高扬起,鲜红鲜红的。

那具身躯躺在石地板上,就留在了那里,因为他的奴隶都不敢碰他。

帝国的盐

公元前 31 年,罗马兴兵讨伐克娄巴特拉和马可·安东尼。马可·安东尼是尤利乌斯·恺撒在名声上和床笫上的继承人。

当时,奥古斯都皇帝用盐来收买民心,以求舆论支持。

当时,罗马贵族已经给予平民吃盐的权利,奥古斯都提高了盐的供应量。

罗马人爱盐。盐总是有的,在罗马人建造的城市周围,都能采到岩盐或海盐。

罗马帝国开辟的第一条道路就叫"盐路",专为从奥斯蒂亚海滩运盐而建。"工资"(salario)一词来源于"盐"(sal),因为罗马军团官兵的军饷是用盐支付的。

克娄巴特拉

侍女们用驴奶和蜂蜜给她洗澡。

她们给她抹上用茉莉花、百合花和忍冬花调成的汁液,将她赤裸的身子置放在填满羽毛的丝绸坐垫上。

在她紧闭的眼帘上,躺着切得薄薄的芦荟片。在她脸上和颈上,涂着用牛胆汁、鸵鸟蛋和蜂蜡制成的软膏。

当她睡完午觉睁开眼睛时,月亮已经出现在天上了。

侍女们用玫瑰花瓣浸润她的双手,用果仁精油和柑橘花给她的双脚增添香气。她的腋下散发出柠檬和桂皮的香味。她的一头长发闪着核桃油的光泽，为沙漠出产的椰枣滋养而充满芬芳。

接下来进入化妆环节。用甲虫磨成的细粉红润了她的脸颊和嘴唇。锑粉描出了她的眉毛。天青石粉和孔雀石粉在她的眼眶四周染出了蓝色和青色的影，她便像戴上了一层面具。

在亚历山大城的宫中，克娄巴特拉走进她的最后一夜。

这最后一位女法老，

这个并不似传说中那般漂亮的女人，

这个做了传说中最好的女王的女人，

这个会说好几种语言、通晓经济和其他专属男性秘密的女人，

这个令整个罗马倾倒的女人，

这个向罗马发出挑战的女人，

这个和尤利乌斯·恺撒及马可·安东尼共享床笫之欢和最高权力的女人，

现在，她穿上她最耀眼的衣装，缓慢地坐上她的王座，此时罗马军队正在向她开过来。

尤利乌斯·恺撒已经死了，马可·安东尼也已经死了。

埃及守军战败。

克娄巴特拉命人打开草篮子。

响起了如铃铛作响的声音。

滑出一条蛇来。

尼罗河的女王解开长袍，向蛇献出她裸露的双乳。乳房上洒着金粉，闪闪发光。

有效避孕法

在罗马,许多女人在做爱完事之后赶紧打喷嚏,以此避免怀上,而以做爱为业的女人更喜欢在巅峰时刻猛扭腰身,让男人的种子偏离轨道。老普林尼说,穷苦人家的女人为了避孕,会在每天天亮之前在胸前挂上一个护身符。制作这个护身符,要从一只毛茸茸的蜘蛛头上提取出一些蛆来,用鹿皮包好。上等阶层的妇女要祛除致孕之魔,就随身带一根象牙小管,里面装着从母狮的子宫或猫肝上切下来的一块肉。

很多年后,在西班牙,女信徒还经常诵一段绝对正确的祷文:

> 圣何塞[1]啊,你未行事而得子,
> 就让我行事而不得子吧。

娱乐圈

寂静。祭司们求教于众神。他们剖开一条白牛的肚子,研读它的脏腑。突然音乐迸发,全场观众狂吼起来:是,众神说"是",他们同样疯狂地希望盛会有一个不错的开始。

角斗士们,这些即将死去的人,向着皇帝的看台高举手中的

---

[1] 即圣约瑟,玛利亚之夫。

兵器。他们是奴隶，或是死刑犯；但是，有一些人来自专门的学校。他们在学校中长期受训，为一段短暂的职业生涯做准备。皇帝用大拇指指地之日，便是他们的职业生涯终结之时。

人气最旺的角斗士的脸庞被画在宝石、徽章和陶盘上，像热面包一样在看台上出售，与此同时，观众们叠加着赌注，高声叫骂或欢呼，简直发了疯。

演出会持续数天。私营老板会高价收取入场费；不过有时候，政客们会免费赠送大屠杀门票，到时候看台上就会满是手帕和字牌，号召大家为候选人投票，他是人民的朋友，是唯一一个说话算话的人。

黄沙铺就的马戏场，盛满人血的汤碗。一位叫泰莱马科的基督徒被封圣，因为他跳入角斗场中，横在两个正在进行殊死搏斗的角斗士之间，中断了节目。观众们纷纷向他扔石块，把他砸成了肉泥。

罗马家庭剪影

三百年间，地狱就是罗马，魔鬼就是诸位罗马皇帝，他们把基督徒活活扔进竞技场的黄沙中，给饥饿的野兽作食。观众沉醉其中。谁也不想错过这样的大餐。

根据好莱坞历史学家们的讲法，尼禄是最坏的一个。他们说，他把圣彼得脸朝下钉在十字架上，还说他放火烧了罗马城，嫁祸于基督徒。他还把他的家人统统杀光，延承了帝国的传统。

他给抚养他长大的姑母列比达做了一次清洗，又用毒蘑菇永远告别了他的异母弟布列塔尼库斯。

他娶了自己的异母妹屋大薇娅，然后将她流放，派人把她掐死。他没了老婆，成了自由身，便可为波培娅的无与伦比的美貌放声高歌。他让波培娅做了皇后，待到厌倦她时，便把她一脚踹往另一个世界。

阿格里皮娜是最难下手的一个。尼禄感激她因为他是从她肚子里出来的，还因为她将亲夫克劳狄皇帝毒死，好让她的宝贝儿子登上皇位。但是，阿格里皮娜这位滥情的母亲不让他行使权力，还常常一不留神就蹭到他的床上，假装睡着。要甩掉她，很费劲。幸好母亲只有一个。尼禄请她吃饭，在饭菜里掺进事先在奴隶和动物身上试验过的剧毒，还让屋顶崩塌砸在她的床上，还破坏她乘坐的船的龙骨……他终于可以哭悼她的离去了。

之后，他派人杀掉了波培娅的儿子茹弗·克里斯皮诺，他喜欢玩扮演皇帝的游戏。

最后他往自己的喉咙上插了一刀，把他仅剩的最后一位亲属也结果掉了。

嘲笑罗马的诗人

诗人马提雅尔出生在西班牙也死在西班牙，罗马则是他居住和写作的地方。

那是尼禄的时代。那个时候，很流行用野蛮人就是日耳曼人的头发做成的假发：

> 这头金发是属于她的。
> 她是这么说的，没有撒谎。
> 我知道她是在哪里买到的。

还有假睫毛：

> 你还在眨巴眼皮下的那只眼睛，
> 这层眼皮，
> 你是今早从抽屉里拿出来的。

死亡能让诗人的境遇得到好转，和今天一样：

> 只有死人才被人称颂。
> 我情愿继续活着
> 不要赞誉。

求医可能会要人的命：

> 你来的时候，我不发烧。
> 你看到我时，我才发起烧来。

公正也可能是不公正的：

把奸夫的鼻子割掉，

这是谁给你出的主意？

他们不是用这个尖尖背叛你的。

大笑疗法

他的名字甚至成了他的职业的代称。

盖伦从给角斗士疗伤开始行医，最后成了马可·奥勒留皇帝的御医。

他相信经验，不相信猜测：

"我宁可走艰险漫长的大路，也不走舒坦短暂的小路。"

与病人打了多年交道，他的总结是：习惯是第二自然，健康与疾病都是生活方式。对处在生病状态中的人，他建议他们改变习惯。

他发现或描述了几百种病痛和疗方，试过多种药剂后，他得出结论：

"没有比笑更好的药了。"

笑话

罗马皇帝、安达卢西亚人哈德良在知道这是他的最后一个早晨时，便对他自己的灵魂说：

我小小的灵魂啊,

你放浪又脆弱,

你是我身体的宾客和伙伴,

现在你去往何方?

是怎样的苍白、严酷又贫瘠的地方?

你再也讲不了笑话了。

背面的世界嘲笑正面的世界

罗马女人可以享受一天的绝对权力。在主妇节那天,她们说了算;男人们便任由她们来管。

农神节承自古巴比伦风俗,节庆持续一周,便也像主妇节那样,是倒过来的世界的宣泄。等级秩序颠倒:富人为穷人服务,穷人侵入富人的家园,穿他们的衣服,在他们的饭桌上用餐,在他们的床上睡觉。农神节在12月25日结束。这天是"不败的太阳神"之日,几百年后遵天主教会规定成了圣诞节。

在中世纪的欧洲,圣婴节那天,孩童、蠢人和疯子都能获得权力。在英格兰,"失序之王"会君临人间;在西班牙,鸡王和猪王会为王位展开争夺,他们都住在疯人院里。一个小孩头戴主教冠、手执权杖,充当"疯子教皇",抬手供人吻他的指环,另一个小孩骑在驴背上当主教,口念训谕。

就像所有的颠倒世界的节日一样,这些稍纵即逝的自由空间是有始亦有终的。长不了。船长说了算的地方,容不得水手插话。

禁止发笑

大自然循环的古老节日,如今被唤作圣诞节和圣周,已不再是对非基督教神灵的膜拜典礼,成了庄严的祭神仪式。这尊神占据了那些神灵的日子,把他们的象征据为己有。

嬉乐节要么是罗马人发明的,要么是他们传承的,对春天的到来致以问候。地母神在河中沐浴,召唤雨水和肥土,罗马人就在此时身着奇装异服笑得在地上打滚。所有人嘲弄所有人,此时此刻,世界上没有什么东西或什么人是不能被笑话的。

根据天主教会的决定,这有违基督教教义、大笑着欢庆春之复苏的嬉乐节,不偏不倚正与耶稣的复活撞在三月的同一天。根据福音书的记载,耶稣从没有笑过。

又根据教会的决定,梵蒂冈教廷就建在嬉乐节庆行至高潮的地方。那个宽阔的广场上,过去曾回响着众人的哈哈大笑声,今天只能听到教皇诵读《圣经》的庄严声音。在《圣经》这本书里,从没有人发过笑。

微笑的神

他的形象总是一副微笑模样,似在嘲讽又不失庄重,像是在嘲笑那些贯穿他的生前身后的矛盾。

佛不信神也不自认为是神，是他的信徒们把他给神化了。

佛不相信奇迹，也不行圣迹，是他的信徒们给他赋予了创造奇迹的能力。

佛不笃信任何一种宗教，也没有创建哪一种宗教，是时间的步伐把佛教变成了世界上信众最多的宗教之一。

佛诞生在恒河之畔，而佛教徒总共不到印度人口的百分之一。

佛倡导苦行，劝人放弃激情、拒绝欲望，而他自己是吃多了猪肉给撑死的（编者注：其实是被变质的猪肉毒死的）。

从来不笑的父亲

犹太人、基督徒和穆斯林都尊同一个神。他是《圣经》中的上帝，对应三个名字，是耶和华，是上帝，是安拉，各有各的叫法。犹太人、基督徒和穆斯林互相杀来杀去，说他们是遵从神的旨意。

在其他的宗教中，神是有很多个的。在希腊，在印度，在墨西哥，在秘鲁，在日本，在中国，都有或曾有过为数众多的奥林匹斯山。而《圣经》中的神是嫉妒心很重的。嫉妒谁呢？他既然是唯一的真神，为什么还那么在意有竞争呢？

> "不可敬拜别神，因为耶和华是忌邪的神，名为忌邪者。"（《出埃及记》）

他为什么对不忠诚者的子孙也施以惩罚，而且惩罚要延续好几代呢?

"恨我的,我必追讨他的罪,自父及子,直到三四代。"(《出埃及记》)

他为什么老是这么不自信?他为什么如此不信任他的信徒?他为什么非得威胁他们才能让他们服从?他当面口授,或是通过先知之口:

"你若不听从耶和华你神的话,他就会用痨病、热病、火症、坏疽、旱风来伤你。你新娶的妻会被别的男人霸占。你的土地会落下沙尘之雨。你在你的田里撒下许多种子,终将被蝗虫吃光。你种下葡萄,却喝不到葡萄酒,因为虫子会把葡萄吞噬。你们会为你们的敌人俘作奴隶,被拿去叫卖,却没有买家。"(《申命记》)

"六日要劳碌作你一切的工,但第七日是向耶和华你的神当守的安息日。"(《出埃及记》)

"那亵渎耶和华名的,必被治死。全会众要用石头打死他。"(《利未记》)

惩罚比奖励更为有效。《圣经》就是一部记载对不信教者的骇人惩罚的目录书:

"我会放野兽来咬你们。我会为你们的罪孽多加七次鞭笞。你们会吃你们儿子的肉,你们会吃你们女儿的肉。我会拔出剑来惩罚你们。你们的土地会变成荒野,你们的城市会变成废墟。"(《利未记》)

这位永远怒气冲冲的神通过他的三种宗教统治着我们今天的世界。他不是一个可爱的神,比如:

"好妒忌好复仇的神,耶和华,怒火旺盛!他对他的敌对者施以报复,他对他的敌人怀恨在心。"(《那鸿书》)

他的十条诫谕并不禁止人们交战。他反而下令发动战争。他的战争不怜悯任何人,哪怕是婴儿:

"你不要同情亚玛力人。你要杀掉男人和女人、孩童和乳儿、牛和羊、骆驼和驴……"(《撒母耳记》)

"巴别的女儿,毁灭者:拿你的婴孩摔在磐石上的人有福了!"(《诗篇》)

儿子

谁也不晓得是怎么回事：耶和华，这唯一一位从没有做过爱的神，竟为人父了。

根据福音书的讲法，这个孩子来到人间的时候，正值希律王统治加利利时期。希律王是在公元前4年死掉的，那么耶稣至少应该是在公元前4年降生的。

究竟是哪一年，无从知晓，也不知何月何日。四百年中，耶稣都没有生日，直到379年，圣格里高利·纳齐安[1]给他颁发了出生证明。耶稣是在某年的12月25日出生的。就这样，天主教会又一次对偶像崇拜的传统进行收编。在异教传统中，这一天是神圣的太阳穿越冬的重重黑雾、踏上反抗黑夜的征程之日。

不管那是什么时候发生的事，人们在庆祝第一个祥和之夜、爱情之夜的时候，断不会出现像今天这样鞭炮轰鸣、震耳欲聋、硝烟弥漫的场景的。那个时候肯定也没有那种画着一头金色卷发的小宝宝的画片，事实上那个新生儿也不是这个样子的；正如在一颗谁也没看到过的星星指引下前往伯利恒的马厩的东方三王，既不是三个，也不是王。而且，那第一个圣诞节给庙里的商人们带来如此的坏消息，断然没有让全世界商人大卖特卖的意思。

---

[1] 圣格里高利·纳齐安（329—389），曾任君士坦丁堡大主教。

通缉

> 姓名：耶稣。
> 别号：弥赛亚。
> 无工作，无固定住所。

他自称是上帝之子，还说自己从天上下来引燃世界。

他是来自沙漠的外乡人，搅得一个个村庄不得安宁。

追随在他身后的是恶棍、暴徒、浪荡子。

他向穷人、奴隶、疯子、醉汉和妓女许诺天国的降临。

他以医治麻风病人、变出成批成批的面包和鱼及其他魔术巫术招摇撞骗。

他无视罗马政府和犹太传统。

他一直逍遥法外。

他自出生起就被判死刑，已经逃亡了三十三年。

十字架在等着他。

驴

在马厩里，它给初生的耶稣送去温暖，它在画片上的形象便是这样的：像是为拍照摆好造型，两只大耳朵贴紧草编的摇篮来个特写。

耶稣骑在驴背上，躲过了希律王的刀剑。

耶稣骑在驴背上，行进在他的人生路上。

耶稣骑在驴背上，发表布道演说。

耶稣骑在驴背上，进入耶路撒冷。

驴儿真有那么蠢吗？

耶稣的复活

在瓦哈卡[1]，根据马萨特科人的讲法，耶稣让穷人和树木开口说话，因而被钉上了十字架。

他受了好多好多苦后，才从十字架上放了下来。

然后他给埋到土里长眠。在他沉睡的时候，一只蛐蛐唱起歌儿来。

然后蛐蛐的歌声把他唤醒。

然后耶稣说，他想从死亡中走出来。

然后蛐蛐把他的话告诉给鼹鼠。鼹鼠便在地下挖了一条长长的通道，直通他给塞进的那个大箱子。

然后鼹鼠请老鼠帮忙，老鼠用它尖利的牙咬开了大箱子。

然后耶稣就出来了。

然后他手指一掸，就挪开了士兵们压在墓穴口的大石头。

---

[1] 瓦哈卡，墨西哥南部州名。

然后他向蛐蛐、鼹鼠和老鼠致以感谢,它们真给力。

然后他飞升上天,尽管没有翅膀。

那块巨石便留在坟墓的洞口,悬浮在空中,上面坐着一个天使。

然后天使把这一切都告诉给耶稣的母亲堂娜玛利亚[1]。

然后堂娜玛利亚憋不住,在集市上把这个秘密讲给她的女邻居们听。

然后她让所有人都知道了。

玛利亚们

在福音书中,玛利亚是很少出现的。

教会也没对她有多大关注,直到约一千年前,情况才有所改观。耶稣之母此时被奉为人类之母和纯洁信仰的象征。在 11 世纪,正当教会全力创建炼狱和强制忏悔时,法兰西的土地上冒出了供奉玛利亚的教堂,大大小小有八十个。

她的美名出自她的贞洁。玛利亚接受天使的滋养,为一只灵鸽感孕,从没有给男人的手碰过。她的丈夫圣约瑟只是隔得远远地招呼她。自 1854 年后,她更为神圣了。就在那一年,永不会错的教皇庇护九世指出,玛利亚是无罪而成胎的,也就是说,圣母的母亲也是处女。

---

[1] 在西班牙语中,"堂"是放在男性名字前的尊称,"堂娜"是放在女性名字前的尊称。

今天，玛利亚是世界上最受景仰、最能行圣迹的神。早先夏娃害苦了女人。玛利亚拯救了她们。幸而有她，夏娃的罪孽深重的女儿们才有忏悔的机会。

另一个叫玛利亚的就是如此。在画片上，她与圣母一起站在圣十字下。

传统上说，这另一个玛利亚，抹大拉的玛利亚，原是妓女，后成圣徒。

信徒们以宽恕她的方式羞辱她。

玛利亚的复活

玛利亚在恰帕斯[1]重生了。

这条消息的发布者，一个是住在西莫霍维尔村的印第安人，是她的表亲，另一个是住在查穆拉的一棵大树里的隐士，跟她沾不上半点亲戚关系。

在圣玛尔塔·索罗特佩克村，多米妮卡·洛佩斯在收玉米的时候看到了她。耶稣之母请她帮忙造一间小房子，她已经在山头上睡厌了。多米妮卡便遵她的话照办；可是没过几天，主教过来，把多米妮卡、玛利亚和她所有的朝拜者都当成犯人抓走了。

不久之后，玛利亚从狱中逃出来，来到坎库克村，附在一个

---

1 恰帕斯，墨西哥南部州名。

也叫玛利亚的小女孩身上开口发话。

塞尔塔雷斯玛雅人从没有忘记她说的话。她用他们的语言说话，她用略带沙哑的嗓音下令：

"女人不要抗拒自己身体的欲望，这样才能享受欢乐；

"女人要是愿意，就重新嫁给其他的男人，西班牙神父搞的那些婚姻可不是什么好东西；

"挣脱枷锁、重获土地和自由的预言已经实现，现在没有赋税、没有国王、没有主教也没有行政官了。"

长老会听了她的话，遵从了她的命令。1712年，三十二个印第安村寨起义了。

圣诞老人的诞生

桑塔·克劳斯首次出现在1863年的一期纽约《哈泼斯》杂志上，其形象是一个矮矮胖胖的小精灵，正往一根烟囱里钻。这个形象出自漫画家托马斯·纳斯特之手。他是从圣尼古拉斯的传说中偶得灵感的。

1930年圣诞节，桑塔·克劳斯开始受雇于可口可乐公司。在此之前，他不穿制服，一般倾向于穿蓝色或绿色的衣服。漫画家哈顿·桑布罗姆给他换了身行头，用可口可乐公司的标志色，一身鲜红加白色绲边，又给他添上今天我们所有人熟知的一系列特征。这位孩子们的老朋友留着白胡子，总是笑个不停，乘雪橇出行。他长得那么肥，还背着礼物，一手一瓶可口可乐，真不知道他是用什么法子钻进一根又一根烟囱的。

也没人知道,他和耶稣有什么关系。

地狱的诞生

天主教会发明了地狱,也发明了魔鬼。

《旧约》并未提到那个永远开动的烤肉架,也没有记载过那头生着犄角和尾巴、尖爪和厚甲、羊脚和龙翅、浑身散发硫黄味、使一把三叉戟的怪物。

可教会就自问了:光有奖赏没有惩罚,会成什么样?光有服从没有恐惧,会成什么样?

又自问:没有魔鬼,上帝怎么办?没有恶,善会怎样?

教会得出结论说,用地狱来吓人比用天国来给人许诺更有效。从此,教会的博士们和神父们就不停地吓唬我们,告诉我们在恶魔统治的地洞深处,有刑罚专用的熊熊烈火。

2007年,教皇本笃十六世重申:

"地狱是存在的。地狱是永恒的。"

普里西利安

基督徒受迫害的时代已经过去了。

斗兽场上,基督徒大啖狮子肉。

罗马成了世界宗教之都，天主教成了帝国的官方宗教。

385年，教会对普里西利安主教和他的众追随者作出惩罚，罗马皇帝亲自砍下这些叛教者的脑袋。

人头滚落在地。

普里西利安主教率领的那帮基督徒是有罪的：

他们唱歌跳舞，欢庆黑夜和火焰，

他们把弥撒变成加利西亚风味的异教狂欢节，加利西亚[1]是一个可疑的地方，普里西利安就是在那里出生的，

他们结社而居，甘于贫穷，

他们痛恨教会和有权有势者结盟，

他们斥责奴隶制，

他们准许妇女也能像神父一样地布道。

希帕提娅

"她跟什么人都能勾搭上。"人们这么说，想让她的自由蒙羞。

"她不像个女人。"人们这么说，想称赞她的聪慧。

但是，众多教师、法官、哲人和政客都不远千里纷纷来到亚历山大学院听她讲话。

希帕提娅致力于研究困扰欧几里得和阿基米德的谜题，抨击

---

1 加利西亚，西班牙西北部地区名。

那既与神圣之爱脱节也与人类之爱脱节的盲目信仰。她教人学会怀疑和提问。她劝人说：

"你要捍卫你思考的权利。思考出错，总比毫不思考好。"

在一个满是老爷们基督徒的城市，一个占一方教席发表演说的异教女人能走到哪一步呢？

她被人唤作术女、巫婆，有人威胁要杀了她。

415年3月的一天中午，一伙人朝她身上扑了过去。她被拉出她的马车，并被剥光衣服，然后拖行在街面上，挨拳打刀戳。最后，公共广场上燃起一堆火，把她完全消灭了。

"我们会调查清楚的。"亚历山大城的行政长官说。

狄奥多拉

整个拉韦纳城都臣服于查士丁尼大帝和狄奥多拉女皇，尽管城内的那些快嘴都以揭露这个女人的肮脏史为乐：她曾在君士坦丁堡的最底层当舞女，她曾在裸露的身体上撒上大麦种子让鹅啄食，她快活时的呻吟，围观者的号叫……

她另有一些罪过，是恪守清规戒律的拉韦纳城不能饶恕的。这些罪过是她加冕为皇之后犯下的。因她的过失，基督教拜占庭帝国在以下方面都开了世界之先：

堕胎是一项权利，

对通奸者不处以死刑，

女性享有继承权，

寡妇和非婚生子得到保护,
女人主动离婚不再是不可能完成的壮举,
允许信基督教的贵族成员与下层的或信仰其他宗教的妇女通婚。

一千五百年后,全世界最著名的马赛克作品当数圣维塔教堂保存的狄奥多拉画像。

这件石制珍品也成了过去憎恶她、如今靠她过活的拉韦纳城的标志。

乌拉卡

她是西班牙的第一位女王。

乌拉卡在位十七年,但教士们编的历史说她在位时间不过四年。

她再也受不了凌辱和踢踹,跟那个强加给她的丈夫离了婚,把他赶下床,撵出宫,但教士们编的历史说是他休了她。

为了让教会知道谁才是掌权者,为了让教会学会尊重女王,乌拉卡女王将圣地亚哥—德孔波斯特拉的大主教关进牢里,将他的城堡悉数没收。在基督教氛围如此浓厚的土地上,这是未曾有过的事情。但教士们编的历史说,这一切不过是"她在耍性子,女人本如此,一发而不可收,她脑中装满脏臭毒汁,此番终至爆发"。

她有过恋爱,有过纠葛,有过情人,她也愉快地赞颂她的爱,但教士们编的历史说,这些行径,"令人羞于启齿相告"。

阿伊莎

耶稣去世六百年后,穆罕默德也去世了。

这位伊斯兰教的创始人经真主允许娶过十二个妻子,她们几乎同时为妻。他留下了九个遗孀。出于真主的禁令,她们都没有再婚。

最年轻的阿伊莎是最得宠的一个。

后来,她领导了一场反对阿里哈里发统治的武装起义。

在我们今天的时代,许多清真寺都不允许女性进入,但在那个年代,阿伊莎就是在清真寺里发表演说、点燃民怨之火的。之后,她骑在骆驼上,参加了攻打巴士拉城的战斗。战斗持续了多日,一万五千人战死。

这场血战致使逊尼派和什叶派开始互相仇视,这场恩怨绵延不绝,至今仍造成伤亡。一些神学家据此坚称,女人一旦逃离厨房,就会制造灾难,这便是明证。

穆罕默德

阿伊莎战败后,有人忽然想起,二十八年前,穆罕默德就说过:"把你的鞭子挂在你的妻子能看到的地方。"

也恰巧在此时,先知的另一些门徒也忽然具有了恰逢其时的记忆力,他们记起说,他曾亲口告诉他们,天堂里挤满穷人,地狱里全是女人。

时间过去了，穆罕默德离世两百年后，由伊斯兰神权政府归到穆罕默德名下的语句超过了六十万条。这些语录中的大部分，特别是那些诋毁女人的句子，都成了从天上下来的、绝不容许凡人怀疑的宗教真理。

然而，真主口授的圣书《古兰经》却说，男人和女人自创造之时起就是平等的，蛇引诱了亚当，这与夏娃并没有直接或间接的关联。

穆罕默德的传记作者

他做过福音派牧师，没干多久。他不喜欢宗教正统。这个思想开放、激情四溢的善辩者离开教会去了大学。

他在普林斯顿念的书，后在纽约任教。

他担任东方语教师，写出了在美国出版的第一部穆罕默德的传记。

他写道，穆罕默德是一个超乎寻常的人，一个吸引力不可抵挡的爱幻想的人，他也爱撒谎，爱说大话，出售他的奇思异想。他对基督教的评价也不高，在伊斯兰教诞生的时代，基督教是"灾难性"的。

这是他的第一本著作。后来他又写了几本书。关于中东，关于《圣经》，能与他比肩的学者寥寥无几。

他在奇书异卷堆成的高塔间过着幽闭的生活。他不是写书，就是看书。

1859年,他在纽约去世。

他名叫乔治·布什。

苏凯娜

在一些伊斯兰国家,头巾是妇女的监狱:一座流动监狱,与她们如影随形。

但是,穆罕默德的女人们并不蒙面,《古兰经》也从未提到头巾这个词,尽管经文中的确有建议,让妇女出门在外时用一块布盖住头发。天主教修女虽然不信奉《古兰经》,却也把头发遮掩住。在世界上好多地方,还有许多并非穆斯林的妇女,也在头上戴一块厚布或手帕。

但是,别的妇女可以自由选择头上戴什么布,穆斯林妇女则迫于男人的严令,必须用头巾把脸遮掩起来。

对这遮脸布反对最激烈的,是穆罕默德的重孙女苏凯娜。她不仅拒绝佩戴头巾,还大吵大嚷列举它的坏处。

苏凯娜结过五次婚。在她的五次婚姻合同期内,她都拒绝顺从丈夫。

故事大王之母

国王的一个女人背叛了他。为了报复,国王要砍掉所有女人的脑袋。

他每天都在黄昏时结婚,次日凌晨成鳏夫。

处女们一个接一个失了贞操也掉了脑袋。

山鲁佐德是唯一一个活过第一夜的妃子,之后她就用一个个新的故事来换取生命中新的一天。

这些她听来、看来或想象出来的故事使她免于被斩首。她在幽暗的寝宫里,在月光下低声细述。她在讲故事时体验到快感,她的故事也带来愉悦,但她还是非常谨慎。有时候讲得兴起时,她会感觉到国王正在细细打量她的后颈。

要是国王听厌了,她就没救了。

叙述的艺术,诞生于对死亡的恐惧中。

巴格达

山鲁佐德在巴格达底格里斯河畔的一座宫殿里度过她的一千零一夜。

她的一千零一个故事,或诞生于这块土地,或来自波斯、阿拉伯、印度、中国或突厥斯坦,正如在集市上的帐篷里,商队的大车从远方带来的一千零一种奇宝汇聚一处。

当时,巴格达是世界的中心。所有的道路,语言的道路和物品的道路交汇在这座有着广场和喷泉、浴室和花园的城市。同样,最有名的医生、天文学家和数学家都在巴格达相会,相聚在一个叫"智慧宫"的科学院里。

他们中便有穆罕默德·花剌子密,他是代数学的创始人。他的一本著作名为 *Al-Jabr...*,"代数"[1]由此得名。"算法"和"数字"这两个词则来自他的姓氏。[2]

酒之音

欧玛尔·海亚姆写了好多代数学、玄学和天文学著作。那些如传染病般口口相传、散播在整个波斯和更远的地方的地下诗,也是他创作的。

这些诗歌颂葡萄美酒,这伊斯兰教权严厉打击的罪孽之醴。

上天并不知我的到来,诗人说,我的离去也毫不减损他的美貌和伟大。月亮明天会来找我,即使我不在了,她还会天天来。我会在地下长眠,没有女人也没有朋友。对我们这些生涯短暂的凡人而言,唯一的永恒就是瞬间,痛饮瞬间总要好过哭悼瞬间。

海亚姆不爱清真寺爱酒肆。他不惧地上的强权也不怕天上的恐吓,他甚至同情真主,因为真主永远不能一醉为快。最高级的言语并不写在《古兰经》里,而是写在酒杯的边沿上;这些言语也不是用眼睛,而是用嘴来读取的。

---

[1] 西班牙语中"代数"写作 álgebra。
[2] 西班牙语中"算法"写作 algoritmo,"数字"写作 guarismo。

十字军

在漫长的一百五十年间，欧洲先后八次派出十字军，去讨伐东方那些不忠于基督的土地。

伊斯兰强占了耶稣的圣墓，是遥远的敌人。但是，这些圣战武士在路上时不时也顺便利用一下机会，清理目标以外的版图。

圣战是从自己家里开始的。

第一次十字军东征在美因茨和其他德意志城市大肆焚烧犹太教堂，不留一个犹太人活命。

第四次十字军东征向耶路撒冷进发，却未曾到达。基督教武士们驻足在信奉基督教的君士坦丁堡这座富饶的城市。他们在全城烧杀抢掠，连续三天三夜，连教堂和修道院也没放过。当没有女人可以强奸也没有宫殿可以洗劫时，他们便开始享用战利品，全然忘记了他们神圣事业的最终目标。

没过几年，在 1209 年，又一场十字军东征从在法兰西的土地上灭绝基督徒开始。主张清规戒律的卡特里派基督徒拒绝承认国王和教皇的威权，认为一切战争都是对上帝的凌辱，包括那些借上帝之名发动的战争，比如十字军东征。从一个城市到另一个城市，从一个城堡到另一个城堡，从一个村庄到另一个村庄，这个支持者甚众的异端教派被连根铲除。最惨烈的一次屠杀发生在贝济耶。在那里，所有人都给送上刀口。所有人：卡特里派教徒，以及天主教教徒。一些人徒劳地在大教堂里寻找庇护之所。在遍及全城的大屠杀中，谁也不能幸免。根本没有时间辨认谁是谁。

据一些人的说法，修道院院长、教皇特使阿尔诺-阿毛里是对此没有怀疑的。他下令说：

"把所有人都杀光。上帝自会认出谁是他的人。"

神谕

我们可以断言，基督教大军中，识字的人所占的比重并不高。也许因为这样，他们不能正确解读摩西石板上刻着的训诫。

他们读到，上帝命人徒劳地召唤他的名字，他们就借上帝之名干了他们干的事。

他们读到，上帝命人撒谎，他们便背叛了在讨伐不忠者的圣战中立下的所有誓约。

他们读到，上帝命人偷盗，他们便在通往东方的路途中打劫随目所见的一切。他们受十字旗的保护，接受教皇的祝福。教皇保证，他们的孽债可得免除，他们永远可以得救。

他们读到，上帝命人在淫乐之事上开创丰功伟业，于是主的军队不仅跟基督军雇来的大量职业妓女忠实履行使命，也奸污俘获来的异教女人，她们是战利品的一部分。

他们还读到，上帝命人杀人，于是整城整村的人都被送上刀口，连小孩子也不放过：这是基督徒的责任，这些居住着异教徒的土地需要得到净化，或者是出于实际需要，比如狮心王理查，因为战俘老是阻碍行军的步伐，他没有办法，只好把他们统统斩首。

"他们是踩着血花往前走的。"一个目击者说。

为法兰西女人疯狂

伊玛丁是萨拉丁苏丹的得力助手。此外，他还是极尽修饰之能事的诗人。

在大马士革，他是这样描述那三百名随基督军第三次东征的法兰西妓女的：

"她们都是没有节制的淫乱女人，骄傲又爱嘲弄人，被动也能主动，皮肉紧实又充满罪孽，善于歌唱又妩媚风骚，迎合所有人却保持高傲，炽热有激情，涂色抹彩，人人欲得之，惹人怜爱，精致可人，令人心碎又给人慰藉，能毁人于一旦亦能把人重塑成型，能让人迷途又能让人找对方位，偷人钱财也给人安慰，诱人淫乐手法下流，娇弱无力，多欲也为多人所欲，迷茫也陷人于迷茫，善变，经验丰富，年轻而令人陶醉，多情，热烈，愿为情人，不顾羞耻，腰身或丰满或纤细，双腿肉感十足，鼻音醇厚，黑眼珠，蓝眼珠，灰眼珠，并且都有点傻。"

诗人先知

穆罕默德的继承人一味互相残杀，逊尼派对抗什叶派，巴格达对抗开罗，伊斯兰世界致力于相互仇恨而四分五裂。

穆斯林军队在自相残杀的战争中渐渐解体，十字军则迈着征服者的步伐前进，一路无障碍，直奔圣墓所在。

一个专以阿拉伯的视角来写阿拉伯人的阿拉伯诗人就此写道：

地上的居民分成两拨：
一拨是有脑子却无宗教信仰的，
一拨是有宗教信仰却没脑子的。

又写道：

命运将我们打碎，仿佛我们是玻璃制成，
我们的碎块再也不能聚合到一起。

作者名为阿布·阿拉·阿尔马里。他于1057年逝于他的家乡、叙利亚城市马拉特。四十年后，基督徒们将这座城捣成一摊碎石。这位诗人是盲人，据说。

特萝图拉

十字军洗劫马拉特的时候，特萝图拉·鲁杰罗在萨莱诺城去世。
历史只顾着记载基督教武士们的丰功伟绩，因此关于她的事情，人们了解得并不多。我们只知道，她是在三十支马队组成的送葬队伍的陪伴下去往坟墓的，她是第一个撰写了妇科学、产科学和育儿学著作的女人。

"出于害羞和天生的谨慎，女人是不敢在一个男性医师面前展露自己的私密部位的。"特萝图拉写道。她的著作收集了一个女人在一些敏感事情上帮助其他女人的经验。她们向她打开身体和心灵,把男人们懂不了也不配分享的秘密倾吐给她。

特萝图拉教她们如何缓解守寡之苦,如何装处女,如何克服分娩之痛,如何避免口臭,如何洁白皮肤和牙齿,以及如何"弥补岁月造成的无法弥补的伤害"。

外科手术当时正流行,但特萝图拉对刀子并不信任。她还是爱用其他的诊疗方法:手、草、耳朵。她会温柔按摩,能开出药汤配方,也懂得倾听。

亚西西的圣方济各

十字军将埃及城市杜姆亚特团团围住。1219年,围城未终,教士方济各却离开他的军队,光着脚板,独自一人向敌方的营垒走去。

风吹拂着大地,拉拽着他那与尘土同色的长袍。这个从天上掉下来的瘦弱天使,深爱着土地,好似自己就是从土里冒出来一般。

他们远远地望着他过来。

他说,他是来和阿尔卡米勒苏丹谈论和平的。

方济各并不代表任何人,但城门还是为他开启了。

基督军当时分为两派。一半的人认为,方济各修士彻底疯了。另一半人认为,方济各修士是个彻底的大笨蛋。

他的为人广为相传的事迹包括,他常和鸟儿聊天,他自称是"上帝的游吟诗人",他劝人常开笑脸自己也常开笑脸,他常常劝他手下的僧侣说:

"尽量不要显得忧伤、愤怒或虚伪。"

据说,在他位于亚西西[1]的菜园子里,草木都是根系向上反过来长的;人们都知道,他也老是喜欢发表反面意见。按照他的看法,战争是国王和教皇们的交易和激情所在,只为攻取财富,并不能攻取灵魂;十字军征战只是为了让穆斯林投降,而不是为了让他们改宗。

也许是出于好奇,也许是出于谁也不知道的什么原因,苏丹竟接见了他。

基督徒和穆斯林此番不以兵器而以言语相交。在他们长时间的对话中,耶稣和穆罕默德没有达成共识。但他们做到了互相倾听。

糖的诞生

波斯的大流士王曾赞美道,"这支芦竹无须蜜蜂而能产蜜",印度人和中国人则在很早以前就认识它了。而欧洲基督徒是因为阿拉伯人才发现糖的。当时,十字军在的黎波里的原野上看见大片的种植园,试饮了这曾在埃尔巴列城、马拉赫城和阿尔卡赫城被围时帮助城内居民摆脱饥饿的甜美浆汁。

宗教迷狂并未挡住他们卓越的生意眼光。十字军每攻取一处,就把那里的种植园和榨糖坊据为己有。他们从耶路撒冷王国一路打到阿卡、推罗、克里特和塞浦路斯,经过杰里科附近的一个地方,

---

[1] 亚西西,即阿西西,意大利中部城市。

那地方叫阿苏卡尔[1]。

从此，糖就有了"白金"的称谓，在欧洲以克为单位在药店里出售。

讨伐多尔钦诺的十字军东征

在宗教裁判所的档案里，存放着最后一次十字军东征的记录。这次征战是14世纪初出发的，讨伐对象是多尔钦诺和他的一众追随者：

> 多尔钦诺有女伴名玛尔嘉丽塔，陪伴其左右，与其同居。他说对她以纯以诚相待，好比基督化身的姊妹。有人发现她怀有身孕，多尔钦诺和他的人就宣称她怀上了圣灵。
>
> 伦巴第宗教裁判所经韦尔切利主教同意，宣布发动圣战，降者可获完全特赦，并发兵讨伐多尔钦诺。此人在用他的反教言论感染了众多信徒后，与他们一同躲进诺瓦莱斯深山之中。
>
> 深山之中，气温无情，致使多人死于饥饿和严寒，他们为自己的错误丢了性命。大军攀越群山，终将多尔

---

[1] 阿苏卡尔，A-Sukkar，西班牙语的"糖"（azúcar）发音与之相近。

钦诺与其手下约四十人擒获。被屠者、饿死者与冻死者逾四百人。

1308年圣周四、主道成肉身日,叛教者巫女玛尔嘉丽塔亦被捕。玛尔嘉丽塔在多尔钦诺面前被剁成碎块,不久,多尔钦诺也被剁成碎块。

被上天临幸的圣女

马格德堡的圣女梅蒂尔德:"主啊,使劲爱我吧,经常爱我、长时间地爱我吧。我在欲望的炙烤下呼唤你。你炽热的爱无时无刻不在烧灼我。我只是一个赤裸的灵魂,而你在其中,是衣着华美的宾客。"

圣女玛加利大·玛利亚·阿拉蔻克:"有一天,耶稣以他全身的重量压在我身上,这样回应我的反抗:'我想要你承受我的爱,不要反抗,好让我享用你。'"

弗利诺的圣女安赫拉:"我就好像被一个器具控制住了,它进到我的体内,出来时蹭到我的内脏。我的四肢都快给欲望扯断了……就在这时候,上帝要我的母亲死去,她对我来说是一个巨大的障碍。不久,我的丈夫和我所有子女都死了。我感到巨大的安慰。这些都是上帝为我安排的,好让我的心常驻他的心中。"

圣徒们为夏娃的女儿们勾勒形象

圣保罗:"女人的头是男人。"

圣奥古斯丁:"我的母亲对那个被指定为她丈夫的人盲目服从。每有女人脸上挂着夫妻不和的余怒上家里来,她总是说:'错的总归是女人。'"

圣哲罗姆:"所有的女人都藏着坏心眼。"

圣贝纳多:"女人会像蛇那样发出窸窣之音。"

圣胡安·克里索斯托莫:"第一个女人开口说话,就造成了原罪。"

圣安布罗西奥:"要是准许女人再次开口说话,她便会再一次置男人于绝境。"

禁止歌唱

从 1234 年开始,天主教便禁止女人在教堂里唱歌了。

女人得夏娃的遗传而不洁,会玷污了神圣的音乐。这神圣的音乐只能由男童或阉人来演唱。

这项沉默之刑延续了七个世纪,直至 20 世纪初才被取消。

12 世纪,在她们的嘴被强制闭上之前的一些年,莱茵河畔宾根修道院的修女们可以自由歌咏天国的荣光。修道院院长希尔德加德创制的弥撒乐，经女声演唱高转直上，留存至今而丝毫未受岁月磨损，实在是我们的耳福。

在她的宾根修道院和她传教布道过的其他修道院，希尔德加德不只创作音乐：她还是神秘主义者、幻想家、诗人、熟识各类植物的特性和各种水体的治疗功效的医师。她还为她的修女们奇迹般建造了自由空间，反抗男性垄断教权的局面。

禁止感受

"啊，女性的躯体！你是多么光荣！"

宾根的希尔德加德认为，"肮脏的血是战争之血，而非经血"，并公开号召为生为女人而庆幸。

她的医学和自然科学著作，在她那个时代的欧洲是独一无二的。她在书中敢于肯定女性快感，其用词在她那个时代、对她从属的教会来说是非同寻常的。这位有着惊人智慧的修道院院长恪守戒律，生活严谨，是贞女中的贞女，却坚称血液中燃烧的爱的快感，在女人身上要比在男人身上更为细腻、更为深沉：

"在女人身上，它可与太阳、可与她的温柔相比。她的温柔细细温暖着大地，使之更为丰腴。"

在希尔德加德之前一个世纪，波斯名医阿维森纳已经在他的《医典》中更为详细地描述了女性的性高潮："其时，女人双目开始变红，呼吸加快，发出呻吟。"

既然快感只是男人的事情，阿维森纳这部著作的欧洲译本都略去了这一页。

阿维森纳

"生命是用浓度而不是用长度来衡量的。"他曾这么说。不过他还是活了将近六十岁,这在 11 世纪可一点也不算差劲。

照料他的是波斯最好的医生,就是他本人。

在阿拉伯世界,在欧洲,在印度,几百年间,他的《医典》是诊疗时的必查文献。

这部记录了各类疾病和解药的著作不仅汇集了希波克拉底和盖伦的遗产,也汲取了希腊哲学和东方智慧的源泉。

十六岁时,阿维森纳就开办了自己的诊所。

他死后还继续行医好多年。

一位封建领主讲解该如何看管地产

从罗马教皇到最卑微的教区神父,所有的神职人员都教导人们要有良好的性爱行为。对一种严禁神职人员实践的活动,他们怎么能了解那么多的呢?

早在 1074 年,教皇格里高利七世就宣布,只有和教会结了婚的人才有资格为神服务。

"神父们应当逃离他们妻子的魔爪。"他下令说。

不久之后，1123年，雷特朗主教会议规定所有神职人员必须单身。从此，天主教会以守贞誓言来抵御肉欲的诱惑，成为宗教世界中唯一一家员工皆为单身的公司。教会要求它所有的神职人员只为它服务，这种全职制度能保护他们内心的宁静，避免夫妻争吵和婴儿啼哭的侵扰。

也许，谁知道呢，教会也想保住它的地产，使之不会因妻子儿女的继承权终而旁落他人手中。尽管这或许是个微不足道的细节，但我们不要忘了，12世纪初的时候，教会拥有欧洲所有土地的三分之一。

一位封建领主讲解该如何对待农民

贝特朗·德·伯恩，佩里戈地方的领主，骁勇善战的武士，诗风粗犷的行吟诗人，曾这样定性他的农夫，时为12世纪末：

> 从种类上说，从行为举止上说，农夫都要比猪更为低贱。他对伦理道德极为厌恶。他若是偶得一笔横财，就会失却理性。所以呢，有必要让他的钱袋永远空空如也。谁要是管不好他的农夫，就等于是助长他们的恶。

泉中泉

农民们总是不知疲倦地给他们的主人制造麻烦。

美因茨城的喷泉为此提供了一个艺术性的证据。

旅游手册上总是提示,不要错过这一景。它是德国文艺复兴艺术的瑰宝,在集市广场上高高地闪出金色的光辉,今天已是该城的标志、庆典活动的中心。

它诞生于一起庆祝活动:这件顶部雕有圣母和圣子的艺术品,是勃兰登堡大主教的馈赠,他感谢上天护佑诸亲王打败了起事的农民。

此前,走投无路的农民袭击了他们辛勤劳动供养的豪华城堡,木叉和锄头汇集成众,向拥有大炮、长矛和刀剑的强权发起挑战。

成千上万的人被绞死或斩首,以作为秩序得到恢复的明证。喷泉亦然。

黑死病

在中世纪的劳动分工中,神父专事祷告,骑士专事杀人,农民专事供养所有其他人。在饥荒时节,迫于收成惨淡和播种无望,迫于雨水过量或是滴雨不落,农民只得出逃上路,争夺路上所见的一点腐肉或草根;待到体色发黄、两眼发痴时,他们就去洗劫城堡或修道院。

在平常,农民们辛勤劳作,此外还不断犯下罪过。黑死病肆虐时,他们背负罪名。灾祸的降临,并非因为神父祷告不济,而是因为他们的信徒不忠。

神的公务员站在布道坛上诅咒他们:

"肉体为奴的人啊！你们该受神的惩罚！"

1348年至1351年间，每四个欧洲人中就有一个受到神的严厉惩罚。黑死病席卷乡村和城市，消灭了有罪之人，也击倒了有德之人。

根据薄伽丘的说法，佛罗伦萨人早上还和他们的亲人一起吃饭，晚饭就和他们的先祖一起吃了。

与黑死病斗争的女人

在俄罗斯，黑死病消灭人畜，一路杀来，因为土地给惹恼了。或许是因为男人们忘记给土地献上礼物、答谢最近一次收成，或许是因为男人们在土地尚处妊娠期、还在白雪覆盖之下沉睡时往她身上使铲子、插棍子，使她受了重伤。

于是，女人们开始履行一个来自久远时代的仪式。土地是土地上一切有生之物的起点和终点，她欢迎她的女儿们，她们和她一样都能产出生命；男人们则退居一边，不敢探头张望。

一个女人把犁套到身上，就像牛儿一样，破土前进。另几个女人紧随其后，播撒麦种。她们全都赤身裸体，披头散发，光着脚行进。她们一边走一边敲打着锅，哈哈大笑着，给恐惧带来恐惧，也吓唬着严寒和黑死病。

邪恶之水

我们是通过他的预言知道诺查丹玛斯这个名字的。今天，诺查丹玛斯预言仍是畅销书。

事实上，诺查丹玛斯也是医生，一个不同寻常的医生。他不相信蚂蟥能治病，他针对黑死病开出的药方是空气和水：流通的空气，洗涤尘垢的水。

污垢能酝酿疫病；但是，在笃信基督教的欧洲，水的名声并不好。沐浴会带来快感、诱人堕落，因而遭到禁止，只在洗礼时准许进行。在神圣宗教裁判所的法庭上，经常洗澡就是叛教暗投穆罕默德的罪证。当基督教在西班牙得以站稳脚跟，成为唯一真理时，王室就下令把穆斯林留下的大量公共浴室全部拆毁，因为它们是堕落之源。

没有哪位圣徒或圣女往浴缸里伸过一次脚。国王王后若是洗一次澡，则是极稀罕的事，香水便是为此才有的。卡斯蒂利亚女王伊莎贝尔拥有洁净的灵魂，但历史学家们一直在争论她一生中究竟洗过两次还是三次澡。风度翩翩的法国太阳王，第一个穿高跟鞋的男人，在1647年至1711年间只洗过一次澡。是遵医嘱才洗的。

中世纪诸圣徒行医成风

据史料记载，圣多明我·德·西洛斯"开启了盲人紧闭的双眼，清洁了麻风病人污秽的躯体，给病人带来渴求已久的健康，恢复了聋人失却已久的听觉，使驼背者挺直了身板，让跛足者欢欣跳跃，让瘫痪者欢欢喜喜跳下床，让哑巴开口大声说话……"

图卢兹的贝纳多教士"治好了十二个盲人、三个聋人、七个跛子、四个驼背，让三十多个患其他病症的人得到康复"。

圣路易斯让不计其数的罹患"肿胀、痛风、瘫痪、盲症、聋症、瘘症、瘤症和跛足病"的人恢复了健康。

不在人间的圣徒仍保有他们的诊疗能力。在法兰西，墓园对访客参拜圣徒之墓而得到康复的圣迹做过严谨的统计："41%是偏瘫病人和截瘫病人，19%是盲人，12%是疯癫病人，8.5%是聋人、哑人和聋哑人，17%是热病和其他病患者。"

童年的诞生

穷人家的孩子，不是死于黑死病，就是被寒冷或饥饿带走。他们的穷苦母亲要给富家宝宝做奶妈，如果母亲奶头里剩余的奶水不够多的话，饥饿的处决就会早早到来。

但是，出身优越的宝宝也并非可以过得舒坦。在整个欧洲，成年人都强迫他们的子女接受一种可谓严酷的教育，同样为儿童死亡率的居高不下作出贡献。

当宝宝被捆成木乃伊时，教育阶段就开始了。仆人们每天都把孩子从头到脚像灌香肠一样裹紧，在他身上缠满布带。

惟其如此，他的毛孔才能紧闭，才能与黑死病和遍布空气中的中了魔的水蒸气绝缘。这样一来,也能让大人免受他的打扰。宝宝成了囚徒,呼吸困难,也哭不了,手脚被捆住,他便动弹不得。

如果烂疮和坏疽阻挡不了他,那么这个人肉包裹就算过关,进入下一阶段。大人们用鞭子教他怎样坐立起行以合乎上帝的规定,防止他像动物那样四肢着地走路。之后,待他再长大一点,大人们就开始频繁使用九尾鞭、拐杖、戒尺、木棍、铁棍等教学用具。

连国王也不能幸免。法兰西国王路易十三刚满八岁就戴上了王冠,那一天他照例挨了一通鞭子,开始执政生涯。

这位国王活过了他的童年。

其他的孩子也活了下来,谁知道是怎么活过来的。他们成为经受过完美训练的成年人,接着教育他们的子女。

上帝的小天使

弗萝拉·特里斯坦[1]初到伦敦时,见英国妈妈们从不伸手抚摸自己的孩子,大为吃惊。孩子处于社会等级的最底层,比女人还低。他们就像一把破剑那样不受信任。

然而,三百年之前,欧洲的上等人中第一个站出来强调孩子们应当得到尊重、有权享受福利的,正是一个英国人。托马斯·莫

---

[1] 弗萝拉·特里斯坦(1803—1844),法国作家、社会活动家,现代女性主义的创始人之一。

尔喜欢孩子,也为孩子们说话。他一有空就和孩子们一起玩耍,和他们一起许愿:但愿生活是一场永不会结束的游戏。

他的榜样没能维持多长时间。

几百年间,直到不久之前,在英国的学校里,体罚儿童一直是合法行为。成年人的文明,不论阶级,民主地、一致地给成人赋予权利,让他们可以用鞭打或棍击的方式纠正孩子的野蛮习性。皮鞭、木棍、大头棒,这些纪律工具为社会伦理服务,帮助一代代的偏离正轨者改邪归正。

直到 1986 年,皮鞭、木棍和大头棒才在英国的公立学校得到全面禁止。之后,私立学校也禁掉了这些工具。

为了防止小孩继续做小孩,父母可以惩罚他们,只要把暴力手段"控制在合理的范围之内,并且不留痕迹"。

食人魔之父

那些最有名的童话故事都是惊悚作品,也应当归入大人用来制服小孩的武器库中。

韩塞尔和葛雷特[1]警告你,你会被你的父母抛弃;小红帽告诉你,每一个陌生人都有可能是要把你吃掉的狼;灰姑娘让你不得不对所有继母和异母姐妹保持戒心。但是,在所有的人物里面,

---

[1] 格林童话中的人物。

最有效地教会小孩服从、让他们心怀恐惧的,当数食人魔。

佩罗童话中专吃小孩的食人魔是以一位著名骑士为原型的。他叫吉尔·德·莱斯,曾与圣女贞德在奥尔良和其他战役中并肩战斗过。

这位拥有数座城堡的领主,法兰西最年轻的元帅,被人指控曾把流浪孩童捉来折磨、强奸乃至杀害。这些孩童在他的领地上漂泊,寻找面包,或是试图在歌颂他功绩的合唱团中谋得一份差事。

经过严刑拷打,吉尔承认他杀害过几百名幼童,还详细描述了他的肉体之欢。

他在绞架上结束了生命。

五个半世纪后,他得到赦免。一个在法国参议院中召集起来的法庭审理了此案,认定此系谣言,撤销了当年的判决。

而他没法庆祝这个好消息了。

鞑靼食人魔

成吉思汗便是多年来吓唬欧洲成年人的故事中的那个食人魔,这个魔头率领着撒旦从蒙古发来的游牧大军。

"他们不是人!是魔鬼!"西西里和德意志国王腓特烈二世这样惊呼道。

事实上,欧洲的恼怒是因为成吉思汗根本不屑于入侵欧洲。成吉思汗看不上欧洲,因为那地方比较落后,他还是更喜欢亚洲。他用并不算精细的手段打下了一个广袤的帝国,帝国的版图包括了蒙古高原和俄罗斯草原，把中国、阿富汗和波斯都囊括在内。

他的恶名也被转移到他的家族中的所有成员。

然而，成吉思汗之孙忽必烈并没有把那些经常到北京来拜见他的欧洲旅人活活吃掉。他盛情款待他们，听他们说话，给他们职位。

马可·波罗就为他工作过。

马可·波罗

在他口述自己的行记时，他被关押在热那亚的监狱里。狱友们相信他所说的一切。当众囚徒倾听着马可·波罗的历险、在东方漂泊二十七载的旅行记时，他们都逃出了监狱，与他一同畅游。

三年后，这位来自威尼斯的犯人出版了他的书。"出版"只是个说法而已，因为在当时的欧洲，印刷术尚未出现。流传开的只是一些手抄本。马可·波罗仅有的寥寥几个读者，对他的话一句也不信。

这个商人说得天花乱坠：也就是说，那些酒杯能不用人碰就自行浮到空中，直达大汗唇边？还有这样的集市，一个阿富汗产的香瓜就是一个女人的价格？最仁慈的人都说，这人的脑子不正常。

在里海之畔，通往阿勒山的路上，这个疯子看到过熊熊燃烧的油，他还在中国的大山里看到过燃烧的岩石。他还说什么中国人拥有用纸做的钱币，就是蒙古皇帝盖过章的票子，还说他们的大船能装一千多人，这些听起来都够荒唐的。苏门答腊的独角兽和戈壁大漠中会唱歌的黄沙，只引来听者的狂笑，马可·波罗在塔克拉玛干以外发现的村落中使用的不怕火烧的布匹，实在是玄乎缥缈。

几百年后，人们才知：

那些燃烧的油是石油；

那些燃烧的石头是煤；

中国人从五百年前开始就使用纸币，他们的战船比欧洲人的战船要大十倍，船上有菜园子，为水手提供新鲜菜蔬，让他们不致患上坏血病；

独角兽是犀牛；

大风让大漠中的沙丘顶部发出鸣响；

那些能抵御烈焰的布匹，是用石棉做的。

在马可·波罗生活的时代，欧洲人既不知道石油，也不知道煤，也不知道纸币，以及大船、犀牛、高高的沙丘和石棉。

有什么不是中国人发明的？

还在小时候，我就知道，中国在乌拉圭的另一边，有人要是有耐心打一口足够深的井，就能通达那个国家。

之后，我学了点世界史，但世界史就是欧洲史，过去如此，现在也还是这样。世界的其他部分，过去现在都在黑暗里沉睡。中国也不例外。对一个发明了几乎一切的国家的历史，我们知之甚少，或说一无所知。

五千年前，丝绸在那里诞生。

中国人先于其他民族发现、命名并栽种了茶。

他们率先从深井里提取盐,率先在他们的厨房和灯具中使用煤气和石油。

他们创制了轻便的铁犁及用以播种、脱粒和收割的器械,两千年后,英国人才实现农业机械化。

他们发明了指南针,一千一百年后,欧洲人的船才用上这个工具。

他们比德国人早一千年发现,水磨能为铁炉和钢炉输送能量。

他们在一千九百年前发明了纸。

他们在古滕堡之前六百年印刷书籍,在他之前两百年使用金属制活字印刷。

他们在一千两百年前发明了火药,一百年后又发明了大炮。

九百年前,他们就创制了织绸机,用踏板带动卷轴,意大利人晚了两百年才把它抄袭过来。

他们还发明了舵、纺锤、针灸、瓷、足球、牌戏、幻灯、焰火术、风筝、纸币、机械钟、地震仪、清漆、磷光漆、钓丝螺旋轮、悬索桥、独轮车、雨伞、扇子、马镫、马蹄铁、钥匙、牙刷等小玩意儿。

浮动的巨大城市

15世纪初,中国舰队司令郑在锡兰[1]海岸的一块石头上刻下语

---

[1] 锡兰,即今斯里兰卡。

句,向真主、湿婆和佛致敬。他用三种语言分别祈求这三位神赐福给他的船员。

郑,这位忠于令他肢体不全的帝国的宦官,统领着有史以来最庞大的舰队。

居于正中的,是巨型舰只,船上有种植果蔬的园囿,大船四周,成千根桅杆蔚然成林:

"船帆接连展开,如漫天云朵……"

船只往返于中国的港口和非洲海岸间,中途经过爪哇、印度、阿拉伯……船员们运送瓷器、丝绸、漆器和玉石从中国启程,满载着故事和奇花异草,以及长颈鹿、大象和孔雀归来。他们发现迥异的语言、神和习俗。他们认识了椰子的十种用途,品尝了芒果那令人难以忘怀的美味,发现了浑身布满黑白条纹的马和两腿细长、跑起来像马的大鸟,在阿拉伯发现了香和没药,在土耳其发现了奇异的石头,比如琥珀,他们唤作"龙涎"。在南方的海岛上,他们惊奇地看到能像人一样说话的鸟,和在双腿间挂着响铃、用以昭示其性能力的男子。

中国的这支庞大舰队出海执行的是探索和商贸任务,而非征服事业,并不存在任何控制的欲望逼迫郑去轻慢或惩罚他看到的一切。不值得景仰的,至少也能引起好奇。随着船队一次次地出海,北京帝国图书馆的藏书量也渐渐增多,四千册书籍汇集了全世界的智慧。

当时,葡萄牙国王拥有六本书。

教皇真慷慨

自中国舰队远航之后,过了七十年,西班牙开启了征服美洲的大业,并把一个西班牙人安排到梵蒂冈的宝座上。

出生于瓦伦西亚的罗德里戈·波西亚用四头满载金银的骡子买来红衣主教们的选票,成为罗马教皇,后称亚历山大六世。

这位西班牙教皇颁布"捐赠诏书",以上帝之名,把那些几年后被称为"美洲"的岛屿和土地赠送给西班牙国王、王后和他们的继承者。

教皇也承认,葡萄牙是撒哈拉沙漠以南的非洲岛屿和土地的主人、拥有者。葡萄牙自半个世纪前开始就从撒哈拉沙漠以南的非洲源源不断地掠夺黄金、象牙和奴隶。

他们航海的目的,与郑将军就不完全一样了。教皇赠送美洲和非洲,"以使蛮族败降,皈依天主教信仰"。

当时,西班牙的人口比美洲少十五倍,撒哈拉沙漠以南的非洲的人口则是葡萄牙的一百倍。

恶以善为蓝本

在帕多瓦的一座礼拜堂里,有乔托的壁画作品。在其中一幅壁画中,乔托展示了在地狱里魔鬼是如何惩罚罪孽者的。

地狱里的刑具令人惊悚畏惧。在那个时期其他艺术家的作品中,同样如此。任何人都能在乔托的这幅画中辨认出神圣宗教裁判所强制推行天主教信仰所用的刑具。上帝启发了他最坏的敌人：宗教裁判所在地面上使用的致痛技术，为撒旦在地狱里忠实模仿。

这样的刑罚表明，这个世界不过是地狱的一次大彩排。不管是在生前还是身后，若是不听话，奖品是一样的。

信仰的证物

在一些国家，神圣宗教裁判所严惩叛乱者、异教徒、女巫、同性恋、渎神者……长达六个世纪。

许多人在火堆上终结了性命；被判文火慢烤的人，则在嫩柴堆上慢慢燃烧。更多的人则受拷打。以下是用于强逼忏悔、改正信仰和播撒恐怖的部分刑具：

尖刺项链、

悬笼、

防止痛苦叫喊的铁塞子、

能慢慢地把你从中间一分为二的锯子、

压指器、

夹头器、

断骨摆锤、

钉子椅、

能戳进魔鬼痣中的长针、

能撕裂皮肉的铁爪、

烧得通红的夹子和钳子、

内置铁钉的石棺、

能拉伸延长断腿断臂的铁床、

带刀尖或钩尖的鞭子、

装满粪便的木桶、

脚镣、滑轮、铁颈圈、铁钩、

可以一开一合把异端分子的嘴、同性恋者的屁股和撒旦情人的阴道撕烂的梨形夹、

能把女巫和淫妇的奶头掐烂的夹子、

舔舐脚底的火苗

及其他道德武器。

刑讯逼供者的坦白

2003年，基地组织头目伊本·阿尔—沙义克·阿尔—利比受严刑拷打，终于招供说伊拉克曾训练他使用生化武器。美国政府随即兴高采烈地把这条证据抖来抖去，以证明伊拉克的确应当被占领。

没过多久，人们知道了：受刑者说了刑讯逼供者想要他说的话，这是惯例。

这起荒唐事件并不能阻止美国政府继续在全世界范围内实施刑罚并宣扬刑罚的教义，给它安上许多艺术化的名字："替代胁迫手段""强化审讯技术""压力与惊吓战术""说服法"……

那些最强势的媒体越来越不加掩饰地赞颂这台碎人机器的种

种好处，越来越多的人为它鼓掌欢呼，或者至少接受它。难道我们没有权利保护自己免受恐怖分子和凶险暴徒的侵害吗？

可宗教裁判所的庭长们和生活在我们这个时代的窃国大盗们都明白：严刑拷打并不能起到保护平民的作用，只能用来吓唬老百姓。

制造疼痛的一整套官僚体系是为权力服务的。权力需要它来维持永久的生命。受刑者的供词没多大用处，或说毫无价值。而在刑讯室里，权力摘下了面具。权力一边暴打犯人，一边坦白：它是靠食用恐惧生存的。

我们都曾是刽子手

巴塞罗那的波里亚街没怎么变过，虽然现在它专用来做另外一些事情。

在中世纪的大部分时间里，它都是欧洲的一方舞台，在这方舞台上，司法成了表演剧目。

小丑和音乐艺人走在游行队伍最前头。受刑罚的男人或女人从监狱里出来，坐上驴背，赤身全裸或几乎全裸，让鞭子一下下地抽着，人们纷纷伸手打他们，向他们骂脏话，往他们身上吐口水、扔粪便、投掷臭鸡蛋，或是采用其他致敬方式。

惩罚别人时最起劲的人，也是作恶最起劲的人。

雇佣兵

他们现在叫雇佣兵。

几个世纪前,在意大利,他们叫 condottieri。他们是被租用来杀人的,condotta 便是"合同"的意思。

保罗·乌切洛画笔下的这些武士,穿着华贵,动作优雅,他画的不像血战场面,倒像是时装模特走秀。

不过,这些 condottieri 可是胸口长毛的大汉,他们除了和平,什么都不怕。

弗朗切斯科·斯福尔扎公爵年轻时干过这个行当,他一直不曾忘。

一天下午,公爵在米兰郊外散心时,从马上高高在上地给一个乞丐扔了一枚钱币。

乞丐用最好的愿望祝福他:

"愿平安与您同在。"

"平安[1]?"

一记剑刺挑落了乞丐手上的钱币。

不可能圣母

因为信仰和平,所以她被唤作"不可能圣母"。

---

[1] 原文中"和平"与"平安"同为一个词。

瑞塔圣母能在战争期间行圣迹，带来和平：

邻里之间的战争、

家庭成员之间的战争、

国与国之间的战争、

众神之间的战争。

她也行其他圣迹。最后一次是在她临终时。尽管时值隆冬，瑞塔祈求无花果成熟，冰雪覆盖下的玫瑰花盛开，这样她就能口含无花果的味道、呼吸着初开的玫瑰花的香味死去了。当她死去的时候，卡沙镇上所有教堂的钟都自行响起，根本没有人碰。

女圣斗士

没有哪个男人能战胜她，不管是比农活还是比剑术。

在寂静的菜园里，她总是在中午时分听到有人说话。天使们和圣米迦勒、圣玛加利大、圣加大肋纳等圣徒跟她说话，还有从天上传来的最高音：

"世上没有人能解救法兰西王国，除了你。"

她便四处重复这句话，还总是附上引用来源：

"这是上帝告诉我的。"

于是，这个生来只为繁衍后代、不识一字的农妇，领导起一支庞大的军队。军队每到一处，都更为壮大。

这位少女战士一直保持处女之身，或许是神的旨意，或许是因为男人们都怕她。她一战接一战，一路杀来。

她手持长矛，拍马冲击英格兰士兵，无人能敌。最后她还是战败了。

英格兰人将她俘虏，决定让法兰西人来处置这个女疯子。

她曾以上帝之名为法兰西和法兰西王战斗，现在却是法兰西王的官僚们和上帝的官僚们把她送上火堆。

她被剃成光头，铐上铁链，没有律师。法官、检察官、宗教裁判所专家、主教、神父、教士、公证人和目击证人都与索邦大学的裁决一致：被告分裂教会、背离教旨、撒谎成性、迷信占卜、有叛教嫌疑、在信仰上犯有错误、恶毒诅咒上帝和诸圣徒。

十九岁的她被绑到鲁昂市集广场上的一根桩子上，刽子手点燃了柴堆。

她的祖国和她的教会把她活活烧死，后来又改变了看法。现在，贞德是英雄，是圣女，是法兰西的象征和基督教信仰的标志。

船在陆地上航行

君士坦丁大帝以自己的名字命名了拜占庭城，于是，这个亚欧之间的战略要冲就名为"君士坦丁堡"。

一千一百年后，君士坦丁堡在土耳其军队的围攻下沦陷，另一位皇帝，又一位君士坦丁为这座城而战也与这座城同亡，从此基督教失去了它向东方打开的大门。

此前，各个基督教王国曾纷纷许诺，会帮君士坦丁堡一把；但到了真正危急的时刻，君士坦丁堡陷入重围，呼吸艰难，终于孤零零地死去。八米长的巨炮、攻城机和土耳其舰队的突袭,在最后的战斗中起了关键作用。土耳其战船起先无法越过在水下环环相扣阻挡船只进入的铁链,后来穆罕默德苏丹下发了一道闻所未闻的命令:把船开到陆地上去。战船被架到可以滚动前行的平台上,由好多头牛牵引着,在寂静的夜晚滑行,翻过分隔博斯普鲁斯海峡和金角湾的山丘。次日清晨,港口的卫兵惊慌地发现,土耳其舰队不知依仗什么法术,竟从他们鼻子底下冒出来,浮现在敌人不得入的水域中。

自此,土耳其人形成水陆合围之势,最后的屠杀染红了雨水。

许多基督徒都涌向巨大的圣索菲亚大教堂寻找安身之所。这座教堂于九个世纪前诞生于狄奥多拉皇后的一次狂想。这些基督徒挤在教堂里,等待着从空中降下一位天使,挥动火剑把侵略者赶跑。

天使并没有来。

来的是穆罕默德苏丹。他骑着他的白马进入教堂,把它变成了这座城市的大清真寺。这座城市今天叫伊斯坦布尔。

被魔鬼附身的女人

君士坦丁堡陷落好多年后,马丁·路德宣扬说,撒旦不仅住在土耳其人和摩尔人中间,也"住在我们自己的家里:在我们吃的面包里,在我们喝的饮料里,在我们穿的衣服里,在我们呼吸的空气里"。

一直如此。

几百年后，到了1982年，魔鬼竟然胆敢化身成家庭主妇，拜访梵蒂冈了。面对这个大叫着在地上爬行的女人，教皇约翰·保罗二世与恶魔展开贴身肉搏。他用另一个教皇乌尔巴诺八世创制的驱魔咒来对付这个不速之客。多年以前，乌尔巴诺八世曾把"世界绕着太阳转"这个魔鬼想法从伽利略·伽利莱的脑中移除。

当魔鬼化身为女实习生出现在白宫的椭圆办公室里时，比尔·克林顿总统没有采用那种古老的天主教的办法。接下来的三个月，为了震慑魔鬼，总统往南联盟倾倒了狂风暴雨般的导弹。

鬼魅图

维纳斯在一天清晨出现在锡耶纳城。人们发现她时，她正赤身裸体平躺着晒太阳。

这位大理石雕的女神在罗马帝国时代被埋入地下，又优雅地从地底浮上地面。全城的人都欢迎她的再现。

人们把城内大喷泉的中心送给她当寓所。

没有哪个人会看厌了她，所有人都想摸她。

但不久之后，就是战争和战争带来的恐惧，锡耶纳遭到侵袭和洗劫。在1357年11月7日的会议上，市议会作出裁断，认定这都是维纳斯的错。上帝为了惩罚偶像崇拜的罪过，降下了这场灾难。市议会下令将引诱人淫乱的维纳斯砸碎，又派人把碎片埋在他们憎恶的佛罗伦萨城内。

一百三十年后,又一个维纳斯诞生在佛罗伦萨,她出自桑德罗·波提切利之手。他画出了她从波涛中徐徐浮现的样子,她除了一身皮肤,什么都没穿。

十年后,当萨佛纳罗拉修士燃起净化灵魂的火堆时,据说波提切利为他用画笔犯下的罪孽忏悔过,把他年轻时涂就的几幅画有魔鬼的作品送去添把火了。

维纳斯那张,他怎么也下不了决心。

屠魔者

他头上的帽尖活像个猛禽的巨喙,他整个人都裹在一身黑色长袍里。长袍底下,为苦行者特制的粗毛衬衣折磨着他的皮肉。

在他的说教中,愤怒的上帝在咆哮。萨佛纳罗拉修士不倦地吓唬人、威胁人、惩罚人。他的不烂之舌点燃了佛罗伦萨城内的所有教堂:他鼓动孩子们揭发他们父母的有罪行为,他把逃避审判的同性恋和淫妇告上宗教裁判所,他要求把狂欢节专门用来静心忏悔。

他发表演讲的布道坛都为神圣怒火所点燃。在领主广场上,萨佛纳罗拉燃起火堆,日夜看护,专门焚烧虚荣之物。放弃享受、献身美德的女士们把她们的珠宝、香水和化妆品统统扔入这堆火中,一并焚烧的还有淫画和赞美放荡生活的书籍。

15世纪末,萨佛纳罗拉也被扔进了这把火里。教会已经管不住他,便把他活活烧死。

列奥纳多

列奥纳多二十多岁的时候，曾被别称为"黑夜官吏"的公共道德的卫士从委罗基奥老师的画室中强拖出来，关进一间小牢房里。他在那里面待了两个月，唯恐被送上火堆，吓得睡不着也无法呼吸。有人匿名检举他在画室里的一个男模特身上玩肛交。同性恋是要以火刑论处的。

因为缺乏证据，他被赦免，重获新生。

后来，他画出了许多精湛之作，几乎都是未完成作品，在艺术史上开创了渐隐法和明暗对比；

他写了好多寓言故事、传说和菜谱；

他解剖尸体加以研究，第一次完美地绘出了人体器官；

他证实这个世界是不停旋转的；

他发明了直升机、飞机、二轮车、潜水艇、降落伞、机关枪、手雷、迫击炮、坦克车、吊车、挖掘机、制面机、面包粉碎机……

每到星期天，他就去市场上买来鸟儿，然后打开囚禁它们的笼子。

认识他的人都说，他从没有抱过女人，但古往今来最有名的那幅肖像画却是出自他手。画的是一个女人。

乳房

为了躲避惩罚，一些同性恋男子假扮成女人，故意让人当成妓女。

15世纪末,威尼斯颁布了一条法令,勒令所有的卖身女子必须亮出自己的乳房。她们必须在顾客经过的窗口前裸露胸部。她们在里亚托区附近的一座桥上工作。这座桥至今仍叫"乳房桥"。

餐叉的诞生

据说列奥纳多曾想改进餐叉,给它安上三个齿,不过这样一来,它就成了地狱之王用的三叉戟。

几个世纪之前,圣皮埃德罗·达米安尼曾控诉过这个来自拜占庭的新奇货:

"上帝要是真的希望我们使用这个鬼东西,就不会给我们手指了。"

英格兰女王伊丽莎白和法兰西的太阳王都是用手抓食吃的。作家米歇尔·德·蒙田要是午饭吃得急,就会咬到自己的手指。音乐家克劳迪奥·蒙特威尔第每次使用餐叉后,都要以三次弥撒来赎罪。

梵蒂冈之旅

我问米开朗琪罗,试试看他会不会回答我:

"为什么摩西像上长着角?"

"西斯廷礼拜堂中有幅壁画叫《创造亚当》,我们都会把目光集中在给予亚当生命的那只手指上，但是上帝还用另一只手臂温情地、看似漫不经心地钩住一位裸体少女，她是谁？"

"在壁画《创造夏娃》中，天堂里怎么会有被砍过的树？是谁砍的？采伐森林得到许可了吗？"

"在壁画《最终审判》里，有一位教皇被一个天使乱拳打着坠向地狱，他下坠时手上还拿着天国钥匙和一个塞得满满的包囊，他是谁？"

"梵蒂冈把您在这幅画中绘出的四十一只鸡巴统统遮了起来。您知道吗？奉教皇之命给这些玩意儿盖上遮羞布的，正是您的同事和朋友达涅莱·达·沃尔泰拉，他因此被人唤作'裤头'。"

博斯

犯人拉屎拉出金币。
另一个犯人吊在一把巨大的钥匙上。
刀子长有耳朵。
竖琴处决了音乐家。
火能结冰。
猪戴上了修女的头巾。
鸡蛋之中安身的是死神。
机器支使人。
每个人各顾各的。
每个疯子各有各的主题。

谁也不能和任何人相会。

所有人都无目的地奔波。

他们没什么是共同的，除了互相惧怕。

"五百年前，耶罗尼米斯·博斯画出了全球化。"约翰·伯格[1]评论说。

让我们赞美失明

300年的时候，在西西里岛的锡拉库萨，圣卢西亚拒绝嫁给一个异教徒为妻，就挖出自己的双眼，一说是被人挖出双眼。她失去了视力，换来了天国。画片上的她总是手托一个放着双眼的盘子，她要把眼睛献给我主耶稣基督。

一千两百五十年后，耶稣会的创始人圣依纳爵·罗耀拉在罗马发表了他的《神操》。他在其中写下这句他盲目顺从的证词：

"主啊，把我全部的自由、我全部的记忆、我全部的智慧和我全部的意志都拿起收下吧。"

还有更厉害的：

"如果教会宣布白即是黑，那么我会永远相信我看到的白就是黑，这样我永远不会错。"

---

[1] 约翰·伯格（1926—2017），英国著名艺术史家、小说家、公共知识分子。

禁止好奇

知识是罪孽。亚当和夏娃就是吃了这棵树上的果子，才犯了罪的。

后来，尼古拉·哥白尼、乔尔丹诺·布鲁诺和伽利略·伽利莱都因证明地球围着太阳转而遭惩处。

哥白尼直到感觉到死神临近，才敢把那惊世骇俗的发现公之于众。天主教会把他的作品列进了禁书清单。

布鲁诺这个流浪诗人四处散布哥白尼的异端邪说：这个世界并不是宇宙的中心，而只是太阳星系中的一颗星星而已。神圣宗教裁判所把他关进一间小牢房，一关就是八年。他们好几次给他忏悔的机会，布鲁诺回回都是拒绝。最后，这个头脑顽固的人被拉到罗马鲜花广场，在众目睽睽之下受火刑而死。在他燃烧的时候，他们把一个耶稣受难十字架放到他嘴边。他转过脸去。

过了一些年后，伽利略用他的放大倍数达三十二倍的望远镜探索天空，终于证实布鲁诺是对的。

他因为亵渎神明坐了牢。

他在审讯中崩溃了。

他大声发誓说：谁敢相信地球绕着太阳转，我就诅咒他。

据说，他当时低声说出了那句让他永载史册的名言。

好问的恶习

经验和教条,哪个更有价值?

伽利略·伽利莱让石头、小石头、圆球、小圆球落地,证明了不同重量的物体下落的速度是一样的。亚里士多德的说法有误,在漫长的十九个世纪中没有人发现。

另一个怀有好奇心的人约翰内斯·开普勒发现,植物在白天当中追逐光线时,并不是呈圆圈旋转的。难道圆圈并非一切旋转之物的完美路径?宇宙不是上帝的完美作品吗?

"这个世界不是完美的,远不算完美。"开普勒总结说,"那么为什么它的路一定是完美的呢?"

他的论证在路德派教徒和天主教徒听来疑点重重。开普勒的母亲曾因被控行巫术而坐了四年牢。一定有些什么。

但是,在那个强迫人蒙闭双眼的时代,他能看清楚也帮助人看清楚:

他猜想太阳是自转的,

他发现了一颗未知的星,

他创制了"屈光度"的概念,创建了现代光学。

当他的生命滑向终点时,他还突发奇想说,就像太阳能决定植物的旅程,潮汐是听从月亮安排的。

"老年痴呆。"他的同行评议说。

塞尔韦特的复活

1553年,在日内瓦,米格尔·塞尔韦特和他的书一起化为炭灰。应神圣宗教裁判所之命,加尔文把他活活烧死。

这还不够,几个月之后,法国宗教裁判所又烧了他一次,这回烧的是画像。

塞尔韦特,这位西班牙医生一直在逃亡中生活,从一个王国逃到另一个王国,从一个名字改到另一个名字。他不相信神圣三位一体,不相信人在获得理性思维的年纪之前所受的洗礼。他证明了血液是不安分的,是在人体内循环的,是在肺部得到净化的。他狂傲至此,这样的罪行实在是不可饶恕。

所以,今天他被称为"生理学的哥白尼"。

塞尔韦特曾写下这样的句子:"这个世界上没有任何真理,只有匆匆而过的幻影。"他的身影匆匆而过。

几百年后,这道影子又回来了。和他本人一样地倔。

全都是欧洲的

哥白尼在临终前发表了那本奠定现代天文学基础的著作。

三百年前,阿拉伯科学家穆哈亚德·阿尔-乌迪和纳西尔·阿尔-图西提出的几条原理,在这部著作中发挥了关键作用。哥白尼运用了这几条原理,却并未标明引用出处。

欧洲是照着镜子看世界的。

镜子之外，什么也看不到。

催生了文艺复兴的三大发明指南针、火药和印刷术，都来自中国。巴比伦人提前一千五百年启示了毕达哥拉斯。印度人很早很早以前就知道，大地是圆的，他们还算出了大地的年龄。玛雅人极为出色地认识了星星，这些黑夜的眼睛，以及时间的奥秘。

这些小把戏是不值得关注的。

南方

在阿拉伯人的地图上，总是南方在上，北方在下，而在13世纪，欧洲已经重建了世界的自然秩序。

该秩序是上帝口授的。根据其规则，北方在上，南方在下。

世界就像人体。脸在北方，干净整洁，仰望天空。下身落在南方，肮脏不堪，那是污垢垃圾和黑暗生灵的去处。这些黑暗生灵叫对跖人，是居住在北方的明亮之人的对立形象。

在南方，河水是倒着流的，夏天是寒冷的，白天成了夜晚，魔鬼成了上帝。南方的天空是黑色的，空无一物的。星星们都跑到北方去了。

动物故事集

在欧洲之外，怪兽吼个不停，大海永远在咆哮，大地永远在燃烧。很少有旅人能克服恐惧。他们回来后，便开始讲述。

珀德农的鄂多立克从 1314 年起开始出游。他见过长着两个脑袋的鸟儿和浑身覆盖着卷毛而非羽毛的母鸡。在里海之滨，植物上能长出活蹦乱跳的小羊羔来。在戈壁大漠，男人的睾丸能垂至膝盖。在非洲，俾格米人刚满六个月大就能结婚生子了。

约翰·曼德维尔在 1356 年造访了几个东方岛屿。他在那里看到无头之人，他们用来进食和讲话的嘴长在胸口。他还看到只长了一只脚的人，那只脚有时拿来当阳伞，有时拿来当雨伞。还有些人，要么同时生着乳房和阴茎，要么同时生着络腮胡和阴道，他们可以随意选择做男人还是做女人。塔科德岛上的居民以蛇为食，都是生吞下去的。他们不会说话，只会发出咝咝的声音。

1480 年，红衣主教皮埃尔·德阿伊根据旅行家们的讲述详细描述了亚洲的面貌。在塔普洛瓦纳岛上，有好多用金子堆成的山，守卫金山的是巨龙和有狗那么大的蚂蚁。

1520 年，安东尼奥·皮加费塔绕地球环游了一圈。他看到有的树木吐出的叶子是有生命的，生有两脚，其他什么也都有。白天的时候，这些叶子就纷纷从树枝上脱落，下地溜达。

海风的诞生

根据水手们的古老传说，大海曾经是安安静静的，就是一个泛不起波浪的大湖，划着桨就能畅游大海。

后来，一条迷失在时间之中的独木舟来到世界的另一边，遇上了风儿们居住的岛屿。水手们把风儿们抓住，把它们带上船，命它们吹气。做了俘虏的风儿们推船向前滑行，水手们划了几百年的桨，如今终于可以撒开手倒头大睡了。

他们再也没有醒来。

独木舟撞上了一块巨石。

从此，风儿们就四处流窜，寻找那个曾是它们家园的失落的岛屿。信风、季风和旋风在世界的七大洋上无助地荡来荡去。有时候，为了报复那次遭劫持的屈辱，它们会把挡住前路的船打入海底。

后来世界的地图

两千年前，塞涅卡曾预感到，总有一天，世界地图会延伸到比冰岛更远的地方。当时冰岛还叫图雷。

西班牙人塞涅卡写道：

在世界的遥远未来，
大西洋必将解开
禁锢之物。
将有巨洲浮现。
一位新的水手，

如指引伊阿宋[1]的提费斯[2],

将会发现新的世界,

图雷岛不复为世界之末。

哥伦布

海军上将克里斯托弗·哥伦布往海洋进发,向暴怒的狂风和饥饿的食船恶兽发起挑战。

美洲并不是他发现的。一个世纪前,波利尼西亚人到达过那里。维京人更在五个世纪前就到过美洲了。三百个世纪前,这块土地的最早的定居者就先于所有部族到达那里了。哥伦布把他们唤作"印第安人"[3],还以为是从后门进入了东方。

哥伦布听不懂这些土著人在说什么,便认定他们不会讲话;见他们赤身裸体,性情温顺,什么都给又什么都不要,他就认定他们不是有思维能力的人。

尽管哥伦布至死都还坚信,他扬帆远航抵达的是亚洲,但他还是有疑问的。这些疑问在他第二次出航时得到澄清。1494年6月中,当他的船队在古巴岛的一个海湾中停泊时,这位海军上将颁布公告,确认他到了中国。他以此为据,证明他的船员们也都

---

[1] 伊阿宋,古希腊神话中夺取金羊毛的英雄。
[2] 提费斯是伊阿宋所乘船上的舵手。
[3] 即印度人。

如此承认，有谁胆敢反驳，就要吃一百下鞭子，上交一万马拉维迪[1]，还要给割掉舌头。

那寥寥几个会签字的船员在页脚上签了字。

面容

船队是从帕洛斯港启程的，循着那些向虚无缥缈之境飞去的鸟儿的方向前进。

第一次航行四百五十年后，丹尼埃尔·瓦斯盖斯·迪亚斯在紧邻港口的拉威达修道院的墙壁上作画，纪念发现美洲之举。

虽然画家的意图是赞颂这一壮举，但他无意中揭露了这样的事实：哥伦布和他的全体船员都心情极差。在他的画中，没有人显露笑容。这些阴郁的拉得长长的脸并不是在宣示什么好事降临。他们预感到最坏的情形。这些可怜鬼要么是被从监狱里拽出来的，要么是在码头上给强拉走的。也许他们知道，他们即将从事一桩肮脏的工作，当时的欧洲正需要这种肮脏工作，才可变成今日的欧洲。

---

[1] 西班牙古钱币名。

命运

在他第三次穿越大西洋的航行中,克里斯托弗·哥伦布被人以西班牙王室的名义捆缚起来,以囚徒的身份回到西班牙。

巴斯科·努涅斯·德·巴尔沃阿[1]丢了脑袋,以西班牙王室之名。

佩德罗·德·阿尔瓦拉多[2]曾遭庭审和监禁,以西班牙王室之名。

迭戈·德·阿尔玛格罗被弗朗西斯科·皮萨罗[3]掐死,随后,弗朗西斯科·皮萨罗又遭迭戈·德·阿尔玛格罗之子砍杀,身中十六剑。

罗德里戈·德·瓦斯蒂达斯,第一个在马格达莱纳河上航行的西班牙人,死在他的代理人的刀下。

洪都拉斯的征服者克里斯托瓦尔·德·奥利德被人奉埃尔南·科尔特斯[4]之命砍了脖子。

埃尔南·科尔特斯,这位最幸运的征服者,是以侯爵身份死在床上的,就连他也被国王派来的人审讯过。

---

[1] 巴斯科·努涅斯·德·巴尔沃阿(1475—1519),西班牙征服者,曾"发现"太平洋,被殖民地官员以背叛朝廷之罪处以斩首之刑。
[2] 佩德罗·德·阿尔瓦拉多(1485—1541),西班牙征服者,在对古巴岛、墨西哥和中美洲的征服中立有大"功"。
[3] 此二人均为秘鲁的征服者。
[4] 埃尔南·科尔特斯(1485—1547),西班牙征服者,曾率军联合当地部族摧毁了阿兹特克帝国(今墨西哥中部)。

亚美利哥

波提切利所绘的爱神叫茜蒙内塔，住在佛罗伦萨，跟亚美利哥·韦斯普奇的一个表弟结了婚。亚美利哥情场失意，没有把悲伤浸没在泪水里，而是浸入了海水里。他扬帆远航，到达了今天以他的名字命名的那块土地[1]。

天空中闪耀着从未见过的星星，亚美利哥发现了没有国王、没有财产也没有衣服的人。这些人把羽毛看得比黄金更贵重。他用一个黄铜铃铛换取了价值一千枚金币的一百五十七颗珍珠。他跟这些既危险又纯真的人处得相当好，尽管晚上睡觉时他是睁着一只眼睛的，就怕他们一时兴起一棍把他打昏然后抬上烤肉架。

在美洲，亚美利哥感到他正在失去信仰。在此之前，他对《圣经》上说的每一句话都深信不疑。在亲眼看到眼前的景象后，他再也不相信那个诺亚方舟的故事了，因为再大的船也装不下那许多有千种羽毛、千种歌调的鸟儿，以及多得令人发疯的神奇大虫、小虫和小小虫。

伊莎贝尔

哥伦布是从帕洛斯的小小港口出发的，并非如预料中那样从

---

1 即 America，美洲。

加的斯启程，因为当时的加的斯港已经连一根别针也插不进去了。在加的斯港，成千上万的犹太人被驱逐出境，离开他们的祖先和他们的祖先的祖先世代居住的土地。

拜伊莎贝尔女王所赐，哥伦布得以远行。犹太人也一样：是她把他们赶走的。

"天主教双王"指的是伊莎贝尔和费尔南多，但费尔南多更关心女人和床笫，而非权力。

犹太人之后，又轮到穆斯林。

伊莎贝尔和西班牙的最后一个伊斯兰据点苦战了十年。当她的圣战告终，格拉纳达陷落后，她也曾用尽一切手段拯救这些罪孽深重将永受地狱之火烤炙的灵魂。她以宽广无边的慈悲，饶恕了他们的罪过，准许他们改宗。他们却以棍棒和石块来回应她的善意。于是，她没有别的办法了：她下令在格拉纳达城的大广场上把所有穆罕默德教派的书付之一炬，把那些坚持信仰他们的伪宗教、执迷不悟地讲阿拉伯语的人赶出西班牙。

后来的君主又签署了几项驱逐法令，使清洗运动达到高潮。西班牙史无前例地把它的血液不洁的子孙、犹太人和穆斯林送上流亡之途，让最出色的工匠、艺术家和科学家、最先进的农业生产者和最有经验的银行家与商人出走一空，与此同时，却让乞丐和武士、高贵的寄生虫和狂热的僧侣数量猛增，这些人的身上都是流着洁净的基督徒的血液的。

伊莎贝尔在濯足节出生，是苦痛圣母的虔诚信徒。她创立了西班牙宗教裁判所，封她的告解神父、大名鼎鼎的托尔克马达为宗教裁判所大法官。

她的遗嘱充满神秘主义的狂热，坚决要求捍卫信仰纯洁和种族纯洁。她要求并命令后世的君王"继续为信仰清洗不忠于基督之人，支持神圣宗教裁判所的一切事务"。

疯女胡安娜生平纪事

十六岁时，她嫁给了一位佛兰德斯王子。是她的父母天主教双王安排的。她此前从未见过这个男人。

十八岁时，她发现了沐浴之妙。她的随从中的一个阿拉伯侍女教会她怎样享受水的妙处。胡安娜大为兴奋，每天都要洗澡。伊莎贝尔女王吓坏了，她说："我的女儿不正常了。"

二十三岁时，她想把自己的孩子接回身边。出于国家利益，平日里她是见不到他们的。"我的女儿没脑子了。"她的父亲费尔南多国王说。

二十四岁时，她乘船去佛兰德斯，船到中途沉没。她毫无惊慌之色，还要人伺候她用膳。"你疯了！"她丈夫吼道。他套在一个巨大的救生圈里，惊恐万分地蹬着腿。

二十五岁时，她突然手拿剪刀朝几个宫女扑过去，剪掉了她们的发卷，因为她怀疑她们与丈夫偷情。

二十六岁时，她成了寡妇。她那刚刚当上国王的丈夫喝了一杯冰水。她怀疑有人在水里下了毒。她没有流一滴眼泪，却自此永远穿着一身黑。

二十七岁时，她整天坐在卡斯蒂利亚的王座上，眼神迷茫。

法令、信函，一切呈到她面前的东西，她都不肯提笔签字。

二十九岁时，她的父亲宣布她有精神病，把她关进杜罗河畔的一个城堡中。她最小的女儿卡塔琳娜与她相伴。幼小的卡塔琳娜在母亲隔壁的一个小单间里成长，只能透过一扇窗看别的小孩玩耍。

三十六岁时，她成了孤家寡人。她那即将做皇帝的儿子卡洛斯把卡塔琳娜带走了。她宣称不放女儿回来她就绝食。他们就把她绑起来，打她，逼迫她吃东西。卡塔琳娜最终没有回来。

七十六岁时，这位从没有行使过实权的女王结束了将近半个世纪的囚禁生涯，离开人间。长久以来，她没有动弹过一下，睁着眼睛，却什么也不看。

卡洛斯[1]

疯女胡安娜的儿子当上了拥有十七个王位的国王。这些王位，要么是继承来的，要么是攻取来的，要么是买来的。

1519年，在法兰克福，他用两吨黄金说服了神圣罗马帝国帝位的众推选人，成为欧洲皇帝。

给他提供了这一重大支持的是德意志银行家富格尔和魏尔塞尔、热那亚银行家佛纳里和维瓦尔多以及佛罗伦萨银行家古阿尔

---

[1] 作为神圣罗马帝国皇帝，查理五世同时也是西班牙卡洛斯一世国王。

特洛蒂。

卡洛斯才十九岁，就成了银行家的囚徒。

他是统治众人的王，也是被人统治的王。

被否认的遗产

有一天晚上，在马德里，我问出租车司机：

"摩尔人给西班牙带来了什么？"

"一堆问题。"他说，并未有一秒迟疑。

所谓"摩尔人"，是指属于伊斯兰文化的西班牙人，他们在西班牙居住了八个世纪，总共三十二代人，他们在这里闪耀出的光芒，其他地方概莫能比。

许多西班牙人至今还不了解那些灿烂光芒的余晖。穆斯林的遗产中有：

最终毁在天主教双王手里的宗教宽容政策；

风力磨坊、花园和至今还在为多个城市提供饮用水、灌溉农田的水渠；

公共邮政服务；

醋、芥末、番红花、桂皮、土茴香、蔗糖、油条、肉丸、干果；

象棋；

数字零和我们今天使用的数字；

代数学和三角学；

阿那克萨哥拉、托勒密、柏拉图、亚里士多德、欧几里得、阿基米德、希波克拉底、盖伦等先贤的经典著作，正是因为有了阿拉伯文版本，这些著作才得以在西班牙、在欧洲流传；

西班牙语中的四千个阿拉伯语单词。

还有好几座精美绝伦的城市，比如格拉纳达，一首不知作者姓名的歌谣这样歌颂它：

> 施舍他一点吧，
> 好心人，
> 世上最痛苦之事
> 莫过于
> 身在格拉纳达
> 却是盲人。

迈蒙尼德和亚维侯

在历代哈里发统治的西班牙，犹太文化和穆斯林文化共同繁荣昌盛。

犹太人迈蒙尼德和穆斯林亚维侯这两位智者几乎同时出生。他们都生在 12 世纪的科尔多瓦，走的是一样的路。

他们俩都是医生。

埃及苏丹曾求医于迈蒙尼德，亚维侯护理科尔多瓦哈里发的健康，从没忘记，如他所写的："大部分死亡都为用药所致。"

他们俩还都是法学家。

迈蒙尼德修订了希伯来法典，在此之前，希伯来法律是零散无序的，他还把拉比们有关法律的多种著述进行统一整理。亚维侯是整个穆斯林安达卢西亚地区的最高司法权威，他作出的判决多年来一直是伊斯兰法律体系的经典案例。

他们俩都是哲学家。

迈蒙尼德写下《迷途指津》，帮助犹太人超越真理和信仰的矛盾。当时的犹太人通过阿拉伯人的翻译发现了希腊哲学。

真理和信仰的矛盾让亚维侯遭受责罚。宗教激进主义者责难他把人的理性置于神的启示之上。更严重的是，他不同意只让占总人口一半的男性接受理性思维的训练，还经常说在一些伊斯兰国家，女人就像植物。他被罚流亡。

这两个人都没有死在他们出生的城市。迈蒙尼德死在开罗。亚维侯死在马拉喀什。一头骡子将亚维侯驮回科尔多瓦，骡背上载着他的遗体和他的禁书。

石头

得胜的天主教势力杀入科尔多瓦清真寺，寺中的千根立柱，被损毁了一半，随后寺中填满了痛苦的圣徒。

科尔多瓦大教堂是它现在的官方名称，但没有人这样叫它。它是大清真寺。这片石柱的森林，这些幸存下来的柱子，仍是穆斯林的庙堂，尽管在这里禁止祈祷安拉。

在举行仪式的中心，在这方神圣空间里，有一块未加遮盖的巨石。

神父们没有动它。

他们以为它是不说话的。

水与光

在17世纪的某一年的时候,雕塑家路易斯·德拉佩尼亚想雕出光的形状来。他在其位于格拉纳达一条小巷中的工作坊里用心多日,屡试未果。

他从没想到抬一抬眼睛。多年前,在那红土小丘的顶端,另一些艺术家雕出了光和水。

阿尔罕布拉宫是穆斯林王国的王冠。在它的楼阁和花园里,艺术家让不可能成为可能。

阿尔罕布拉宫不是静止的雕塑。它是有气息的,它玩着水与光的游戏。水与光在相遇之中尽情嬉戏:光是灵动的,水在旅行。

禁止做摩尔人

伊莎贝尔女王的曾孙费利佩二世仇视水和光。他针对所谓"摩尔人"发布了几条禁令,并再三重申。1567年初,他决定用铁腕推行这些禁令。

不许:

说阿拉伯语、读阿拉伯文、写阿拉伯文,

按传统习惯穿着,
用摩尔人的乐器和歌曲庆祝节日,
使用摩尔人的名字和摩尔人的绰号,
在公共浴室洗澡。
这最后一条禁令禁止的,是已经不存在的现象。
一个世纪前,单单在科尔多瓦城,就有六百间公共浴室。

这个世界上最有权力的人活在另一个世界

秦始皇是中国的奠基者,"China"之名便由"秦"而来。费利佩二世是从美洲到菲律宾群岛的半个世界的领主,"菲律宾"的名字便由"费利佩"而来。这两位皇帝都是为自己的死亡活着的。

这位西班牙君主把他的周末时间都用来参观埃斯科里亚尔大殿。这座建筑是为他的永久安息设计的,他的午觉只有在棺材里才睡得最香。他就这样慢慢习惯。

其他一切都是次要的。他的"无敌舰队"已经战败,国库的财宝箱已被蜘蛛网侵占,只有在自己的陵寝散步,才能让他忘却这个世界对他的忘恩负义。

当他最后一次启程从王宫去陵墓时,他下令举行六万场弥撒,以赞颂他的伟大。

缠头布最后的光辉

摩尔人的住地爆炸了。面对道道禁令,穆罕默德留在安达卢西亚土地上的子孙们奋起反抗。

时间过去了一年多,基督的士兵还是没有熄灭战火,直到他们接收到一个小小的帮助:准许他们占有战利品,洗劫免税,可以把战俘当奴隶使唤,就像在十字军圣战时代一样。这条政策起了决定性作用。

强权的武装力量把收割来的小麦和大麦、杏仁、奶牛、绵羊、丝绸、黄金、衣服、项链、女童和妇人都占为己有,把猎获来的男人拉到公共场所进行拍卖。

魔鬼是穆斯林

但丁早就知道,穆罕默德是恐怖分子。他把穆罕默德放在地狱中的某一圈、让他永受钻凿之刑,不是没有来由的。"我看到他身体裂开,"诗人在《神曲》中兴奋地咏道,"从胡子直到肚子的下部……"

不止一个教皇曾信誓旦旦地宣称,那些让基督教世界不得安宁的穆斯林匪帮,不是由有血有肉的人组成的,而是一支魔鬼大军。这支大军受长矛、刀剑和火绳枪的打击越猛,就越发地成长壮大。

1564 年,鬼魔学专家约翰·威尔统计了在人间进行全日制工作、专事引诱基督徒堕落的魔鬼的数量。总共有七百四十万九千一百二十七个魔鬼，分属七十九个兵团。

那次普查过后，地狱之桥下又流过了不知多少沸水。今天，从暗黑王国里发来的大军又有多少？统计遇到困难，因为他们运用了舞台艺术。这些骗子还在使用缠头布，这样就能遮住他们头上的尖角，他们的长袍盖住了他们的恶龙之尾、他们的蝙蝠翅膀和他们藏在腋下的炸弹。

魔鬼是犹太人

希特勒并没有发明创造什么。两千年来，犹太人一直是杀害耶稣的不可饶恕的凶手和一切过错的始作俑者。

什么？耶稣是犹太人吗？那十二个圣徒和四福音书的作者也是犹太人？您说什么呢？不可能。揭露出来的真相盖过了疑问：在犹太教教堂里，讲道授课的是魔鬼，犹太人总是不倦地玷污圣体、给圣水下毒、引发破产和传播瘟疫。

1290年，英格兰将他们全部驱逐出境，一个不留，但即使是这样，马洛和莎士比亚还是创造了听命于吸血寄生虫的人和贪婪的放贷人的形象，尽管也许他们一生当中也没见过一个犹太人。

这些坏蛋总被说成是恶魔的仆从，于是千百年来，他们从一场驱逐走向另一场驱逐，从一场屠杀进入另一场屠杀。自英格兰之后，法兰西、奥地利、西班牙、葡萄牙以及众多瑞士、德意志和意大利城邦也相继把他们打发走。他们曾在西班牙居住了十三个世纪。走的时候，他们把家门钥匙也带在身上。有人至今还保留着钥匙。

希特勒组织的大屠杀结束了一段漫长的历史。

追猎犹太人一直是欧洲人钟爱的一项运动。

现在,却由从没有玩过这项运动的巴勒斯坦人来还债了。

魔鬼是黑人

黑人和黑夜、罪孽一样,与光明和纯洁为敌。

马可·波罗在他举世闻名的游记里提到桑给巴尔的居民:"他们的嘴很大,嘴唇很厚,长着猴子的鼻子。他们赤身裸体,浑身乌黑,任何一个人,在世界其他任何一个地方看到他们,都会把他们当成魔鬼的。"

三百年后,在西班牙,魔鬼浑身涂成黑色,驾着烈焰马车出现在露天剧场和集市商贩的铺板上。圣特蕾莎[1]从没有甩脱附在身上的恶魔。有一回,魔鬼就站到她身边,"那是一个可恶的小黑鬼"。另一回,她看到魔鬼一屁股坐到她的祈祷书上,从黑色的躯体里吐出一大股红色的火焰,把她的书也烧坏了。

在进口了数以百万计的奴隶的美洲,据说在种植园里击鼓、鼓动奴隶们违抗主人的,正是撒旦。它把乐曲注入自己那些生来注定要作孽的子女的体内,让他们摇晃抖动。就连穷困潦倒、备

---

[1] 圣特蕾莎·德·赫苏斯(1515—1582),西班牙修女,著名神秘主义作家。

受摧残的高乔人马丁·菲耶罗[1]也觉得，与那些命运更悲惨的黑人相比，自己还算不错：

"他们是魔鬼造的，"他说，"用来做地狱的烧火棍。"

魔鬼是女人

有一本名为《女巫之槌》的书，介绍了最残忍的驱魔法，专门用来对付那种长有乳房和长发的魔鬼。

这本在神圣宗教裁判所法庭上作为法理和神学依据的著作，是德意志宗教法庭法官海因里希·克莱默和雅各布·施宾格奉教皇英诺森八世之命撰写的。

这两位作者在书中宣称，女巫都是撒旦的妻妾，她们表现为自然状态下的妇女，因为"一切巫术皆源自肉体淫乐，女人淫欲无餍足之时"。他们还警告说，这些生灵外表美艳，一接近便觉臭不可闻，若是陪伴身边则会令人性命。她们用毒蛇的窸窣声和蝎子尾巴把男人引诱过来，然后下手杀害。

这本犯罪学著作建议，但凡有行巫术嫌疑的女人，都要抓来严刑审问。一旦认罪，火刑伺候。若不认罪，也送上火堆，因为仅有一个女巫挺过了如此酷刑，都没有吐一下舌头，她是在夜间的秘密集会中被她的魔鬼情人授予法力的。

---

[1] 马丁·菲耶罗是阿根廷作家何塞·埃尔南德斯（1834—1886）在长篇叙事诗中塑造的阿根廷流浪牧民形象。

教皇洪诺留三世曾下令：

"女人应当闭口不语。夏娃曾引诱男人堕落，她们的嘴唇上留有夏娃的印记。"

八个世纪后，天主教会仍不许女人登上布道坛。

同样的恐惧，使得穆斯林宗教激进主义者割去女人的阴唇，遮住她们的脸。

若能免受如此恐怖的驱魔之礼，该是值得欣慰的。那些最正统的犹太教教徒每天晨起时都要念叨：

"感谢主，没让我做女人。"

魔鬼是穷人

在我们今天的时代，恐惧把城市变成了巨大的监狱，堡垒被称为住房，盔甲充作正装。

戒严：请勿掉以轻心，请勿降低警觉，请勿轻信他人。世界的主宰者们发出警告之音。他们践踏自然、绑架国家、偷盗工资、杀害众人而能逍遥法外，反倒来提醒我们：小心。危险分子埋伏在破败的郊区，咀嚼着嫉妒，吞咽着仇恨，正在窥视我们。

穷人：把猫抓来充饥的饿鬼，战争中的死难者，监狱里的囚徒，可供使唤的手臂，用完就扔的手臂。

饥饿在沉默中杀人，杀死那些沉默的人。代替他们说话的，是专家和贫穷学家。他们告诉我们，他们干不到什么工作，他们吃不到什么，他们体重不到多少，他们身高不足多少，他们没有什么，他们不考虑什么，他们不为什么党投票，他们不相信什么。

我们缺乏了解的只是，为什么穷人这么穷。是不是因为，他们饿肚子才让我们有饭吃，他们没衣服穿才让我们有衣服穿？

魔鬼是外国人

根据过错计量器的显示，移民跑过来抢走我们的工作。危险系数计量器上，"移民"显示为红色。

来自外乡的闯入者，如果是穷人、年轻人而且不是白人，被人看上第一眼就会因贫穷、有制造骚动的倾向和肤色而受责罚。在任何一种情况中，纵使他不穷，也不年轻，肤色也不黑，他无论如何也不会受欢迎，因为他过来工作，早已准备好干双倍的活，领一半的工钱。

在这个恐惧君临的时代，害怕失去工作是最强大的恐惧之一，每当需要责怪失业率上升、工资遭削减、治安恶化和其他可怕的灾难时，移民总是成为首要的祸根。

从前，欧洲把士兵、囚犯和饿得奄奄一息的农民倾倒在世界的南方。这些殖民探险的主角被作为上帝的旅行代理人载入史册。这是文明拯救野蛮的壮举。

现在，旅行倒转了方向。那些从南方来到北方，或是试图从南方来到北方的人，是殖民地灾祸的主角，他们将被作为魔鬼的信使载入史册。这是野蛮攻击文明的恶行。

魔鬼是同性恋

在文艺复兴时代的欧洲，火是地狱之子的最终归宿。他们来自火，也将终结于火。在英格兰，"与动物、犹太人或与己同性之人发生性关系者，以极刑处死"。

在美洲，除了阿兹特克王国和印加王国，同性恋是自由的。征服者巴斯科·努涅斯·德·巴尔沃阿把那些正常保持这种非正常关系的印第安情侣丢去喂饿狗。他认为，同性恋是会传染的。五个世纪之后，我听到蒙得维的亚大主教说了同样的话。

历史学家理查德·尼克松知道，这种恶习对于文明来说是致命的：

"你们知道希腊人最后怎样了吗？是同性恋把他们给毁了！没错。亚里士多德是同性恋。我们都知道。还有苏格拉底。你们知道罗马人最后怎样了吗？最后的六个皇帝都是二尾子……"

文明的传播者阿道夫·希特勒为了让德国远离这个危险，采取了非常手段。这些"犯有反自然罪的堕落分子"被迫在身上佩戴粉色三角形标记。死在集中营里的有多少？无从知晓。

2001年，德国政府决定"承认大屠杀蒙难者中亦有同性恋者"。他们被忽略了有超过半个世纪之久。

魔鬼是吉卜赛人

希特勒认为，"吉卜赛害虫"是一大威胁，持此观点的不止他一个。

多年以来，许多人都曾相信也继续相信，这个起源不明、肤色昏暗的民族在血液中就带上了犯罪的因子：他们一直都居心不良，流浪世间，以路为家，奸污少女，破坏门锁，双手惯使巫术，既能玩牌也能操刀。

1944 年 8 月，仅仅在一个夜晚，两千八百九十七个吉卜赛人，女人、儿童、男人，在奥斯维辛集中营的毒气室中化为轻烟。

在那些年里，欧洲吉卜赛人的四分之一惨遭灭绝。

谁为他们发出过质问？

魔鬼是印第安人

征服者一口咬定，撒旦被赶出欧洲后，在加勒比海的岛屿和海岸边找到藏身之所。他那喷吐火焰的大嘴吻过了这些土地。

在这些土地上，居住着畜生一般的生灵。它们把肉体之罪称为"游戏"，玩起来不分时辰也没有约束，对十诫、七圣礼和七宗罪都浑然不知，光着身子走路，还有吃同伴尸体的习惯。

征服美洲是一项长期的、艰巨的驱魔事业。恶魔在这些土地上盘踞多时，难以根除。印第安人看上去是虔诚地跪拜在圣母面前，事实上他们是在膜拜圣母踩在脚下的毒蛇；他们亲吻十字架的时候，事实上是在欢庆雨水和土地的交合。

征服者们完成了把魔鬼私自掠走的金、银等财宝交还给上帝的任务。把这些宝物夺回来可不是易事。幸好他们时不时能收到来自上天的帮助。当地狱大总管在一处隘口设下埋伏，准备阻截开往波托西银山[1]的西班牙军队时，一个大天使从天而降，给了它一通猛揍。

美洲的诞生

根据克里斯托弗·哥伦布的说法，在古巴，有生着人脸和翎毛的美人鱼。

根据沃尔特·雷利爵士[2]的说法，在圭亚那，有眼睛长在肩膀上、嘴长在胸口的人。

根据佩德罗·西蒙修士的说法，在委内瑞拉，有耳朵大得垂到地上去的印第安人。

根据克里斯托瓦尔·德·阿库尼亚[3]的说法，在亚马孙河，有的土人的脚是倒着长的，脚跟在前，脚趾在后。

根据撰写了第一部美洲史却从未到过美洲的佩德罗·马丁·德·安格莱利亚的说法，在新世界有的男人和女人生着长长的尾巴，只能坐在带有洞洞眼的凳子上。

---

1 波托西银山位于今玻利维亚境内，曾富含银矿。
2 沃尔特·雷利（1552—1618），英国伊丽莎白时代的冒险家和作家。
3 克里斯托瓦尔·德·阿库尼亚（1597—1675），西班牙耶稣会传教士，曾加入探索亚马孙河流域的行动。

邪恶之龙

在美洲，欧洲人遇到了蜥蜴。

这充满妖气的生灵，已经为前人预知、画成恶龙的形状了。蜥蜴长着恶龙的头、恶龙的肚子、恶龙的肉冠和鳞甲、恶龙的爪子和尾巴。

不过，如果恶龙真的像蜥蜴那样的，圣乔治的长矛就杀错目标了。

只有当它坠入爱河时，它才变得奇异。它会变换颜色，性情大变，局促不安，忘掉了饥饿，没有了方向，变得敏感多疑。它不受爱情折磨的时候，就能与万物做朋友，它会爬到树上寻找可口的叶子，跃入河中畅游为乐，趴在石头上搂着同类晒太阳、睡午觉。它不会威胁任何人，也不会自卫，即便被人吃下肚子，也不会给人带来疼痛。

亚美利加人

正史上说，巴斯科·努涅斯·德·巴尔沃阿是第一个站在巴拿马的一个山头上看到两个大洋的人。原先住在那里的人，都是瞎子吗？

谁最先给玉米、土豆、番茄、巧克力以及美洲大陆上的山山水水起了名字？埃尔南·科尔特斯还是弗朗西斯科·皮萨罗？原先住在那里的人，都是哑巴吗？

"五月花号"上的朝圣者们听到了：上帝曾言，亚美利加是应许之地。原先住在那里的人，都是聋子吗？

后来，北方的那些朝圣者的后代占据了亚美利加的名字和其他一切。现在，亚美利加人指的是他们。我们这些住在亚美利加其他地方的人，是什么人？

脸和面具

每一个村寨被攻占之前，都伴有"劝降令"宣讲。"劝降令"告诉印第安人，上帝来到世间，让圣彼得来做他的代理，圣彼得把位子传给圣父，圣父把这块土地的一切献给卡斯蒂利亚女王作大礼，因此他们必须离开这里，或者上缴黄金，如若拒绝或延宕，他们将被迫迎战，他们会成为奴隶，他们的女人和孩子也会沦为奴隶。

"劝降令"是在深夜里、在山头上用西班牙语宣读的，现场没有翻译，只有一个公证人，没有一个印第安人。

第一场水战争

伟大的特诺奇蒂特兰城生于水，也以水建成。

堤坝、桥梁、水渠、运河：在水街水巷中，二十万独木舟在房屋、广场、庙宇、宫殿、市场、浮动花园和田地间穿梭来回。

征服墨西哥之战,一开始就是水的战争,水的惨败预示了其他一切的惨败。

1521年,埃尔南·科尔特斯率兵包围了特诺奇蒂特兰,他首先用斧子破坏了从查普尔特佩克森林输送饮用水的木渠。攻破城池、屠杀多人后,科尔特斯下令把城中的庙宇和宫殿尽行拆除,将废料统统填进水街水巷中。

西班牙一直跟水不友好,认为水是魔鬼的东西,是带有穆斯林色彩的异教之物。从被打败的水里诞生了墨西哥城,它矗立在特诺奇蒂特兰的废墟之上。军人们首创的工程并未停止,后世的工程师不断地用石头和土方封堵整个地区河流湖泊的水循环系统。

水也发动复仇行动,把殖民地的都城淹没了好几次,这更进一步证明,水是异教的印第安人的盟友、基督徒的敌人。

一个世纪接着一个世纪,干燥世界继续与湿润世界交战。

现在,墨西哥城在干渴中挣扎。要找水,就得掘地三尺。往下挖得越多,城市就陷得越深。过去清风习习的地方,现在漫天尘土。过去是河流的地方,现在是街道。过去水流奔涌的地方,现在汽车奔忙。

盟军

埃尔南·科尔特斯攻克特诺奇蒂特兰城,靠的是一支由六百个西班牙人和不计其数的印第安人组成的军队。这些印第安人来自特拉卡拉、查尔科、米斯基科、奇马尔瓦坎、阿美卡梅卡、特拉尔玛纳尔科等部落。他们备受阿兹特克帝国的欺凌，不愿继续用他们的鲜血来洗涤阿兹特克神庙的台阶了。

他们以为，这些满脸胡子的武士是来解救他们的。

球戏

埃尔南·科尔特斯把球扔到地上。卡洛斯皇帝和他的众臣仆便开始见证一个前所未见的奇迹的发生：球弹了起来，在空中飞行。

欧洲并不了解这个神奇的球，而在墨西哥和中美洲，橡胶是一直给拿来使用的，球戏有三千多年的历史了。

在球戏这一神圣的仪式中，十三层上天世界对抗九层地下世界，球蹦跳着、飞行着，在光明与黑暗间穿梭。

死亡是胜利者应得的奖赏。得胜的人必须死。他把自己献祭给众神，让太阳继续在天上发光，让雨水继续浇洒在大地上。

另外的武器

在秘鲁，弗朗西斯科·皮萨罗和他的一百六十八名士兵击败了阿塔瓦尔帕的八万大军，毫发无损。他们是怎样做到的？

科尔特斯和皮萨罗这两位侵略者都懂得如何巧妙地利用被侵略者之间因仇恨和战争而造成的分裂，他们用根本不会兑现的诺言使他们的军队规模倍增，一步步逼近阿兹特克人和印加人的权力中心。

此外,征服者还动用美洲人从未见识过的武器发起进攻。

火药、铁甲和马是美洲人难以理解的新鲜东西。印第安人的棍棒在大炮、火绳枪、长矛和刀剑面前根本派不上用场;同样,布匹做的战袍也抵挡不了铁盔厚甲,靠两腿站立的印第安人无力阻击这些由骑士和战马组合而成的六脚战神。而天花、麻疹、流感、黄热病、腺鼠疫等疾病也是侵略军的非自愿的盟友,它们同样的骇人听闻。

更为严重的是,印第安人不知道文明的习俗。

当印加王阿塔瓦尔帕走上前去欢迎他的这些模样怪异的不速之客时,皮萨罗把他逮作囚徒,答应放他,条件是交纳一笔绑架史上前所未有的赎金。皮萨罗要到了赎金,然后砍断了人质的后颈。

细菌战的诞生

对于美洲来说,欧洲的拥抱是致命的。每十个当地人中就死了九个。

体型最小的士兵是最厉害的。这些病毒和细菌跟征服者一样来自其他的土地、其他的水域和其他的气候带;面对这支藏在大军背后悄悄推进的隐形部队,印第安人毫无戒备。

加勒比海诸岛上为数众多的居民从这个世界消失了,连他们的名字也没留下;瘟疫杀掉的人比受苦役而死和自绝性命的人还要多。

天花杀死了阿兹特克王古伊特拉瓦克和印加王瓦伊那·卡帕克。在墨西哥城，死于天花的人实在太多，生者不得不拆毁死者的房子把他们掩埋。

马萨诸塞州第一任州长约翰·温斯洛普多次宣称，天花是上帝派来为他的选民清扫居住地的。印第安人弄错了自己的居住地了。北美殖民者为了帮助上帝履行使命，多次向印第安人赠送带有天花病菌的毛毯：

"这样才能根除这个该遭天谴的种族。"1763年，杰弗里·阿默斯特司令如是说。

不同的地图，同样的历史

哥伦布登陆美洲三百年后，詹姆斯·库克船长航至东方，来到南边神秘的海洋之中，在澳大利亚和新西兰插上不列颠的旗帜，由此，对大洋洲那些不计其数的岛屿的征服开始了。

当地人看到这些从船上下来的人皮肤是白色，以为他们是从冥界回到生者世界的鬼魂，又见其所作所为，他们才知这些鬼魂是回来报仇的。

历史便重演了一遍。

跟在美洲一样，这些刚刚抵达的人占据了肥土和水源，把这片土地上原先的居住者赶到沙漠里去。

跟在美洲一样，他们逼迫原住民从事强制性劳动，禁掉了他们的记忆和习俗。

跟在美洲一样，基督教传教士把石制或木制的异教雕像砸碎或焚毁。少数一些雕像得以幸存下来，被运去欧洲，但付运之前要先砍去阳根，以作破除偶像崇拜的证明。现已成为卢浮宫展品的拉奥神雕像，初抵巴黎时贴有这样的标签："不洁、恶癖、放浪淫乐的偶像"。

跟在美洲一样，没有多少当地人存活下来。没有死于劳累或枪弹的人，被他们未曾见识、无力阻挡的传染病剿杀殆尽。

着魔之人

> 他们会来传播恐惧。
> 他们会来阉割太阳。

在尤卡坦，玛雅人的先知早已预告了这个受辱时代的到来。

1562 年，正是在尤卡坦，迭戈·德·兰达修士举行仪式，把印第安人的书一卷一卷地扔到火中，尽行焚毁。

这位驱魔者写道：

"我们发现大量用他们的文字书写的书籍，因为举凡是他们的东西，都充斥着迷信和魔鬼的谎言，我们便将所有书籍统统烧毁。"

硫黄的味道，远远地就能闻见。玛雅人因为爱发问、好奇心重、喜欢追随时光之中岁月的脚步和十三层天空中群星的轨迹而当受烈火惩罚。

他们的妖术包括：创制了有史以来最精确的历法，比所有其他民族更准确地预言了日食和月食，发现了数字零，而阿拉伯人是在他们之后好多年才慷慨大度地把这个新东西带到欧洲去的。

玛雅王国的宫廷艺术

西班牙征服者是在玛雅王国衰落很多年后才到那里的。

玛雅王国曾拥有巨大的广场，国王蹲坐在宫殿或庙宇中，面对一众高级祭司和军事首领，决定其他所有人的命运。当西班牙人到来时，这些建筑都已荡然无存，仅剩废墟。

画工和雕刻工曾在这些权力的圣殿里辛勤劳作，歌颂神祇和君主的功业，向祖先表达敬意。

在官方艺术中，那些默默劳作的人是没有一点位置的。

国王吃过的败仗也不会出现在抄本、壁画和雕刻中。

科潘国曾有位君主叫十八兔王，他把考阿克·天视为己出，抚养成人，还把邻近的基里瓜王国的王位赠送给他。737 年，考阿克·天来报答他的恩情了：他率兵侵入科潘，打败了科潘国的众武士，抓住了那个曾经养育他的人，砍下了他的头。

宫廷艺术对此并不知晓。这位国王遭斩首的凄惨结局，没有写在哪片树皮上，也没有刻画在哪块石头上。在他辉煌的时候，他被描画过好多次。他在画中手握权杖，身披用羽毛、玉石和美洲豹的皮制成的华服。

他们因砍伐森林而死

吃饭的嘴越来越多,粮食却越来越少。森林越来越少,荒漠越来越多。雨水要么过多,要么一滴也不落。

农夫们把自己捆牢在绳子上,在光秃秃的山崖峭壁上徒劳地寻找食物。玉米找不到水,没有土地能让它们的阔叶高高抬起了。土地失去了树根的维系,把河水染成红色,慢慢地消失在风中。

三千年的历史走到头了,黑夜正缓缓降临在玛雅王国的上空。

而玛雅人的日子留存在村社的腿上,还在继续行进。玛雅村社纷纷迁徙到别的地方继续生存,几乎是隐秘地存于世间,没有了石头堆的金字塔,也没有了权力的金字塔:没有国王,只有每天升起的太阳。

遗落的海岛

数百年后,在距玛雅王国很遥远的地方,复活节岛被它的子孙吞噬了。

18世纪来到该岛的欧洲船员发现,这是一座空荡荡的岛屿,一棵树也没有。

此景令人心悸。他们从未见过如此孤独的孤独。天上没有飞鸟,地上没有青草,除了老鼠没有别的动物。

曾经的绿意盎然的年代没留下一点记忆。整座岛就是一块大石头,岛上居住着五百个石雕巨人,它们遥望着天际,远离一切和所有人。

也许，这些巨像在向诸神祈求帮助。然而，就连神也听不到他们沉默的声音。这些声音遗落在大海里，正如这个星球遗落在宽广无垠的太空之中。

没有国王的王国

根据历史学家的说法，根据几乎所有其他人的说法，玛雅文明在数个世纪以前就消失了。

消失以后，就什么都没有了。

什么都没有了：现实存在的村社，生于沉默也生活在沉默之中，没有引发外人的景仰或好奇。

不过，它们确实也曾引发过惊叹，至少是在西班牙征服时代。新的主人茫然不解：这些没有国王的印第安人丢失了听命于人的习俗。

托马斯·德拉托雷修士于1545年讲述说，锡纳卡坦的索西人总是推举一个人来率兵打仗，"若是干不好，就把他撤下，另推一个人上"。不论是在战争期间还是和平时期，村社都自行选举他们的领导者，选出来的必须是最懂得倾听的人。

殖民当局耗费了好多皮鞭和绞索来胁迫玛雅人缴纳赋税、从事苦役。1551年，恰帕斯法官托马斯·洛佩兹认定他们不愿做奴仆，指责他们说：

"这些人该干多少活，就干多少活，不会多做一点点。"

一个半世纪后，在托托尼卡潘，殖民总督富恩特斯·伊·古斯曼不得不承认，新的专制制度没有多大程度的推进。那些印第安人仍旧"过着没有高级首领的生活，他们之间只是开会、交谈、商量，鬼鬼祟祟，留给我们的只有疑问"。

你的过去给你定了罪

玉米，玛雅人的神圣作物，到了欧洲接受洗礼，被冠以多种名称。这些名称是地理学的杜撰：土耳其谷、阿拉伯谷、埃及谷或印度谷。这些错误无助于欧洲人减少对玉米的不信任和歧视。它的来历一经查明，便遭受冷遇。它被扔去喂猪。玉米的产出要好过小麦，长得也更快，它能经受住干旱，也很有营养，但是它配不上基督徒的口味。

土豆也曾是在欧洲遭禁的根茎。跟玉米一样，令它背负罪名的是它的美洲起源。更糟的是，土豆是一种在地底下发育的根茎，在地狱的洞窟里长大。医生们知道，土豆能引发麻风病和梅毒。在爱尔兰，如果一个怀孕女子在夜里服食了土豆，她第二天早上准会产下一个怪兽。直到18世纪末，土豆还仅限于犯人、疯子和垂死之人食用。

后来，这种邪恶的根茎将欧洲人从饥荒中拯救出来。但即使如此，人们还是放不下疑虑：

"如果土豆和玉米都不算魔鬼的东西，为什么《圣经》里只字未提呢？"

你的未来给你定了罪

可卡因诞生数百年之前,古柯就已经是"魔鬼叶子"了。

安第斯山的印第安人常在举行他们的异教仪式时咀嚼古柯叶,教会便把古柯叶纳入应铲除的偶像崇拜邪物清单。但是,自从古柯的不可或缺的作用被认识到以后,古柯种植不仅没有消失,反而成倍增加。对于那些在波托西银山的深洞里艰难挖取银矿的印第安人来说,古柯叶可以暂时掩盖住劳累和饥饿。

一段时间过后,殖民地的主人们也喜欢上了古柯。用古柯叶泡的茶能治愈消化不良和感冒,能减缓伤痛,能补充精力、消除高原不适。

今天,古柯仍然是安第斯山区印第安人的圣物,也是所有人的良药。然而飞机一遍遍地摧毁成片的古柯田,以防古柯变成可卡因。

汽车杀死的人比可卡因要多得多,却没有人想到要禁掉汽车轮子。

阿纳纳

阿纳纳的运气就要好一些。阿纳纳又称阿瓦卡西,西班牙人唤作比尼亚[1]。

---

[1] 即菠萝。

这种精致美食尽管来自美洲，却能在英王和法王的温室里生长，获得所有有幸品尝它的人的一致赞美。

几百年后，当机器能以每分钟一百个果子的速度削去它们的美冠、剥下它们的衣装、摘去它们的眼和心、把它们碎成多块塞入罐头时，奥斯卡·尼迈耶[1]在巴西利亚向它献上其应得的礼赞。

阿纳纳变成了大教堂。

堂吉诃德

马可·波罗在热那亚的监狱里口述了他的精彩行记。

整整三百年后，因欠债入狱的米盖尔·德·塞万提斯在塞维利亚的监狱里创造了拉曼查的堂吉诃德。

这是又一场在监狱里诞生的自由历险。

堂吉诃德身披黄铜铠甲，跨在他饥肠辘辘的瘦马之上，似乎注定要永远行荒诞之事。这个疯狂的家伙把自己当成骑士小说中的人物，并且认为骑士小说都是史书。

可是，读者们笑话了他几百年，其实是跟他一起开怀大笑。对于玩耍中的小孩子来说，一把扫帚就是一匹马，只要游戏还在进行，只要阅读还在进行，我们就在一同分享堂吉诃德荒唐可笑的倒霉经历，感同身受。我们如此投入，以致把草包变成了英雄，

---

[1] 奥斯卡·尼迈耶（1907—2012），巴西著名建筑师，代表作之一便是形似菠萝的巴西利亚大教堂。

甚至把不属于他的东西也加在他身上。"狗开始叫了，桑丘，我们该上马了。"这是政客们最常引用的一句话，尽管堂吉诃德从没说过这句话。

愁容骑士在世界上跌跌撞撞行进了三百五十多年的时候，切·格瓦拉写下了给父母的最后一封信。他没有引用马克思的话来作别。他写道："我的脚跟又一次触碰到罗西南特的嶙峋瘦骨了。我手握盾牌，再次上路。"

远航之人启程远航，尽管他知道，那些为他指引方向的星辰，他是永远也摸不到的。

劳动法

堂吉诃德的战马罗西南特就是一把骨头：

"您长得可真形而上啊。"

"因为我吃得少啊。"

罗西南特嘟囔着表达不满，而桑丘·潘沙是扯着嗓门抗议骑士主人剥削侍从的。他辛勤工作，收到的报酬只是棍棒、饥饿、露宿和承诺。他牢骚满腹，要求一份用现金支付的体面工资。

这种粗鲁的物质主义说辞，在堂吉诃德听来是可鄙的。这位老爷想起他的游侠骑士同行的事迹来，断言道：

"侍从是从来不会定期领取工资的，只有服从主人的命令！"

他向桑丘·潘沙保证，待他的主人攻下第一个王国，就让他做那块土地的总督，并加封伯爵或侯爵衔位。

可是，这个粗人只想要一种稳定的劳动关系，以及固定工资。四个世纪过去了。我们仍生活在那样的时代。

血仇

从 15 世纪开始，西班牙就强制推行血液清洁度检测，实行了好多年。

纯净的基督徒，不管他的血统是继承下来的还是买来的，都是血液清洁的。凡是犹太人、摩尔人或异教徒或以上人等的后代，哪怕是第七代孙，都不能担任政府公职，不能从军，也不能入教会。

从 16 世纪开始，这条禁令延伸到想远去美洲的人身上。好像塞万提斯就是因此没能去成新世界的。他被拒绝了两次："请在此地谋职。"官方的回应简短无情。

堂吉诃德之父被怀疑血管里有一点点犹太人的血细胞。名声不好的民族，只能去专心玩文字了。

死在医生手上

19 世纪初的时候，法国每年要购买超过三千万条活蚂蟥。

好多年以来，医生都是用蚂蟥或切割的手段给病人放血，让坏血流出体外。放血法可用于治疗肺炎、忧郁、风湿、中风、断骨、神经紊乱和头痛。

放血疗法让病人更为虚弱。从没有人记录下半点证据说明该疗法有用，但"科学"却把它当万能药方沿用了两千五百年，直到 20 世纪开始后好长一段时间，还有人用它治病。

这一绝对正确的疗法比所有瘟疫加起来造成的伤害还要大。"他死了，不过已经治好了。"那个时候，可以这么说。

莫里哀

如果说瘟疫的惩罚还不够严厉的话，那么对疾病的恐惧变成了新的疾病。

在英国，医生碰到一种奇怪的病人，他们觉得自己像一只陶罐一样脆弱易碎，总是远离人群，害怕冲撞，害怕碎裂。在法国，莫里哀把他创作、导演并出演的最后一部作品献给了这种幻想病人。

莫里哀把自己的疯癫和迷狂写进了剧本里，笑话的是他自己。他出演主要人物：他深陷在扶手椅的大靠垫里，身披皮衣，厚厚的帽子挡住耳朵，不断地被医生放血、喂泻药、灌肠，医生从他身上诊出了消化不良、消化停止、消化不良性腹泻、痢疾、腹水肿、疑病症、伪善……

这部戏成功首演，然而没过多久，一天下午，剧团所有成员都央求莫里哀中止演出。他病得很重，是真病，不是脑子发热幻想出来的。他呼吸艰难，老是咳嗽，几乎说不出话来，连走路也困难。

中止演出？他都懒得回答这个问题。他的同伴是在鼓动他背叛自己的王国。从他不再是以前的自己、成为专门让好人开心的莫里哀开始，他就生于此、存在于此。

那天晚上，这位幻想病人把挤满剧场的观众逗得乐不可支，他们从没有这么开心地笑过。笑，为莫里哀所写，为莫里哀所表演，把莫里哀带向超越痛苦、超越对死亡的畏惧的境地。也正是因为这戏弄一切的笑，那天晚上的莫里哀完成了他人生中最出彩的一次演出。他咳嗽得都要把胸撕裂了，然而长篇大幅的台词，他没有忘记一个字。当他口吐鲜血倒在地上时，观众们以为这是剧情的一部分，便纷纷为他鼓掌欢呼，而此时幕布正徐徐降下，与他一起落到地上。

麻醉的诞生

威尼斯狂欢节的庆祝时间曾经是很短暂的，才四个月。

杂技演员、乐师、戏剧演员、杂耍艺人、妓女、魔术师、算命师，以及兜售催情粉、幸运汤和长寿药的商贩从四面八方涌来。

从四面八方涌来的，还有拔牙师和圣阿波罗妮娅[1]没能治好的牙痛患者。他们忍着剧痛来到圣马可教堂门口，拔牙师手握钳子和麻醉师一起迎接他们。

---

1 在基督教传统中，圣阿波罗妮娅是牙齿的保护神。

麻醉师不给病人催眠：他们逗病人开心。他们的麻药不是罂粟果、曼德拉草根或鸦片，而是笑话和杂耍。他们制造的快乐有奇效，让疼痛忘了发挥作用。

这些麻醉师是穿上狂欢节盛装的猴子和侏儒。

疫苗的诞生

18世纪初，天花每年都要夺去五十万欧洲人的性命。

当时，英国驻伊斯坦布尔大使夫人玛丽·蒙塔古想把土耳其人运用的一种古老的预防方法在欧洲大力推广：只消抹一点从天花患者身上取下的脓液，就能抵御这致命瘟疫。但人们却嘲笑这个冒充科学家的女人，认为她推广的不过是异教徒土地上的行骗把戏而已。

七十年后，英国医生爱德华·詹纳给他园丁的八岁儿子身上接种了牛痘病毒。牛痘是牛的天花，能让牲畜成批死亡，对人倒无大伤害。之后他又给这孩子接种致命的天花病毒。孩子安然无恙。

疫苗由此诞生。它的诞生离不开这位生自奴仆之家、成为实验室小白鼠的孩子。

宗教游行的诞生

1576年，一场瘟疫造成了正在从罪人转变为圣徒的卡洛斯·波罗梅奥大主教和米兰执政官之间的冲突。

大主教要求信徒们聚集在教堂里,一起求上帝宽恕给他们带来瘟疫的一切罪过。而执政官禁止在封闭场合进行任何形式的集会,以防传染。

于是,波罗梅奥大主教发明了宗教游行。他命人把圣徒像和圣徒遗物从教堂里搬出来,由众人抬在肩上,穿行过城市的每一条街道。

这一大片由百合花、大蜡烛和天使翅膀组成的海洋每到一处教堂门口,就停下来,为基督教圣贤奏几曲赞歌,演几幕以他们的生平事迹和所行圣迹为情节的戏。

戏剧演员们妒忌得死去活来。

面具

在米兰,波罗梅奥大主教控诉这个世界"奸淫、忘恩负义、与上帝作对、盲目、疯狂、丑恶、瘟气缭绕",已经戴着面具堕入异端节庆的淫乱中去了。

他还对面具大加谴责:

"面具扭曲人脸,玷污了我们与上帝神圣的相似性。"

教会以上帝之名禁掉了面具。后来,拿破仑又以自由为名禁掉了面具。

意大利即兴喜剧中使用的面具在木偶戏中找到了庇护所。

木偶戏艺人仅靠四根木棍和一块布,便在公共广场上搭起戏台。与他们一同在广场上表演的,还有杂技演员、流浪汉、流浪乐手、说唱艺人和魔术师。

每当戴面具的木偶在嘲笑大老爷们做过了头时,警察就会抓住木偶戏艺人,用棍子猛揍一通,再把他们押走。于是,木偶们就被抛弃在夜晚空荡荡的广场上,成了离开手的手套。

另外的面具

非洲人的面具不会让你隐形不为人见。它们不事掩盖、化装和遮挡。

在非洲创造了我们尘世生命的众神发送面具,把能量传导给他们的子孙。牛角面具给人力量,晃着羚羊角的面具助人奔跑加速,带象鼻子的面具教人如何防御,带翅膀的面具让人翱翔。

要是面具坏了,制面具的工匠就会重刻一张,让它的魂灵不至无家可归,让人们不至绝望无助。

帕斯金

"帕斯金"(pasquín)指的是讽刺、辱骂人的文字,这个词来源于罗马的一尊雕像。在名为"帕斯魁诺"的一尊大理石人像的胸前和背上,一双双无名的手写下了对历任教皇的礼赞。

*有关亚历山大六世的：

　　亚历山大卖铁钉也卖受难耶稣像。
　　没什么说的，反正都是他买来的。

*有关利奥十世的：

　　利奥十世告别尘世，
　　他从来只宠无赖和小丑。
　　这个暴君又肮脏、又无耻、又丑陋。

*有关宗教裁判所头子保罗四世的：

　　子民们，少一些头脑，
　　多一些信仰，这是宗教裁判所的命令。
　　不要讲道理，这是理所当然，
　　要讲道理，火刑伺候。
　　管好你们的嘴，
　　保罗教皇喜欢把舌头烤着吃。

*庇护五世把不止一个写讽刺文的嫌疑犯送上火堆，帕斯魁诺之像是这么对他说的：

　　绞刑，火烤，

你一切的刑罚

都吓唬不了我，庇护大人。

你可以命人烧我，

却封不住我的嘴。

我是石头做的。我永远笑着

向你发出挑战。

魔鬼的供词

他自童年起就是老人了。

统领西班牙和美洲的卡洛斯二世三十多岁了，吃饭还需喂食，走起路来两腿都站不稳。

医生放在他头上的死鸽子没有任何效果。同样不起作用的，还有仆人们强行塞到他嗓子眼里的用蛇肉喂肥的阉鸡肉、供他饮用的母牛尿，以及监视他睡觉的教士们偷偷塞到他枕下的装满指甲和鸡蛋壳的肩布。

他们给他结了两次婚，尽管两任王后都在早餐时饮用驴奶并服用蘑菇精，她们也没有生出一个王子来。

那个时候，魔鬼居住在阿斯图里亚斯，住在坎加斯修道院一位嬷嬷的身体里。驱魔师安东尼奥·阿尔瓦雷斯·阿尔古埃耶斯修士逼迫她道出真相：

"国王真的中了巫术。"驱魔师说那位嬷嬷说魔鬼就是这么说的。还说巫术是从一具尸体的各个部位发出的：

"死人脑袋令他不能自已。死人肝胆夺去他的健康。死人肾脏让他断绝生育。"

驱魔师还说该嬷嬷说魔鬼说行巫术者是一个女子。如果还需透露更多细节：就是国王的母亲。

特蕾莎

生于阿维拉的特蕾莎进修道院，是为了逃离嫁为人妻的地狱。与其做男人的奴仆，不如做上帝的女奴。

但圣保罗只赋予女性三项权利："服从、效劳、闭嘴"。代表圣主的教皇谴责特蕾莎是"不安分、好走动的女子，不听话且执迷不悟，以虔诚为名创制邪恶教条，违背圣保罗关于女人不得讲道授课的命令"。

特蕾莎在西班牙创立了好几家修道院。在这些修道院里，修女们讲道授课，拥有管理权，重要的是品行而不是血统，对血液是否纯正不作要求。

1576年，她被告上宗教裁判所法庭，理由是她的祖父自称是老基督徒，却实为改宗的犹太人，还因为她的神秘主义修行实是魔鬼钻进女人身体所为。

四百年后，弗朗西斯科·佛朗哥躺在病床上奄奄一息时，抓住特蕾莎的右臂抵御魔鬼。人生就是这样的高低起伏，那个时候，特蕾莎已经成了圣徒，成了伊比利亚女人的模范，她的身体被大卸成数块，分别发送到西班牙的几个教堂中保存，只有一只脚给送到罗马去了。

胡安娜

与特蕾莎一样,胡安娜·伊内斯·德拉克鲁兹为了逃避婚姻的牢笼,也做了修女。

但在修道院里,她的才华同样惹人忌恨。这个女人的脑袋里长着男人的脑子吗?为什么她的字迹像男人?她既然这么会烧菜,为什么还要思考呢?善于开玩笑的她回答说:

"我们女人除了厨艺的哲学,还能知道什么呢?"

与特蕾莎一样,胡安娜也爱写东西,尽管加斯帕尔·德·阿斯特德神父已有警告在先:"对于信仰基督的少女来说,写字不是必须掌握的本领,而且有可能对她造成伤害。"

与特蕾莎一样,胡安娜不仅爱写,更耸人听闻的是,她文笔极佳。

在不同的世纪,在同一片海的两岸,墨西哥女人胡安娜和西班牙女人特蕾莎用言语和文字共同捍卫世界上那受歧视的另一半。

与特蕾莎一样,胡安娜也被宗教裁判所威胁过。而教会,她的教会,也对她加以迫害,因为她对人的赞颂竟然多过对神的赞颂,因为她绝少服从,却问得太多。

胡安娜是用血而不是墨水在她的悔过状上签名的。她发誓将永远沉默。她便无声无息地死去。

永别

费雷尔·巴萨是加泰罗尼亚的乔托。他最好的画作保存在佩德拉尔贝斯修道院的墙上。佩德拉尔贝斯,即遍布白石的地方,坐落在巴塞罗那城的高处。

修女们幽居在这座修道院中,与世隔绝。

这是没有归程的旅行:大门在她们身后合上,自此不再开启。她们的家人支付了高额的嫁妆费,让她们得以光荣地成为基督永久的妻子。

在修道院内的圣米迦勒礼拜堂里,在费雷尔·巴萨的一幅壁画底下,有一行文字像是悄悄地顽强生存着,历经数百年而未被磨灭。

不知是谁写下的。

不过能知道是何时。是用罗马数字写上去的,1426年。

这行文字很难被人注意到。这句用花体字书写的加泰罗尼亚文从古至今一直在苦求:

> 告诉胡安
> 别忘了我。[1]

---

[1] 加泰罗尼亚语原文为 No m'oblidi diga.li a Joan。

提图巴

当她在南美洲被猎获时,她还是个孩子。她被转卖了一次又一次,换了一个又一个主人,最后被卖到了北美洲的萨伦姆山庄。

在这方清教徒的圣地,女奴提图巴在受人尊敬的萨姆埃尔·帕里斯先生家做用人。

帕里斯先生的女儿们都很喜欢她。当提图巴给她们讲幽灵故事或在一团蛋清中解读未来时,她们眯着眼睛遨游梦乡。1692年冬天,小姑娘们被撒旦摄住了魂魄,在地上翻滚尖叫,只有提图巴有办法让她们安静下来。她抚摸她们的身子,在她们耳边讲故事,她们终于在她的怀里睡着。

这为她招致了罪名:是她把地狱带进这块上帝选民的和睦乐土的。

于是,这位善讲故事的女魔法师被拉到了公共广场的绞首架上去做忏悔。

他们指控她用魔鬼配方制作蛋糕,用鞭子把她抽到说"是"为止。

他们指控她在妖巫的夜间秘密集会上裸着身子跳舞,用鞭子把她抽到说"是"为止。

他们指控她和撒旦睡觉,用鞭子把她抽到说"是"为止。

他们告诉她说,她的同伙是两个从不去教堂的老太婆,这时候她便伸出手指指向那两个着了魔的女人,于是被告也成了原告,他们便不再抽她。

接着,新成被告的女人也开始控告别的女人。

绞架开始运转不歇。

着魔的女人

神学家马丁·德·卡斯塔涅加曾断言，女人比男人更讨魔鬼喜欢，"因为她们胆小怯懦，心肠更为柔弱，脑子里水更多"。

撒旦用它的羊脚和它的木头爪子抚摸她们，或者装扮成穿着国王华袍的蛤蟆，千方百计地引诱她们。

给着魔的女人驱魔的仪式总能召集一大群观众，人多得溢出教堂大门。

塞满圣盐、香草和圣徒的毛发指甲的肩布，能保护驱魔师的胸部。驱魔师高举一个十字架，向魔鬼纵身扑去展开搏斗。着了魔的女人口吐渎神恶语，像狼像狗一样号叫着，撕咬着，用地狱的语言咒骂着，撕扯自己的衣服，大笑着向人展示自己的私密部位。当驱魔师紧抱住被魔鬼附体的女人身体在地上翻滚时，气氛达到高潮。他们翻滚着，直到女人停止抽搐和叫喊。

然后，便有人趴在地上寻找着魔女人呕吐出来的钉子和碎玻璃。

亨德蕾切

1654年，明显已经怀孕的女青年亨德蕾切·施托弗尔斯被阿姆斯特丹新教教会法庭判了刑。

她承认"曾与画家伦勃朗通奸",承认未与他结婚就上了他的床,"就像个婊子",或者说得更贴切一点,"有暗娼之罪"。

教会法庭罚她进行苦修忏悔,她永远不得再靠近我主耶稣基督的餐桌。

伦勃朗却未受刑罚,也许因为陪审团非常清楚关于夏娃与苹果的那则著名传说;但这桩丑闻使他的画作价格跌到谷底,他不得不宣布破产。

这位善用明暗对比技巧的大师曾揭示了从暗影中生出的亮光,晚年却在阴影中度过。他没了房子也丢了画作。他最终葬在一处廉租墓地里。

弗美尔的复活

他死的时候,他的作品卖不了几个钱。1676年,他的遗孀用他的两幅画偿还了欠面包店老板的钱。

之后,代尔夫特的弗美尔被判遗忘之刑。

两个世纪后,他才重回世间。苦苦寻找光影的印象派画家把他从遗忘中拯救出来。雷诺阿说,他画的织花边的女人是他看过的最美的画。

弗美尔,这位日常琐碎事物的记录者,画的无非是他的家和一些邻居的生活。他的妻子和女儿就是他的模特,他的主题就是家务活。总是一样的东西,却独一无二;在单调往复的家庭生活中,他像伦勃朗那样发现了北方阴沉的天空不肯给予他的阳光。

在他的画中,没有等级秩序,没有哪样东西或哪个人会更亮或更暗。不论是在酒杯还是在拿杯子的手中,不论是在信纸还是在读信的眼睛中,不论是在一幅陈旧的挂毯还是在望着你的这位少女的娇嫩脸蛋上,都秘密地震颤着宇宙之光。

阿尔钦博托的复活

每个人都是一个色、香、味的源泉:

耳朵,是郁金香;

眉毛,是两只对虾;

眼睛,是两颗葡萄;

眼帘,是鸭嘴;

鼻子,是一个梨;

脸颊,是一个苹果;

下巴,是一个石榴;

头发,是枝杈繁多的森林。

宫廷画师朱塞佩·阿尔钦博托把三任皇帝都逗乐了。

他们夸赞他,因为他们看不懂他的作品。他的画就像是一个个游乐园。这位离经叛道的艺术家就这样存活下来,乐享富贵生活。

阿尔钦博托敢于触犯偶像崇拜的死罪,歌颂人与繁茂、疯狂的大自然的交合。他画的一些肖像,说是无恶意的游戏,实为辛辣的嘲讽。

他死后,艺术的记忆便把他删除,仿佛他是一个噩梦。

四百年后,超现实主义者让他得到复活。他们是他迟生出来的子女。

托马斯·莫尔

托马斯·莫尔倒是好懂的,也许他正因此而丧了命。1535年,暴饮暴食的英王亨利八世把他的头钉在泰晤士河上竖起的一根长矛上。

这个掉了脑袋的人在二十年前写过一本书,该书记述了一个名叫乌托邦的小岛上的奇风异俗,在那里,财产是公有的,金钱是不存在的,也没有贫富之别。

托马斯·莫尔通过他作品中的人物,一个从美洲回来的旅行者,道出了他自己的危险思想:

* 关于战争:

> 贼有时候是英勇的兵,兵往往是胆子大的贼。这两种职业有许多共通之处。

* 关于盗窃:

> 如果偷窃是人获取食物的唯一手段,那么无论多严

酷的惩罚都不能阻止人去偷去抢。

* 关于死刑：

我认为，一个人就因为抢了一点钱而要被抢走生命，是非常不公正的。世间没有什么东西的价值可以比得上人命。极端的公义就是极端的戕害。你们制造盗贼，然后惩罚他们。

* 关于金钱：

人们造出这个名为"钱"的圣物是为了解决生活需求的，如果钱没有成为众人需求得到满足的唯一障碍，那么满足所有人的需求，将是多么容易的事情。

* 关于私有财产：

在财产消亡之前，不可能存在公正平等的分配，世界也不得太平。

伊拉斯谟

鹿特丹的伊拉斯谟把《愚人颂》献给他的朋友托马斯·莫尔。

在这部作品中,"愚夫人"以第一人称的口吻说话。她说,一切欢乐幸福都是拜她所赐,她劝人松开紧锁的眉毛,建议孩子们和老人们结成联盟,嘲笑那些"高傲的哲人、身着紫袍的国王、虔诚的神父、神圣至极的教皇和那帮吵吵嚷嚷的神"。

这个不识体统的讨厌鬼号召把基督福音和异教传统结合起来:"圣苏格拉底啊,为我们祈祷吧!"

他的怪诞言行遭到宗教裁判所的制裁,被天主教会记录在案,也为新教教会所厌恶。

升降梯的诞生

英王亨利八世娶过六位王后。

他很容易作鳏夫。

他不停地吞噬女人和大餐。

六百个奴仆伺候他用餐,餐桌上摆满了鸡肉馅饼、插着漂亮羽毛的孔雀肉和牛肉片及烤乳猪。每次张嘴大嚼之前,他都会手握餐刀给盘中肉食授予爵位头衔。

最后一次娶亲时,亨利已经胖得不能爬上从饭厅直通婚床的台阶了。

国王只好发明了一种特殊的椅子。该椅子带有复杂的滑轮装置,只要他坐稳了,便可把他从餐盘边抬到大床上。

资本主义的先驱

英国、荷兰、法国等国应当给他树一尊雕像。

有权有势者的权力,很大一部分来自他抢来的金银,来自他烧毁的城市,来自他洗劫一空的商船,来自他捕获的奴隶。

应该让一个手法细腻的雕塑家来打造这个形象,这个早期资本主义的武装公务员:口衔短刀、单眼蒙布、支着假腿、手如利钩、肩上站着只鹦鹉。

加勒比的危险角落

海盗们也来闯美洲。在加勒比海的岛屿和海岸,他们比飓风还要恐怖。

在他的大发现日记里,哥伦布有 51 次提到上帝,139 次提到金子,尽管上帝无处不在,而金子少得连镶一颗牙都不够。

然而,一段时间之后,肥沃的美洲土地上开始冒出金、银、糖、棉花等天赐珍宝。海盗是抢夺这些果实的专家。这些资本积累的干将因勤勉有功,成为英国贵族成员。

英格兰女王伊丽莎白是令人生畏的弗朗西斯·德雷克的合伙人。他为她带来了超过投资总额 4600% 的利润。她封他为爵士。她还给德雷克的舅舅约翰·霍金斯授予爵士头衔,加入由霍金斯创始的生意中。这桩生意从霍金斯在塞拉利昂买下三百个奴隶开始,他接着在圣多明各把他们全部贩掉,带着三艘满载糖、皮革和生姜的船荣归伦敦。

自此，黑奴贸易成了英国不曾拥有过的波托西银山。

雷利

他在美洲的南边寻找黄金国。他在美洲的北边找到了烟草。他是航海家、武人、探索者和诗人。他也是海盗。

沃尔特·雷利爵士：

这位用烟斗喷云吐雾、向英国贵族展示抽烟之乐的人；

这位在宫廷中身披镶满钻石的坎肩、在战场上炫耀银制铠甲的人；

这位"童贞女王"伊丽莎白的宠臣；

这位因为她而把那块土地命名为"弗吉尼亚"[1]的人；

这位为她攻打西班牙帝国的港口和商船，被她亲自持剑封为贵族骑士的人；

这位在数年后因同样原因在伦敦塔被斧子砍下脑袋的人。

伊丽莎白死后，英王詹姆斯想与西班牙王室联姻，于是海盗雷利就成了坏角色，以严重的叛国罪遭到惩处。

按照惯例，他的遗孀收到了那颗用香料处理过的头颅。

---

[1] "弗吉尼亚"的名称沿用至今，有"处女地"之意。

英国家庭剪影

也许,如果不是因为给威廉·莎士比亚提供了创作素材,约克家族和兰开斯特家族之间的纷争不过就是一场邻里纠纷而已。

诗人一定未曾想到,拜他的才华所赐,这场白玫瑰与红玫瑰之间的王朝战争得以为全世界所知。

在英国历史上,在莎士比亚作品里,连环杀手的先驱理查三世在他通往王位的道路上留下了一条鲜血泛滥的河。他先杀掉了亨利六世和爱德华王子,然后把他的哥哥克拉伦斯溺死在一个酒桶里。登上王位后,他又把自己的几个侄子统统结果掉。其中的两个小王子年岁尚幼,他把他们关在伦敦塔里,用枕头把他们闷死,把尸体秘密地掩埋在一处楼梯脚下。他还绞死了黑斯廷斯男爵,砍掉了白金汉公爵的脑袋。白金汉公爵是他最好的朋友,他的另一个自己。他生怕他们谋反。

理查三世是最后一个死在战场上的英格兰国王。

莎士比亚赠送给他一句话,令他名垂千古:

"拿我的王国换一匹马!"

Mare nostrum[1]

罗马教皇曾划分了半个世界,为西班牙和葡萄牙指定版图。一百多年后的1635年,英国法学家约翰·塞尔登发表《海洋封闭论》。

这部著作声称,陆地有主人,海洋也有主人,按照自然法,英王陛下是他扩张中的帝国的所有土地和水域的合法拥有者。

不列颠物权法的根据是海神尼普顿、诺亚和他的三个儿子,《创世记》《申命记》《诗篇》,还有以赛亚和以西结的预言。

三百七十年后,美利坚合众国声明对外太空和天体拥有全权,不过并未援引如此权威的文献。

感恩

每年的11月末,美国人都会庆祝感恩节。整个国家以这样的方式表达他们对上帝和协助上帝拯救了征服者的印第安人的感谢。

1620年的寒冬,让乘"五月花号"远道而来的欧洲人死了一半。次年,上帝决定拯救活下来的人。印第安人为他们提供庇护,为他们打猎捕鱼,教他们怎样种植玉米,怎样辨别出有毒植物,怎样发现药用植物,怎样找到核桃、酸果蔓等野生果实。

获救的人为他们的拯救者举办了一场感恩盛会。活动地点在

---

[1] 拉丁文,"我们的海",一般指地中海。

英格兰人聚居区普利茅斯村，不久之前它还叫帕图塞特。这座印第安人的村落被欧洲人带来的天花、白喉、黄热病等新鲜东西所摧毁。

这是殖民时代的第一次也是最后一次感恩节。

当殖民者侵入印第安人的腹地时，真相方才显现。自称为"圣徒"和"选民"的侵略者不再把印第安人叫"本地居民"，印第安人成了"野蛮人"。

"这帮可恶的屠夫"

18世纪初，乔纳森·斯威夫特在《格列佛游记》的最后一章描述了殖民者的探险：

"海盗们下船上岸，只想着抢劫一番；他们发现了毫无防备、友善迎接他们的人；他们给这个国家安上了一个新名字，以他们的国王的名义接管这块土地，还在一块烂木板或一块大石上刻字为记。

"从此，由神授权的新政开始了。当地人要么被赶走，要么被砍杀；他们的王子受酷刑折磨以吐露黄金的所在；一切反人类罪行、一切淫乱行为都获特许；土地散发着血腥味；这帮可恶的屠夫，宣称把自己奉献给仁慈的远征大业。他们是现代殖民团，他们的使命是让崇拜偶像的野蛮民族改变信仰，成为文明人。"

格列佛之父

《格列佛游记》的第一个版本出版时,用的是另外一个书名,也没印上作者名。

跌跤令人学会谨慎走路。高级牧师、爱尔兰圣帕特里克大教堂教长乔纳森·斯威夫特之前写的一些作品令他蒙受煽动骚乱的指控,让出版人坐了大牢。

《格列佛游记》引起轰动,大获成功,斯威夫特这才敢在后续的几个版本中签上自己的名字。他也在自己的新作上签名:《一个小小的建议,防止爱尔兰穷人家的孩子成为其父母和国家的负担,让他们有利于公益》,这是已知的最残忍的政治宣言,标题奇长无比。

作者用经济学专家的冰冷语言,客观地阐述了把穷人家的孩子送去屠宰场的合宜之处。这些孩子可以成为"最可口、最有营养、最完整的食物,可以炖、可以用架子或炉子烤或者煮",此外,他们的皮还可以做成贵妇的手套。

此书发表于1729年,在当时的都柏林,连鬼魂都在街上游荡寻找食物。这本书不大讨人喜欢。

斯威夫特善于提出令人不能承受的问题:

既然爱尔兰这个国家正在被英国吞吃,而没有人为此竖起一根汗毛,那么他提出的吃人计划有什么骇人听闻的呢?

爱尔兰人成批地饿死,是天气的错,还是殖民压迫的错?

为什么他在英国的时候是一个自由的人,刚刚踏上爱尔兰的土地就成奴隶了呢?

为什么爱尔兰人心甘情愿买英国衣裳英国家具,却学不会爱自己的祖国？

为什么不能把一切来自英国的东西除了人统统烧掉呢？

他们宣称他发了疯。

他的存款曾资助了都柏林的第一家公立疯人院，但他不能进去。他死的时候，疯人院还没建好。

天空和地面

英国，18 世纪：一切都在向上发展。

工厂烟囱冒出的青烟在飞升，

胜利的大炮吐出的烟雾在飞升，

英王手下十万海军控制的七大海洋掀起浪涛，

各大市场对英国售卖的一切货物的兴趣在上涨，

英国贷款的利息在上涨。

任何一个再无知的英国人都知道，地球、太阳和群星都是绕着伦敦转的。

伦敦的光辉在世界之巅闪耀，但是生活在这个时代的英国艺术家威廉·贺加斯并没有沉醉其中。低的东西比高的东西更能吸引他的目光。在他的画作中，一切都在下坠。在地上摸爬翻滚的，是醉汉和酒瓶、

破碎的面具、

断了的剑、

破裂的合同、

假发、
女用胸衣、
女士内衣、
骑士的荣誉、
政客买来的选票、
资本家买来的贵族头衔、
输了钱的烂牌、
虚情假意的情书
以及城市垃圾。

自由哲学家

好几个世纪过去了,英国哲学家约翰·洛克对世界思想的影响还在继续增加。

这不足为怪。正是因为洛克,我们才知道上帝把世界交给它的合法拥有者,"勤奋、理智的人",也正是洛克给人的自由的不同种类奠定了哲学基础:创业自由、贸易自由、竞争自由、雇佣自由。

还有投资自由。这位哲人在写作《人类理解论》一书时,用他的积蓄投资了皇家非洲公司的大宗股票,为人类理解作出了新的贡献。

这家属于英国王室和"勤奋、理智的人"的公司,主营业务是在非洲抓奴隶然后卖往美洲。

根据皇家非洲公司的说法,他们的努力保证了"长期、充足、价格适中的黑奴货源供应"。

合同

18世纪刚刚开始,波旁王室第一次坐上了马德里的王位。

费利佩五世刚戴上王冠,就成了黑奴贩子。

他和法国几内亚公司以及他的表亲、法国国王签订了合同。

该合同规定,在接下来的十年中,美洲西班牙殖民地售出的四万八千名奴隶的收益,两位国王各得25%,并规定应由天主教世界的船只担任运输任务,运输船的船长和船员都应为天主教徒。

十二年后,费利佩五世又和英国南海公司及英国女王签署了合同。

合同规定,在接下来的三十年中,美洲西班牙殖民地售出的十四万四千名奴隶的收益,两位君主各得25%,并规定黑奴不得是年岁已高者或有缺陷者,必须牙齿齐整,并在醒目位置留有西班牙王室徽章和英国南海公司商标的烙印。

货主们保证货品质量合格。

非欧交流简史

奴隶制在古希腊古罗马时代就有了,世代传承,不算什么新鲜事。但欧洲自文艺复兴时代起就为奴隶制贡献了几项创新:之前,从不以肤色界定奴隶，人肉买卖也未曾成为最光鲜的跨国生意。

在16、17和18世纪，非洲卖出奴隶、买进枪支：用人力换暴力。

之后，在19和20世纪，非洲献出黄金、钻石、铜、象牙、橡胶和咖啡，收取一本本《圣经》：用地上的财富换取上天的承诺。

圣水

1761年出版于巴黎的一幅地图揭示了对非洲恐惧的源头。凶猛野兽纷纷跑到沙漠中稀有的泉水边解渴。种类繁多的动物争夺少得可怜的水。它们受炎热和干渴的刺激，交互骑跨，不问是谁随意交配，这不同物种的交媾便导致了世界上最恐怖的怪兽的诞生。

幸得商贩相助，奴隶们才得以从这个地狱脱身。他们受洗之时，天堂的大门即向他们敞开。

梵蒂冈早有先见。1454年，教皇尼古拉五世便准许葡萄牙国王实行奴隶制，只需对黑奴宣讲福音即可。几年后，教皇加理多三世又颁布谕旨，确认非洲的猎奴行为是基督教的一场圣战。

那个时候，这些海岸的大部分地区都还是恐怖禁区：海水沸腾不息，海中潜伏着时时跳出来攻击船只的大蛇，白人水手一下到非洲的土地上就会变成黑人。

然而，在接下来的几百年里，所有或者说几乎所有的欧洲君主都在这些恶名远扬的海岸上建起了堡垒和代理处。他们在这些地方操控着最有利可图的贸易；为了履行神意，他们在奴隶的身上洒圣水。

在合同和账目簿上，奴隶被称为"猎物"或"货品"，尽管这些空乏的躯体已经在受洗时灌注了灵魂。

吃人的欧洲

奴隶们上船时，浑身发抖。他们以为自己要被吃掉了。他们的想法没有多大错。总之，黑奴贸易就是吞噬非洲的大口。

非洲的国王们很早就开始拥有奴隶、互相征伐，但自从欧洲的君主们发现了人肉买卖这桩生意的好处后，逮人和卖人便成了这些非洲王国的经济和其他一切的中心。从此，年轻人开始源源不断地流失，撒哈拉沙漠以南的非洲开始放血直至流空，它的命运也为此圈定。

马里是今天世界上最贫穷的国家之一。16世纪时，它还是一个富饶文明的王国。通布图的大学拥有两万五千名学生。当摩洛哥苏丹侵入马里时，他并没找到苦苦寻觅的金子，因为那里没多少黄金。然而，他把"黑金"卖给欧洲商贩，却赚得更多：他的战俘中有医生、法学家、作家、音乐家和雕刻家，他们都沦为奴隶，向美洲的种植园开去。

奴隶制机器需要更多的臂膀，捕猎臂膀的活动需要更多的战争。非洲王国的战争经济逐渐越来越依赖一切外来之物。1655年在荷兰出版的一本商贸指南列出了非洲海岸需求最旺的武器，以及取悦非洲国王的最佳礼物。这些国王纯粹是工具。杜松子酒是他们珍视的宝物，一把穆拉诺[1]出产的水晶就是七个男人的价格。

时装

奴隶贩出去，迎来的是倾盆大雨般的进口货品。

尽管非洲也出产优质的铁和钢，大大小小的王国的国王和大臣还是对欧洲产的可以拿来炫耀的刀剑钟爱有加。他们不停地把黑奴卖给白人公司。

非洲布匹的遭遇也是一样。从棉花到树皮，用于制造布匹的纤维种类繁多。16世纪初，葡萄牙航海家杜阿尔特·帕切科曾断言，刚果出产的以棕榈叶制成的衣服"柔滑如天鹅绒，漂亮得赛过意大利服装"。然而，双倍昂贵的进口服装却更为抢手。价格决定价值。卖多少钱，就值多少钱。奴隶是廉价的、众多的，所以他们不值钱。一样东西越贵、越稀有，它的价值就越高，而对它实际需求越小，它就越金贵：对外来之物的迷恋导致了对无用的新鲜玩意儿的偏好，而时髦风尚总在变幻，今天是这个，明天是那个，后天谁晓得是哪个。

这些转瞬即逝的光芒是权力的象征，它们区分了领导者和被领导的人。

---

1 穆拉诺位于意大利东北部，邻近威尼斯。

跟现在一样。

在海上漂动的牢笼

最热爱自由的奴隶贩子把他最钟爱的两条船分别命名为"伏尔泰号"和"卢梭号"。

有些奴隶贩子给他们的船安上宗教色彩十足的名字:"灵魂号""怜悯号""先知大卫号""耶稣号""圣安东尼奥号""圣米迦勒号""圣地亚哥号""圣费利佩号""桑塔安娜号""康塞普西翁圣母号"。

另一些奴隶贩子则以船名证明他们对人类、对大自然和对女性的爱:"希望号""平等号""友谊号""英雄号""彩虹号""鸽子号""夜莺号""金蜂鸟号""欲望号""可爱的贝蒂号""小波莉号""可爱的赛西丽亚号""淑女汉娜号"。

最忠诚的船分别叫"仆从号"和"守护者号"。

这些满载劳动力的货船入港时并不鸣响汽笛或燃放炮仗宣布到岸。没有必要。隔得远远的,就能闻到它们的气味,知道它们要来了。

它们运载的货物堆放在底舱中,臭不可闻。奴隶们日夜都紧挨着躺在里面,动弹不得。为了不浪费一丁点空间,他们互相靠得很紧,我的尿撒在你身上,你的屎拉在我身上,每个人都和其他人铐在一起,颈子靠颈子,手腕挨手腕,脚踝接脚踝,所有人又都给铐在长长的铁杠上。

许多人都在穿越大洋的航程中死去了。

每天早上,负责看住他们的水手都要把这些沉重的包袱扔到海里去。

他们的子孙,同样的路

"帕特拉"是一种很容易被大海吞没的外形粗糙的平底小船,是当年那些运奴船的后代。

今天的奴隶,尽管不再叫"奴隶",和他们的祖辈享有同样的自由。他们的祖辈在皮鞭的驱使下,被运到美洲的种植园。

今天的他们也不是自愿走的:他们是被赶走的。谁都不是想移民才移民的。

在非洲,在其他的很多地方,绝望的人成批出逃,逃离战争、旱灾、肥力耗尽的土地、含有毒污的河水和空空如也的肚囊。

今天,人肉贩卖是南方世界最成功的出口生意。

美洲第一次奴隶起义

起义发生在16世纪初。

在圣多明各的一个属于克里斯托弗·哥伦布之子的制糖场,圣诞节刚刚过去一两天,黑奴们就群起造反了。

最终,上帝和使徒圣地亚哥取得了胜利,于是道路两边满挂被绞死的黑人。

奋斗来的自由

此事发生在 16 世纪中叶。

在第一次尝试逃亡的过程中,失败的奴隶遭受致残之刑。要么割掉一只耳,要么挑断脚筋,要么砍脚或砍手,尽管西班牙国王禁止割除"那不能说出口的器官",他的禁令只是一纸空文而已。

重犯者则被割去他剩下的部分,最后结果在绞架上、火堆中或斧头下。他们的头被插在城镇广场上的木桩上示众。

然而,在整个美洲,自由人的堡垒都在成倍增长。它们暗藏在雨林深处或崎岖的山沟里,四周环绕着伪装成坚实地面的流沙和设有尖刺的陷阱。

从非洲的各个祖国来到美洲的人都往那里去,他们在共同承受屈辱的过程中结成了同胞。

自由人的王国

整个 17 世纪都在发生这些事件。

逃亡奴隶自建的庇护所像蘑菇一样涌现。在巴西,这种庇护所叫基隆波。这个单词来自非洲,意思是公社,而种族主义者把它翻译成懒散、骚乱或娼妓之家。

在帕尔马里斯的基隆波，曾经为奴的人们自由生活，摆脱了他们的主人，也摆脱了灭绝一切的糖的专制统治。他们什么都种，也什么都吃。他们主人的菜单来自船上。他们的菜单则来自地上。他们的打铁铺按非洲样式建造，为他们制造耕地用的锄头、尖镐和铲子，以及守卫家园用的大刀、斧头和长矛。

自由人的女王

此事发生在18世纪的前半段。

根据国际分工的安排，牙买加是专为欧洲人的餐桌增加甜味而存在的。牙买加的土地不停地出产糖、糖以及更多的糖。

在牙买加，和在巴西一样，多样化的菜食是逃亡奴隶专享的特权。尽管在这些高高的山峰中，有肥力的土地并不多，逃居山野的奴隶还是有办法种植一切，甚至还养起了猪和鸡。

他们藏身在这里，能看到敌人也能不被敌人发现，他们能突然咬敌人一口然后又迅速消失。

在巴洛文托的蓝山深处，南妮有自己的殿堂和王座。她是自由人的女王。曾是一台奴隶生产机的她，现在胸前挂着用英国士兵的牙齿串成的项链，闪闪发光。

自由人的艺术

此事发生在18世纪中叶。

苏里南的自由堡垒一边抵御入侵之敌,一边不断地挪来挪去。荷兰军队苦战多日后才发现它们的所在,看到的只不过是一座村庄烧毁后留下的灰烬。

他们最需要的物品是什么?缝衣针,彩线。逃亡奴隶向小商贩要求的就是这些。这些小商贩人数不多,要么是因为差错,要么是发了疯才跟他们相遇的。他们的衣服颜色鲜艳,是用碎布头精心组合缝制的,要是没有这些衣服,他们的生活会是什么样子呢?

种植园的风车叶片碎成数截,他们捡来做成项圈、臂铠和出战时佩挂的各种饰物。他们用森林给予的恩赐创制了乐器,给渴求舞蹈的身体配上旋律。

自由人的国王

此事发生在18世纪末。

殖民当局已经把多明戈·比奥俄绞杀了多次,但他还在继续为王。

在这里,在离卡塔赫纳港[1]不远的帕伦克,逃亡奴隶们选出最勇敢的人,这个人应配得上"多明戈·比奥俄"这个历代国王代代相传的名字。多明戈·比奥俄不是一个人,而是许多人。

寻找逃逸的财产

此事发生在19世纪初。

贵族成员们享用完大餐,坐在桌边谈论着婚嫁、遗产和猎奴犬。

密西西比、田纳西和南卡罗来纳的报纸登出广告,有人提供专抓黑鬼的狗,租金一天五美元。广告大力吹嘘这种猎犬的优点,它们能追赶逃亡的奴隶,能把他们逮住,把他们完好地交还给主人。

嗅觉是关键。好的猎犬能在猎物走过数小时后跟踪其行迹。它们的速度和耐力也非常出色,因为奴隶为了消除气味会走水路,或是在路面上撒下胡椒,懂得怎样挣到骨头的狗从不会认输,它会孜孜不倦地搜寻线索,直到把断续的痕迹连上。

但最重要的还是它们受过的长期训练,这种训练保证它们不会把黑人的皮肉撕成碎块。只有合法的主人才有权惩罚他的牲畜的恶劣行为。

---

1 卡塔赫纳位于今哥伦比亚的加勒比海岸。

哈莉特

此事发生在 19 世纪中叶。

她跑了。哈莉特·塔布曼踏上流亡之途,带着背上的伤疤和头上的裂口,这些是她的纪念品。

她没有把丈夫也一并带走。他情愿继续做奴隶、当奴隶的父亲:

"你疯了,"他对她说,"你兴许走得成,可你没法把你怎么逃的讲出来。"

她成功脱逃,也把逃亡经历讲给人听,然后又折回去把她的父母也带走,然后又折回去带走她的弟弟妹妹。她穿越茫茫黑夜,从一个夜晚到又一个夜晚,先后十九次从南方的种植园跑到北方的土地,解救了三百多名奴隶。

她带出来的逃亡者,没有一个被抓到。据说要是有人在半路上耗尽力气无法前行,或是后悔想要回去,哈莉特都是一枪解决。据说,她曾说:

"我带上路的人,一个也不会丢。"

在她生活的时代,她的头是最昂贵的头。赏金是四万美金。

没有人拿到这笔钱。

她的舞台化装技术让她无人能识,她掩埋踪迹、制造迷径的精湛技艺,没有哪个猎人能比得上。

不要错过！

没有一个律师替他们辩护。他们也不能为自己辩护，因为法律不相信黑人的证词。

法官在眨眼瞬间就给他们定了罪。

1741年，纽约城发生了好几起纵火案，需要用铁腕来惩治这些因过分自由而堕落的奴隶。如果纵火案确实是这些罪犯干的，那么对他们的刑罚就是公正的。如果不是他们干的，那么对他们的刑罚能起警示作用。

将会有十三个黑人被铐在桩子上活活烧死，十七个黑人上架绞死并留在绞架上直到尸体腐烂，同时处死的还有四个白人，是穷人但还是白人，因为这出来自地狱的阴谋中肯定有人出主意，而脑力方面的事情是属于白人的。

大戏还要过一个礼拜才上演，人们已经开始搭建帐篷争夺最佳的看台位置了。

罗莎·玛利亚生平纪事

1725年，她六岁的时候，一艘运奴船把她从非洲带走，接着她在里约热内卢被卖掉。

十四岁的时候，主人撬开她的双腿，教会她一项技能。

十五岁的时候，她被欧鲁普雷图的一个人家买走，他们从此把她的身体租给金矿工人使用。

三十岁的时候,这家人把她卖给一个神父。神父经常带着她合练驱魔法术和其他夜间体操。

三十二岁的时候,一个居住在她身体中的魔鬼用她的烟斗抽烟,通过她的嘴大喊大叫,让她倒在地上滚来滚去。她为此被罚在玛利亚娜城的广场上受一百次鞭击,导致一只手臂永久残废。

三十五岁的时候,她开始守斋、祈祷,用苦行带折磨自己的皮肉,圣母玛利亚之母教会她读书。据说,罗莎·玛利亚·埃希普西亚卡·达维拉克鲁斯是巴西第一个识字的黑人。

三十七岁的时候,她开办了一家收容所,专门收留被抛弃的女奴和已过使用年限的妓女,维持资金来源于她卖糕点的钱。这些糕点在和面时加进了她的口水,她的口水可以有效治疗任何一种疾病。

四十岁的时候,她的信徒聚在一起看她跳通灵舞,她在天使合唱团的伴奏下、在烟草散发出的烟雾中翩翩起舞,圣婴在她的胸前吃奶。

四十二岁的时候,她被控行巫术,给关进了里约热内卢监狱。

四十三岁的时候,神学专家作出结论认定她是女巫,因为她能长时间忍受在她舌头上点燃的一根蜡烛,不发一声呻吟。

四十四岁的时候,她被送到里斯本的神圣宗教裁判所监狱。她进了刑讯室接受审问,后来的事情就谁也不知道了。

巴西在金床上沉睡

它从地下冒出来,就像牧草一样。

它吸引众人前来,就像磁铁一样。

它闪闪发光,就像金子一样。

它就是金子。

英国银行家为每一次新的发现欢呼,好像金子是他们的一样。

金子就是他们的。

里斯本什么也不生产,只管把巴西的黄金运往伦敦,换取新的贷款、奢侈衣装和寄生生活所需的一切消费品。

欧鲁普雷图,意为黑色的金子,是灿烂黄金之光的中心,此地名成立的理由来自富含金元素的黑石——内藏太阳的黑夜,但此地名也有足够的理由来自那些在大山里、河岸上辛勤沥金的黑色手臂。

这些手臂的价格越来越贵。在矿区,除了占人口绝大多数的奴隶,没有别的人干活。

更贵的是食物。没有人种植任何东西。在淘金热的头几年,一只猫的价格相当于一个奴隶两天劳动收集的黄金。鸡肉要便宜一些:不会贵过一天劳动所收集的黄金。

一个多世纪后,食物价格和富有矿主每天狂欢挥霍的巨款仍是天文数字,但是,看上去喷吐不竭的矿源越来越乏力了。从矿区挤榨出来犒劳葡萄牙宫廷的税款,也越来越难征收了。服务于英国银行家的葡萄牙宫廷也已在享乐中筋疲力尽了。

1750年,葡萄牙国王驾崩,国库却空空如也。葬礼的钱还是英国银行家支付的。

消化

波托西、瓜纳华托和萨卡特卡斯吃印第安人。欧鲁普雷图吃黑人。

来自美洲印第安人强制劳动的白银在西班牙的土地上弹跳。在塞维利亚,白银只是过客。它最终落在佛兰德斯、德意志和热那亚的银行家以及佛罗伦萨、英国和法国商人的肚子里,整个西班牙王室及其所有收入都已经被抵押给了他们。

来自巴西奴隶劳动的黄金在葡萄牙的土地上弹跳。在里斯本,黄金只是过客。它最终落在英国银行家和商人的肚子里,他们是葡萄牙王国的债主,整个葡萄牙王室及其所有收入都已经被抵押给了他们。

黄金连接成桥,跨越大洋。若是没有巴西的黄金,英国的工业革命能成为可能吗?

若是没有黑奴买卖,利物浦能一度成为世界最重要的港口吗?劳埃德公司能成为保险业巨头吗?

若是没有黑奴贸易得来的资金,谁能赞助詹姆斯·瓦特捣鼓蒸汽机呢? 乔治·华盛顿的大炮又会在谁的熔炉里铸造呢?

木偶戏之父

安东尼奥·若泽·达席尔瓦生于巴西,住在里斯本。他的木偶给葡萄牙的戏台带来笑声。

他已经有九年不能使用手指了。它们是在神圣宗教裁判所的刑讯室里被碾碎的。但是他创制的木头人物,美狄亚公主、吉诃德先生、海神普洛透,继续为喜爱他们的人们带来欢笑和慰藉。

他结束得太早。他是在火堆上终结生命的:因为他是犹太人,因为他善于嘲弄,因为他的木偶对王室、教会和戴风帽的刽子手们都没有足够的尊重,而戴风帽的刽子手们会荒唐到跑到戏台上追捕木偶。

尊号"宽宏大量"的葡萄牙国王若昂五世坐在贵宾席上观看处死木偶戏大王的火刑。

就在1730年的同一天,当这位安东尼奥以此方式告别世间时,在大洋的另一边,另一位安东尼奥来到世间。

安东尼奥·弗朗西斯科·里斯本生在欧鲁普雷图。他后来被叫作"阿雷贾迪纽"。他也失去了手指,但不是因为酷刑,而是因为神秘的诅咒。

阿雷贾迪纽

巴西最丑的男人创造了美洲殖民地艺术最美的作品。

阿雷贾迪纽在石头上刻画了欧鲁普雷图这座黄金波托西的鼎

盛与衰落。

这位黑白混血儿是一个非洲女奴生的。有奴隶专门为他挪动身躯、擦身、喂食、把凿子绑在他的残肢上。

阿雷贾迪纽得过麻风、梅毒和谁也不知道是什么的其他疾病，失去了一只眼睛、牙齿和手指，残存的他便用其没有的手在石上雕刻。

他日夜不分地工作，像是在复仇。他创作的基督、圣母、圣徒和先知比黄金还要光彩，而金矿产出的财富越来越少，制造的灾祸和骚乱却越来越多。

整个欧鲁普雷图地区都想证明，曾任欧鲁普雷图总督的阿苏马尔伯爵的论断是正确的：

"似乎土地里正在冒出躁乱之气，水正在酝酿骚动；云朵在喷吐轻狂气焰，群星预示着混乱无序；气候埋葬了安宁，孕育着叛乱。"

巴西的宫廷艺术

擅长表现史诗画面的艺术家佩德罗·亚美利科·德·菲盖雷多·伊梅罗将那神圣的时刻定格为永恒。

在他的画中，一位帅气的骑士拔剑出鞘，发出了使巴西得以降生的震天怒吼，在他的周围，很应景地出现了高举兵器的龙骑兵光荣护卫团，骑兵头盔上的羽毛和马鬃迎风飘扬。

那个时代流传的说法与这幅画所表现的并不完全一致。

根据那些说法，故事的主人公、葡萄牙王子佩德罗在伊皮兰加河边弯下了腰。他刚刚吃了顿很倒胃口的晚饭,根据某一种说法,他正在"破开他的肚子以响应自然的呼唤",此时有信使捎来一封发自里斯本的信。王子得继续他的工作,命人把信念给他听。信的内容流露出他的王族亲属的傲慢,也许在腹痛的伴随下变得更为严重了。信读到一半,王子就站起身,骂出一串长长的诅咒。官方历史把他的这番话简短翻译成那著名的怒吼:

"不独立,毋宁死!"

于是,1822年的这一天,王子把他衣服上所有葡萄牙王国的标记都统统扯去,成为巴西皇帝。

若干年前,也有过独立的呼声。在欧鲁普雷图,在巴伊亚都有过。想独立,却未能成功。

佩德罗生平纪事

拥有十八个名字的葡萄牙王储佩德罗·德·阿尔坎塔拉·弗朗西斯科·安东尼奥·若昂·卡洛斯·哈维尔·德·保拉·米格尔·拉斐尔·若阿金·若泽·贡扎加·帕斯卡尔·西普里亚诺·撒拉弗·德·布拉干萨—波旁九岁时来到巴西。英国人把他连同整个王室都带了过来,以防王储被拿破仑的军队追击到。那个时候,巴西是葡萄牙的殖民地,葡萄牙又是英国的殖民地,尽管当时不这么说。

十九岁时,佩德罗被安排与奥地利女大公利奥波丁娜成婚。他自己都没在意这件事。就和后世的许多观光客一样,他喜欢在里约热内卢炎热的夜晚追逐黑白混血女人。

二十四岁时,他宣布巴西独立,成为佩德罗一世皇帝,紧接着就与英国银行界签署第一批贷款协议。新国家和外债同时降生。直到今天,它们仍密不可分。

三十三岁时,他突发奇想要取缔奴隶制。他在墨水瓶里润湿了鹅毛笔,却没能签成法令。一场突如其来的政变把帝位从他的屁股底下抽走了,他丢了皇冠。

三十四岁时,他回到里斯本,成为葡萄牙佩德罗四世。

三十六岁时,这位拥有两个王位的国王在里斯本驾崩。那块生育了他也曾与他为敌的土地,最后也埋葬了他。

自由的反叛

巴西的官方历史直到今天仍把最初的几次争取民族独立的起义冠以"犯上""不忠"的名号。

在葡萄牙王子成为巴西皇帝之前,爱国者有过几次尝试。最重要的几次当数1789年胎死腹中的欧鲁普雷图"矿区暴乱"和1794年在巴伊亚爆发的为时四年的"海湾叛乱"。

"矿区暴乱"的唯一一个被绞死分尸的主犯是低级军士"蒂拉登特斯",这个外号的意思是拔牙师。另几个同谋则被免罪,他们是不想再给宗主国交税的矿区上流社会的显贵。

"海湾叛乱"持续更久,走得也更远。他们不仅为一个独立的共和国而战,也为消除种族划分、权利平等而战。

鲜血奔涌、起义失败之后,殖民当局免除了几个主犯的罪行,只有四个例外：马努埃尔·里拉、若昂·德·纳西蒙多、路易斯·贡扎加和卢卡斯·邓达斯被绞死并分尸。此四人都是黑人，是奴隶的子孙。

有些人相信，正义女神是个瞎子。

图帕克·阿马鲁的复活

图帕克·阿马鲁是印加人的最后一代国王，他在秘鲁的深山里战斗了四十年。1572年，当刽子手的大刀砍断他的后颈时，印第安人中的预言家说，断头总有一天会和身子重新连在一起的。

头和身躯真的重聚了。两个世纪后，何塞·加夫列尔·贡多尔康基找到了那个正在等待他的名字。他化身为图帕克·阿马鲁，引领了美洲历史上人数最多、对当局威胁最大的一次印第安人起义。

安第斯山燃烧起来。从山区到海滨，在矿场、庄园和工场中受强制劳动折磨的人们纷纷起义。起义军跋山涉水，穿越深谷，一个城镇连着一个城镇，一场胜利接着一场胜利，一路向前，势不可挡，威胁着殖民主义秩序。他们就要攻下库斯科城了。

这座圣城，权力的心脏，就在那里：在山峰上触目可及，仿佛可以摸到它。

十八个半世纪过去了，斯巴达克斯距罗马仅一臂之遥的历史又一次上演。图帕克·阿马鲁也没有做出攻城的决定。一位被收买的酋长率领着印第安人的部队守卫着这座围城，而图帕克·阿马鲁是不杀印第安人的：不行，绝不能这么做。他很清楚，非这样不可，没有别的办法，但是……

行，不行，谁知道，日子一天天地过去，他犹豫不决，而此时为数众多、装备精良的西班牙军队正从利马开来。

他的妻子米凯拉·巴斯蒂达斯领导着后卫部队。她不断地给他发去一封封透着绝望的信，无济于事：

"你要结束我现在的痛苦……"

"我已经没有耐心忍受眼前的一切了……"

"我警告过你好多次了……"

"你要是想让我们都完蛋，你就倒头大睡吧。"

1781年，起义军首领进入库斯科城。他是戴着镣铐进来的，围观的人群向他扔石块，咒骂不歇。

雨

在刑讯室里，国王派来的人审问他。

"你的同谋是哪些人？"他问。

图帕克·阿马鲁说：

"这里没别的同谋，就是你和我。你是压迫者，我是解放者，我们都该去死。"

他被判分尸之刑。他们在他的手脚上拴上四匹马，然而他没有被撕裂。马肚子都给马刺踢破了，马儿也在使猛劲，可他的身体就是没有裂开。

于是，得换上刽子手的斧头了。

那是一个烈日暴晒的正午，库斯科谷地处在漫长的旱季中。然而，天空突然变黑开裂，降下一场简直要把整个世界淹没的大雨。

米凯拉·巴斯蒂达斯、图帕克·卡塔里、巴尔托利娜·希萨、格蕾戈里娅·阿帕萨……起义军的其他男女领袖也被处以分尸之刑，他们尸体的碎块被散放到他们曾经发动起义的市镇，然后付之一炬，他们的骨灰被抛向空中，"让他们不留下一点记忆"。

少数人和所有人

1776年美国的独立预示了后来从墨西哥往南一系列美洲国家的独立过程中将要发生的事情。

为了在印第安人的作用问题上不存疑点，乔治·华盛顿提出摧毁所有的印第安人村落，托马斯·杰斐逊认为这个倒霉的种族理应灭绝，本杰明·富兰克林提议说朗姆酒可以作为清除这些野蛮人的良方。

为了在妇女的作用问题上不存疑点，纽约州宪法在"投票权"一词前加上了形容词"男性的"。

为了在穷苦白人的作用问题上不存疑点，《独立宣言》的签署者皆为有钱的白人。

为了在黑人的作用问题上不存疑点，在这新生的国家中，六十五万黑奴仍继续做奴隶。黑色的手臂建起了白宫。

缺席的父亲

《独立宣言》宣称,所有人都生来平等。

不久之后,美国的第一部国家宪法澄清了这个概念:宪法规定,每一名黑奴相当于一个白人的五分之三。

宪法的修订者加弗努尔·莫里斯对此表示反对,却没有用。不久之前,他还为在纽约州取消蓄奴制做过努力,没有成功。不过他至少争取到,宪法保证"未来每一个呼吸这个州的空气的人都享有一个自由人的应有权利"。

莫里斯,这个在塑造美国的面貌和灵魂的时刻如此重要的人物,是被历史忘却的几位美国国父之一。

2006年,西班牙记者比森特·罗梅罗启程寻找他的墓地。他在纽约布朗克斯区南边的一座教堂背后发现了莫里斯之墓。墓碑经过雨淋日晒已经漫漶不清,上面压着两只大垃圾桶。

另一位缺席的父亲

罗伯特·卡特则被葬在了花园里。

他在遗嘱中就要求"在一棵大树的树荫下安息,在宁静与黑暗中长眠。不要一块石头,无须一句铭文"。

这位弗吉尼亚的名流,曾是摆脱英国统治的富有产业主中最有钱的之一,或许就是最有钱的。

尽管有一些国父对蓄奴制颇有微词,却没有一个人解放自己的奴隶。卡特是唯一一个例外。他给自己的四百五十个黑奴解开脚镣，"让他们按照自己的意愿和兴趣生活、劳作"。他是逐次分批放他们走的，尽力避免有任何一个黑奴落入无依无靠的境地。七十年之后，亚伯拉罕·林肯才颁布废奴法令。

罗伯特·卡特的疯狂举动让他自己陷入孤独和遗忘中。

他的邻居和亲友都远离了他，所有人都坚信，自由活动的黑人会威胁人身安全和国家安全。

之后，集体遗忘成了他所作所为的报偿。

莎莉

杰斐逊丧妻后，他妻子的财产就全归他了。莎莉是他得到的遗产之一。

早些年，有可靠的传闻说她很美。

后来就什么也不知道了。

莎莉从没说过话，要是她说话，也没有人听，或者没有人肯给她说的话做记录。

而杰斐逊总统却留下了好些肖像和好多话。我们知道，他一直坚信"黑人天生在体力和脑力上逊于白人"。我们还知道，他总是对白人和黑人混血表示"非常厌恶"，认为这在道德上是可耻的。他认为，要是哪一天奴隶被解放了，那就要竭力避免污染，远离"混血的危险"。

1802年，记者詹姆斯·卡伦德在里士满《记录者报》上发表了一篇文章，重述了众人皆知的一条消息：杰斐逊总统是他的女奴莎莉的孩子们的父亲。

打倒茶叶，咖啡万岁

英国朝廷规定，它的殖民地必须缴纳永远缴不完的赋税。1773年，愤怒的北美殖民地居民把来自伦敦的四十吨茶叶倒入港口海底。这次行动被幽默地称为"波士顿茶会"，紧接着独立战争就爆发了。

咖啡成了爱国主义的标志，尽管它丝毫算不上是美国国货。它是不知何年在埃塞俄比亚的一个山头上被发现的。有几只山羊吃了一些红果子后就整夜舞蹈。经过几个世纪的旅程后，这些红果子抵达加勒比海诸岛。

1776年，波士顿的咖啡馆成了反抗宗主国活动的密谋中心。刚刚宣布独立过后，华盛顿总统就在一间咖啡馆里款待嘉宾。那间咖啡馆售卖黑奴以及加勒比海岛屿上的黑奴种植的咖啡。

一个世纪之后，西进运动的征服者在他们的营地上燃起篝火，借着火光呷着咖啡而不是茶。

我们真的信仰上帝吗？

美国总统老喜欢以上帝的名义说话，尽管谁也未曾展示他是用邮件还是传真还是电话还是心灵感应术与上帝沟通的。不管他愿不愿意，2006年，上帝被宣布成为得克萨斯州共和党主席。

然而，这位如今在美钞上都会现身的全能的造物主，在独立运动期间却是缺席的。第一部美国宪法甚至都没有提到他。当有人问为什么的时候，亚历山大·汉密尔顿解释说：

"我们不需要外援。"

乔治·华盛顿临终时躺在病床上，不要祷告，不要神父，不要牧师，什么都不要。

本杰明·富兰克林常说，所谓神示，纯粹是迷信。

"我的头脑就是我的教堂。"托马斯·潘恩如是说。约翰·亚当斯总统认为，"如果没有宗教，那将是最完美的世界"。

根据托马斯·杰斐逊的说法，天主教神父和新教牧师都是巫师术士，他们把人类分为两类：一半人是笨蛋，另一半人是伪君子。

法国革命的前奏

在阿布维尔城的主街上，宗教游行队伍在行进。

圣饼高高地竖起在十字架和圣徒像组成的丛林中，所过之处，人行道上的所有人都脱帽致敬。所有人，除了三个男孩儿。他们的眼睛紧紧盯着女性人群，丝毫不顾圣饼在哪里。

于是他们被人举报。在耶稣的洁白肉体面前，他们不仅拒绝脱帽行礼，还加以嘲笑。证人们还补充了另外几条严重的罪证：圣饼给打碎了，作案者要让它流出血来；还有人在一条水沟里发现了一只被砍残的木制十字架。

法庭把所有的仇恨都集中到三个男孩中的一个人身上。他叫让·弗朗索瓦·拉巴雷。这个轻狂的小子刚满二十岁,却以读过伏尔泰的书而洋洋自得,以他愚蠢的高傲挑战法官。

行刑那天,1766年的一个早晨,所有人都赶到集市广场。让·弗朗索瓦脖子上挂着一张字牌,上了断头台。字牌上写着:

"不信上帝、诽谤神灵、亵渎基督、可恶、可憎。"

刽子手割去他的舌头,砍断他的颈子,剁开他的尸身,把他的碎块连同几本伏尔泰的著作一起扔到火堆里,让作者和读者一起燃烧。

理性在蒙蔽真理时代的冒险

二十七卷。

这个数字没什么吓人的,如果想想前不久在中国出版的七百四十五卷百科全书的话。

但法国《百科全书》的诞生还是带来了光明,标志了"光明世纪"[1]的开启。罗马教皇下令将这部严重渎神的作品焚毁,但凡持有该书者,一律开除教籍。这本书的诸位作者,狄德罗、达朗贝尔、若古、卢梭、伏尔泰等人为了让他们的这部集体巨制能影

---

1 光明世纪,即启蒙运动。

响未来，承担了巨大的危险，或身陷囹圄，或外出流亡。这部作品也确实影响了欧洲诸国后来的历史。

两个半世纪后，这本邀人深思的约请仍能令人惊叹。以下是从该书中摘取出的一些词条：

权威："没有哪个人天生拥有使唤别人的权利。"

审查："对于信仰来说，最危险的事情是让它依附于人的意见。"

阴蒂："女人性快感的中心。"

大臣："指的是那些横亘于君王和真实之间、让真实不得接近君王的人。"

人："离开了土地，人就没有任何价值。离开了人，土地就没有任何价值。"

宗教裁判所："墨西哥皇帝蒙特祖马因为杀战俘献祭众神而遭惩处。他要是哪天看到宗教裁判所主持的火刑，会说些什么呢？"

奴隶制："违反自然法则的可恶贸易，一些人把另一些人像动物一样买来卖去。"

性高潮："还有什么比这更值得拥有吗？"

高利贷："犹太人原本不是专门放高利贷的。他们是受基督教的压迫，不得已才做了放债人。"

莫扎特

他是音乐的化身，整日整夜地创作音乐，在日夜之外创作音乐，仿佛是在和死神赛跑，仿佛知道死神会早早地把他带走。

他的创作频率近乎狂热，作品一部接一部，他还在乐谱上留下空白处，要在钢琴上即兴演奏，进行自由冒险。

不知他的时间都是从哪儿挤出来的。在他的短暂生涯中，他经常长时间泡在他藏书丰富的私人图书馆里，或与皇家警察看不惯的人展开热烈讨论。这些人包括约瑟夫·冯·桑能菲尔兹，这位法学家争取到在维也纳全面禁止刑讯逼供，在欧洲首开先河。莫扎特的朋友都与专制和愚蠢为敌。这位"光明世纪"的儿子、法国百科全书的读者，脑子里装着的是震撼了他那个时代的思想。

二十五岁那年，他丢掉了御用乐师的工作，从此再也没返回过宫廷。从此，他就靠开音乐会和卖作品为生。他的作品有很多，价值也很高，价格却很低。

他成了独立艺术家，那时候独立还是个稀罕物，他也为独立付出了高昂的代价。他因自由而受惩罚，淹死在债务里：他创作了那么多好音乐，世界欠他太多，他却在欠债的窘境中死去。

假发

在凡尔赛的宫廷里，一百多位发型师终日紧张工作。他们纵身一跳就越过英吉利海峡，空降在英国国王或约克公爵或其他奴隶贩子的脑袋上。这些顾客都竭力把法国时尚强行推销给英国上流贵族。

男用假发诞生于法国，它的用途是显示阶级特权，而非遮掩秃顶。用天然人发制作、撒上滑石粉的假发套是最昂贵的，每天早上戴起来也最费劲。

高贵的阶层,高耸的塔楼:贵妇们头戴假发,佐以复杂的金属丝网,金属丝网层层向上,缀满羽毛和花朵。头顶平台可以放上小帆船或带有各种小牲畜的农场。把这些全部建好不是易事,能在头顶上举着不掉下来,就是一项壮举了。此外,她们还要把全身缩在肥大的硬衬布裙里,行动艰难,走路时很容易互相撞着。

梳头和穿衣占据了贵族生活几乎所有的时间和精力。余下的那一点时间则用来赴宴。如此多的牺牲,耗尽了贵妇和绅士的气力。当法国革命中止了他们的大餐、移除了他们的假发和肥裙时,他们都没有什么抵抗。

低贱的手工

1783年,西班牙国王颁布法令,手工劳动不再是不体面的工种了。

在此之前,所有靠双手劳动为生或曾以此为生的人,或其父辈祖辈从事这些低贱工作的人,都不配享有"堂"的尊称。

从事低贱工作的人是

耕种土地的人、

打磨石头的人、

加工木料的人、

做零售买卖的人、

裁缝、

剃头匠、
香料贩
和鞋匠。
这些低等人都得交税。
而不用交税的人是
军人、
贵族
以及神甫。

革命的手工

1789年,巴士底狱被愤怒的民众攻占。

在整个法国,生产者都奋起反抗寄生阶级。民众拒绝继续缴纳养肥了王室、贵族和教会的什一税。这些人、这些机构,外表威严,却从来没有一点作用。

国王和王后逃跑了。马车往北方、往边境疾驰而去。小王子们装扮成侍女。他们的女老师打扮成男爵夫人的模样,带着俄国护照。国王路易十六当她的管家,王后玛丽·安托瓦内特成了她的女用人。

他们到达瓦伦时,天色已经完全黑下来了。

突然,从阴影中冒出一群人来,把马车团团围住。他们活捉了国王夫妇,把他们送回了巴黎。

玛丽·安托瓦内特

国王没什么好说的,王后玛丽·安托瓦内特才是众人憎恨的对象。法国人厌恶她,因为她是外国人,因为她在王室举办的典礼中打呵欠,因为她不穿紧身胸衣,因为她有情夫,还因为她挥霍无度。她被叫作"赤字夫人"。

演出吸引了众多人前来观看。当玛丽·安托瓦内特的头颅滚落在刽子手的脚边时,人群中爆发出一阵欢呼。

赤裸裸的头。没有项链。

全法国都相信,王后曾买下全欧洲最贵的首饰,那条项链有六百四十七颗钻石。所有人也都相信,她曾说,如果人民吃不到面包,可以让他们吃蛋糕嘛。

《马赛曲》

世界上最著名的国歌诞生在世界历史的一个著名时刻。它也诞生于创作了它的手和第一次把它哼唱出来的嘴:这首歌曲名不见经传的作者鲁日·德·利勒上尉的手和嘴,他是一夜之间把歌写好的。

歌词来自街头的呐喊,乐曲喷涌而出,仿佛一直暗藏在作者胸中,等待飞出的时刻。

时为1792年,动乱的时刻:普鲁士的军队正在进发,要剿灭法国革命。吼声、口号声打破了斯特拉斯堡街道的宁静:

"公民们,拿起武器吧!"

临时集结的莱茵军团开往前线,保卫革命。鲁日创作的战歌给战士们打气。歌声响起,振奋人心;两个月后,谁也不知道是怎么回事,这首歌竟在法国的另一端重现。马赛志愿军高唱这首气势强大的战歌奔赴战场,从此它就被叫作《马赛曲》,整个法国都加入合唱中来。民众唱着《马赛曲》,打进了杜伊勒里宫。

作者却成了囚徒。鲁日上尉有叛国的嫌疑,因为他不理智地对吉约坦夫人[1]唱反调,而她是革命中最锋利的意识形态专家。

最后,他从监狱里出来,没了军服,也没了薪水。

在后来的岁月中,他艰难维持生计,被跳蚤蚕食,遭警察驱赶。每当他说起他是革命战歌之父时,人们就当面笑话他。

国歌

世界上已知的第一首国歌于1745年诞生在英国,没人知道作者是谁。歌词宣称,英国要把那些苏格兰反叛者踏扁,把"这些无赖的阴谋诡计"击得粉碎。

半个世纪后,《马赛曲》发出号召,革命将"用侵略者的脏血浇灌法国的田野"。

19世纪初,美国国歌预先展露了得到上帝护佑的帝国野心:

---

[1] 即断头台。

"我们应去征服，正义属于我方。"同一世纪末，德国人唱着德意志"高于一切"的国歌，为威廉皇帝竖起三百二十七尊雕像，为俾斯麦侯爵竖起四百七十尊雕像，以此巩固他们迟来的国家统一。

一般来说，国歌都是通过威胁、谩骂、自夸、颂扬战争、歌颂杀戮与死亡的光荣使命来确立本民族的身份。

在拉丁美洲，这些歌颂英雄的丰功伟绩的盛大排场，倒像是殡仪馆老板的作品：

乌拉圭国歌让我们在祖国和坟墓之间择其一，

巴拉圭国歌让我们在共和国和死亡之间择其一，

阿根廷国歌劝我们光荣地宣誓献出生命，

智利国歌宣称智利的土地将成为自由人的坟墓，

危地马拉国歌号召人们要么战胜敌人要么就去死，

古巴国歌宣称生就是为祖国而死，

厄瓜多尔国歌认为英雄们的集体死亡会孕育丰饶新生，

秘鲁国歌赞美秘鲁大炮有多骇人，

墨西哥国歌建议用血的浪涛浸润爱国者的旗帜，

而哥伦比亚国歌则在英雄的鲜血中浸泡，以热带的激情在温泉关激战[1]。

---

[1] 温泉关战役是古代波斯与希腊之间的一次著名战役，"斯巴达三百勇士"的典故即来自该战役。

奥兰普

作为法国革命象征的都是女性人物，大理石或青铜打造的女人像，袒露在外的巨乳，弗里吉亚帽，旗帜迎风飘展。

革命颁布了人权与公民权宣言，女革命者奥兰普·德古热提出女人权与女公民权宣言，却因此获罪。革命法庭对她进行审判，她在断头台上丢了脑袋。

奥兰普在断头台下发问：

"我们女性有资格上断头台，为什么没资格上演讲台呢？"

她们不能上。她们不能说话，不能投票。国民议会解散了所有的妇女政治协会，严禁妇女和男人站在一起平等地讨论问题。

加入奥兰普·德古热的斗争的女战友们被关进了疯人院。奥兰普被处决后不久，轮到罗兰夫人。她是内政部长的夫人，但即便如此也没能免于一死。她的罪名是"反自然地热衷于政治活动"。她背叛了自己的妇女属性。女人天生就该料理家务、生产健壮的子女，她却胆大妄为到插手国事的地步，国事是只属于男人的，此罪当死。

断头台的铡刀又一次飞落。

吉约坦夫人

一扇高高的门，没有门，只有门框。一个空空的框架。在框架高处，悬着致命的刀锋。

它曾有过好几个名字:"机器""寡妇""剃须刀"。斩了路易国王的头后,它就被唤作"小路易莎"。最后它定了名:吉约坦夫人。

约瑟夫·吉约坦竭力反对却无济于事。他千百次地证明,这个四处散布恐惧、吸引围观人群的女刽子手不是他的女儿。谁也听不进这位强烈反对死刑的医生的辩解:不管他怎么说,人们还是相信,他就是巴黎各广场最具人气的表演节目的女主演的父亲。

人们也相信,并且至今仍然相信,吉约坦也是被吉约坦夫人砍了头。事实上,他安安稳稳在病床上咽下最后一口气,他的头还是牢牢地连在身子上的。

吉约坦夫人一直工作到1977年。她的最后一次任务是在巴黎监狱的天井里完成的。一台电力操纵的机器,速度极快,处死了一个阿拉伯移民。

革命掉了脑袋

为了破坏革命,地主们把自己的收成付之一炬。饥饿幽灵在城市中游荡。奥地利、普鲁士、英国、西班牙和荷兰这几个王国正在准备反击具有传染性的法国革命。这场革命有辱传统,威胁着王冠、假发和教士袍组成的神圣三位一体。

受内外夹击,革命在蒸发。人民是观众,见证着以革命之名所行之事。没多少人投入辩论。没时间辩论。要排队吃饭。

意见不合,就上断头台。因为法国革命所有的领导者都敌视君主制,但有些人在心里还装着一个国王,通过革命权利这新的神权，他们就成了绝对真理的主人，要求绝对权力。谁胆敢提出不同意见，谁就是反革命，就是敌人的盟友，就是外国间谍，就是革命事业的叛徒。

马拉逃脱了上断头台的命运，因为一个神经错乱的女郎把他乱刀捅死在浴缸里。

圣茹斯特受罗伯斯庇尔鼓动，把丹东告上革命法庭。

被判处死刑的丹东要求一定要把他的头颅挂出来供好奇的观众欣赏，并把他的睾丸作为遗产赠给罗伯斯庇尔。他说他需要这对玩意儿。

三个月后，圣茹斯特和罗伯斯庇尔也被砍了头。

不知不觉地，陷于混乱和绝望的共和国恢复了君主制秩序。一开始宣扬自由、平等、博爱的革命最终为拿破仑·波拿巴的专制开辟了道路。拿破仑建立了他自己的王朝。

毕希纳

1835 年，德意志各家报纸刊出官方发布的一条公告：

通　缉

格奥尔格·毕希纳，达姆施塔特人氏，医学生，
二十一岁，灰色眼睛，前额突出，大鼻子，小嘴，近视。

毕希纳扰乱社会秩序，组织贫苦农民犯事，背叛自己的阶级，警察一直在追捕他。

没过多久，他死了，享年二十三岁。

他死于高烧：这样少的时间里，如此多的生命力。他在四处亡命的生活中断断续续地创作剧本：《沃伊采克》《莱翁采和莱娜》《丹东之死》，这些作品提前一个世纪诞生，它们后来奠定了现代戏剧的基础。

在《丹东之死》中，这位德意志革命者直面痛苦、不带慰藉，勇敢地把法国革命的悲剧命运展现在舞台之上。这场革命一开始宣扬"自由的专制统治"，到头来却成了断头台的专制统治。

白人的诅咒

海地黑奴狠击了拿破仑·波拿巴的军队。1804年，废墟上竖起了自由人的旗帜。

然而，海地这个国家已经从头到脚完全被摧毁了。在原先属于法国人的甘蔗种植园的祭坛上，已有不计其数的土地和手臂被拿来献祭。战争的灾难又灭绝了三分之一的人口。

独立的诞生和奴隶制的死亡是黑人的伟大功绩，对于主宰着世界的白人来说，却是不可饶恕的羞辱。

那个犯上作乱的海岛先后埋葬过十八位拿破仑麾下的将军。这个在血污中分娩出来的崭新国家，一出生就遭受封锁和孤独的责罚：谁也不买它的东西，谁也不卖东西给它，谁也不肯承认它。

因为对殖民主子不忠，海地被迫向法国支付巨额赔款。在将近一百五十年的时间里，海地一直在赎它的尊严之罪，法国强迫它付出如此代价，才肯最终在外交上承认这个国家。

再没有别的国家承认海地。西蒙·玻利瓦尔的大哥伦比亚共和国也没有承认它，尽管他的成功要感谢海地提供的一切。海地给了他运输船、武器和士兵，唯一的条件是他要解放所有奴隶。这一点，这位"解放者"自己也没有想到。后来，在独立战争获胜后，玻利瓦尔拒绝邀请海地参加美洲新成立国家的代表大会。

海地仍是美洲的麻风病人。

托马斯·杰斐逊一开始就警告，要把传染病控制在那个海岛之内，因为那个地方会流传出坏的榜样。

传染病、坏榜样：不服从、混乱、暴力。在南卡罗来纳州，从停靠在港口的船上下来的任何一个黑人船员都可以被投入监狱，这是法律所允许的，因为他们有可能把反奴隶制的热病传染给当地人。这种热病威胁着所有的美洲国家。在巴西，它的名字叫"海地症"。

杜桑

他是奴隶的儿子，一生下来就是奴隶。

他患有佝偻病，面貌丑陋。

他在与马和植物的长谈中度过童年。

岁月让他做了他主人的马车夫和私家花园的兽医。

他连一只苍蝇都没有打死过，战争却把他推上了他如今所在的位置。现在，他名叫杜桑·卢维杜尔，因为他总能挥剑击破敌人的防守[1]。这位临时挂帅的将军也懂得训练他手下那些由从不识字的奴隶所转化过来的士兵。他结合自己幼时听来或自创的小故事，给士兵们讲解革命的"为什么"和"怎么样"。

1803年，法军已经到了山穷水尽的地步。

拿破仑的妹夫勒克莱尔将军向他发出邀请：

"我们来谈谈。"

杜桑接受了邀请。

他们逮捕了他，给他上了镣铐，把他送上船。

他被关进法国最寒冷的城堡里，受冻而死。

奴隶制死了好多次

翻开任何一本百科全书，看看哪个国家率先废除了奴隶制。百科全书答：英国。

的确有那么一天，雄踞世界贩奴冠军宝座的大英帝国改变了主意。它通过计算发现，人肉买卖已经不像过去那么有利可图了。伦敦是在1807年发现奴隶制不划算的，但这条消息并不能让人信服，以致伦敦在三十年后不得不把这条消息重复两次。

法国革命的确解放了殖民地上的奴隶，但号称"不朽"的解

---

[1] 在法语中，"卢维杜尔"有打开、破开之意。

放法令不久之后就被拿破仑·波拿巴扼杀。

第一个获得自由的国家，真正获得自由的国家，是海地。海地比英国提前三年废除了奴隶制，那一夜在篝火的映照下亮如白昼，人们欢欣鼓舞，庆祝独立斗争的胜利，恢复了这个国家曾被遗忘的原名。

死去的，还能讲话

在19世纪，废奴的口号同样也在各个新生的拉美国家不断重复。

重复是无能的明证。1821年，西蒙·玻利瓦尔宣布奴隶制死亡。三十年后，死去的奴隶制仍享受着健康的生命，哥伦比亚和委内瑞拉又出台新的废奴法令。

1830年宪法公布的那些日子里，乌拉圭的报纸还在刊登这样的广告：

"低价出售黑人鞋匠一名。"

"售女仆一名，新近产仔，宜作乳母。"

"售黑妹一名，十七岁，无不良嗜好。"

"售黑白混血女一名，手脚麻利，可承担庄园中一切活计，兼售大垃圾桶一只。"

乌拉圭早在五年前的1825年就颁布了第一部禁止买卖人口的法律，后又分别在1842年、1846年和1853年重新颁布这部法律。

巴西是美洲最后一个、全世界倒数第二个宣布废奴的国家。在那里，直到19世纪末，奴隶制还是合法的。之后奴隶制继续存在，不过不再合法；直到今天，奴隶制仍未彻底消失。1888年，巴西政府下令焚毁现存所有与奴隶制有关的文书。于是，在巴西历史上，奴隶劳动被官方一笔勾销。它未曾存在，就死于无形；它虽已死亡，却继续存在。

伊克巴尔生平纪事

在巴基斯坦和另外一些国家，奴隶制仍然存在。

穷人家的小孩都是一次性使用的物品。

伊克巴尔·马依斯四岁时，他的父母以十五美元的价格将他卖出。

买主是一个地毯织造商。伊克巴尔给拴在织机旁，每天劳动十四个小时。十岁的时候，伊克巴尔就已驼背，他的肺也衰竭似老人了。

那一年他借机脱逃，走上流亡之途，成为巴基斯坦童奴的发言人。

1995年，他十二岁，一颗子弹把他从自行车上掀落在地。

禁止做女人

1804年，拿破仑·波拿巴自封为皇帝，颁布了一部民法典，即所谓的"拿破仑法典"，至今它仍是供全世界参照的法律范本。

这部由大权在握的资产阶级写就的经典作品歌颂双重道德标准，把财产权提升到法律圣坛的最高位置。

已婚妇女的一切权利都被剥夺，与孩童、罪犯和弱智一样。她们必须对丈夫言听计从。无论丈夫去往何处，她们都有义务跟随在后，她们的一切行动都须经丈夫授权，除了呼吸。

法国革命把离婚简化为一项不怎么费事的手续，拿破仑却对此加以限制，只有发生严重过失，才可离婚。丈夫可以因妻子与他人通奸与她离婚。妻子只有在她的花心丈夫让情妇睡上夫妻共用的床时，才可与之离婚。

婚外有奸情的丈夫，最坏的情况是支付罚款。婚外有奸情的妻子，无论哪种情况都必须坐牢。

法典并不允许杀死被当场捉奸的女人。但是，若是丈夫遭到背叛、将妻子当场处死的情况，一贯由男人担当的法官们就吹吹口哨，眼睛往另一边看。

这些规定，这些习俗，在法国统治了一百五十多年。

法国的宫廷艺术

在全力攻克欧洲诸国的征途中，拿破仑率领大军翻过阿尔卑斯山。

雅克-路易·大卫将此景表现在画作中。

在这幅画上，拿破仑身着法军统帅华服。金色的斗篷迎风飘扬，潇洒之美恰到好处。他抬起一只手指向天空。他的矫健战马一身洁白，鬃毛和尾巴毛好似在美发店里烫过一般，高抬两蹄配合拿破仑的英姿。地面上的岩石刻着拿破仑及其同行的名字：汉尼拔、查理大帝。

事实上，拿破仑并没有穿军装。当时，他全身缩在一件把他的眼睛都盖住的灰色大衣里，骑着头棕毛骡子，打着冷战穿越这高寒地带。骡子行进在那些没有名字的湿滑的岩石上，小心翼翼，生怕一跤跌落深渊。

贝多芬

他在囚禁中度过童年，他信仰自由如同信仰宗教。

他为自由而把他的《第三交响曲》献给拿破仑，之后又把献词统统抹除，

他创作音乐，不惧别人怎么说，

他嘲笑王公贵族，

他总是与整个世界格格不入，

他孤独而贫困，他被迫搬了六十多次家。

他痛恨审查制度。

经过审查，诗人弗里德里希·冯·席勒的《自由颂》改了名字，成为《第九交响曲》的《欢乐颂》。

在维也纳，《第九交响曲》的首场演出中，贝多芬为自己报了仇。他以狂放无拘的热情指挥乐队和合唱团奏乐高歌，遭到审查的颂歌成了献给自由的欢歌。

作品演奏完，他仍背对着观众，直到有人帮他转过身子，他才看到了他的耳朵无法听见的热烈欢呼。

新闻通讯社的诞生

位于布鲁塞尔之南的滑铁卢，拿破仑在此与英国人的交锋中完败。

威灵顿公爵、阿瑟·韦尔斯利元帅收获赫赫战功，但真正的胜利者是银行家内森·罗斯柴尔德，他远离战场，未放一枪。

罗斯柴尔德指挥着一支规模极小的信鸽部队。这些速度奇快、训练有素的信鸽把消息捎到伦敦。因此，他先于所有人知道拿破仑已经战败，但他却散布传言说法军取得决定性胜利，并且为了迷惑市场，把他持有的一切属于英国的债券、股票和钱钞抛售一空。顷刻之间，所有人纷纷跟风，因为罗斯柴尔德一直是个明白自己在做什么的人。他们把手中的英国证券以垃圾价卖出，以为这个国家已经战败。接着，罗斯柴尔德开始收购。他几乎没花钱就买下了一切。

就这样，英国在战场上得胜，在股市中惨败。

银行家罗斯柴尔德持有的财富猛涨了二十倍，他成了全世界最有钱的人。

过了些年，到了19世纪中叶，最早的一批国际新闻社诞生：哈瓦斯社，即今天的法新社，路透社，美联社……

它们都使用信鸽。

可颂面包的诞生

拿破仑,法国的象征,生于科西嘉岛。他那一贯仇视法国的父亲给他取名为"拿波莱奥内"[1]。

另一个法国标志可颂面包[2]诞生于维也纳。它的名字和外形都与新月相关。新月曾经是也依旧是穆斯林的标志符号。当年,土耳其大军包围了维也纳城。1683年的一天,守军终于击破了敌人的包围圈,当天晚上,在一家糕点作坊的烤炉边,皮特·温达创制了可颂面包:来吧,把败亡的敌人吃掉。

哥萨克人弗兰茨·凯沃尔克·科尔西茨基曾为维也纳而战。他把土耳其军撤退时丢下的数袋咖啡豆要来以作报偿,接着开办了维也纳第一家咖啡馆:来吧,把败亡的敌人喝掉。

法餐的诞生

幻想破灭的革命者让·昂泰尔姆·布里亚-萨瓦兰和眷恋前朝的君主派人士格里蒙·德拉雷尼埃创制了今天成为法国标志的法国大餐。

革命已成往事,仆人换了主子。新的秩序诞生,新的阶级掌权,他们便致力于培训得胜的资产阶级的口感。

---

[1] 此为意大利语名。
[2] 即 croissant,意为"增长中的",修饰"月亮"即有"新月"之意。

第一部美食著作的作者布里亚-萨瓦兰说过一句名言："告诉我你吃什么,我就告诉你你是什么样的人。"他还说过:"发明一道新菜对人类幸福的贡献胜于发现一颗新星。"他的智慧来自他的母亲奥萝拉,这位专家活到九十九岁的时候在餐桌上去世:她感觉不舒服,就把杯中的葡萄酒一饮而尽,又叫人赶紧送甜点上桌。

格里蒙·德拉雷尼埃是美食专栏的创始人。他发表在报刊和挂历上的那些小品文引导着各个餐馆的厨艺制作。在这些餐馆里,吃得好的艺术不再是专属贵族沙龙的享受。这个手艺超凡的人没有手:德拉雷尼埃,既会摇笔杆又深谙掌勺之术的大师,生下来时就没有手,靠一副铁钩写作、做菜和吃饭。

戈雅

1814年,斐迪南七世在弗朗西斯科·德·戈雅面前摆好姿势。这没什么奇怪的。身为西班牙宫廷画师的戈雅正在为新的君主画肖像画。不过,这位艺术家和这位国王互相看不上。

国王认为这幅宫廷绘画只是在虚假地表现和气。他的猜测完全有理。画家只是在履行他的糊口差事,这份差事不仅为他提供面包,也能保护他免受神圣宗教裁判所的迫害。他画过《裸体的玛哈》,他的许多作品都对教士的道德和军人的英勇大加嘲讽,上帝的法庭一直有意要把他活活烧死。

国王拥有权力,艺术家却什么都没有。斐迪南登基后重建宗教裁判所,恢复贵族特权,一大群人簇拥着他,为他高呼:

"锁链万岁!"

戈雅暂时丢掉了宫廷画师的职位,取而代之的是比森特·洛佩兹,这是个听话的拿画笔的官僚。

被解雇的艺术家躲进曼萨纳雷斯河边上的一间小房子里,在屋内的几面墙上留下了他的杰作"黑色绘画"系列。

在那些孤独与绝望的夜晚,在遍插帽檐的蜡烛的映照下,他为自己而画,纯粹为他的开心或不开心而画。

于是,这位完全失聪的聋人听到了他那个时代的碎裂之音,他给它们赋予了形态和色彩。

马莉亚娜

1814年,斐迪南国王杀死了佩芭。

"佩芭"是《加的斯宪法》的俗称,这部两年前出台的宪法废除了宗教裁判所,明确允许自由办报、行使投票权等放肆行为。

国王决定让佩芭彻底消失。他宣布这部宪法是"无用的,没有任何价值,没有任何效力,这些行为好似从未发生过,应当从时间中清除"。

接着,为了把反对专制王权的人也从时间中彻底清除,西班牙遍地竖起了绞刑架。

1831年的一天,一大早,在格拉纳达城的一道城门前,刽子手转动绞棍,直到铁链绞断马莉亚娜·皮内达的脖颈。

她是个有罪之人。她的罪行包括缝制一面旗帜、包庇阴谋夺取自由之人和拒绝向审理此案的法官献媚。

马莉亚娜度过了短暂的一生。她喜欢被禁止的思想、被禁止的人、黑色头纱、巧克力和温柔之歌。

折扇

加的斯的警察管她们叫"自由女"。她们正在传递密码,图谋造反。

这种用折扇表达的秘密语言,是她们从久居安达卢西亚土地上的祖母那里学来的,既能用来违抗丈夫,也能用来违抗国王:缓缓打开,迅疾收起,如波起伏,如翅扑闪。

如果女人用合上的扇子拨开额前的头发,她就在说:"莫忘我。"

如果她把眼睛藏在打开的扇子后头:"我爱你。"

如果她把扇子打开贴在唇上:"吻我。"

如果她把嘴唇靠在收起的扇子上:"我不相信。"

如果她用一根手指来回蹭扇子骨:"我们得谈谈。"

如果她边摇扇子边往阳台的方向伸脖子:"我们外头见。"

如果她进门时收起扇子:"今天我出不去。"

如果她用左手摇扇子:"别相信这个女人。"

阿根廷的宫廷艺术

1810年5月25日：布宜诺斯艾利斯上空飘起了雨。一群雨伞之下，是一群礼帽。有人在分发装点礼帽的蓝白两色的花结。这些身着燕尾服的先生聚集在今天叫作五月广场的一块空地上，高呼着祖国万岁，要求总督滚蛋。

在未经小学生课本彩画矫饰的真正现实中，没有礼帽，没有花结，没有燕尾服，大概连雨和雨伞都没有。当时，市政厅外站着一堆人，他们聚在一起声援市政厅内正在讨论独立的少数几个人。

厅内的这几个人，有店主、走私贩子、睿智的博士和军官，他们成了显赫人物，他们的名字被用来命名市内的主要街道。

他们刚刚宣布独立，就引入了自由贸易。

就这样，布宜诺斯艾利斯的港口将民族工业扼杀在胚胎之中。当时，在科尔多瓦、卡塔马卡、图库曼、圣地亚哥德勒斯泰罗、科连特斯、萨尔塔、门多萨、圣胡安等地，在纺纱作坊、织布作坊、酿酒作坊、皮革作坊及其他手工作坊里，民族工业正在缓慢诞生。

几年之后，英国外相乔治·坎宁为西班牙美洲殖民地的解放举杯庆祝：

"说西班牙语的美洲是英国的了。"他举起酒杯说。

连铺路石都是英国的了。

未曾实现的独立

解放美洲的诸位英雄是这样结束生命的。

被枪毙的：米盖尔·伊达尔戈、何塞·马丽亚·莫雷洛斯、何塞·米盖尔·卡雷拉和弗朗西斯科·莫拉桑。

被暗杀的：安东尼奥·何塞·德·苏克雷。

被绞死并分尸的：蒂拉登特斯。

被放逐的：何塞·阿尔蒂加斯、何塞·德·圣马丁、安德烈斯·德·桑塔克鲁斯和拉蒙·贝坦塞斯。

被囚禁的：杜桑·卢维杜尔和胡安·何塞·卡斯特伊。

何塞·马蒂倒在战场上。

西蒙·玻利瓦尔在孤独中离世。

1809年8月10日，整个基多城都在欢庆解放的时候，一只无名的手在一堵墙上写下这样的文字：

> 专制的最后一天
> 也是专制的头一天。

两年后，安东尼奥·纳里尼奥[1]在波哥大说：

"我们换了主人。"

---

[1] 安东尼奥·纳里尼奥（1765—1823）是新格拉纳达殖民地解放运动的先驱之一。

失败者

他在沙漠中布道,孤零零地死去。

西蒙·罗德里格斯曾做过玻利瓦尔的老师。他在大半个世纪的时间里都骑着骡子漫游美洲,创建学校,发表谁也不想听的言论。

一场大火带走了他几乎所有的文稿。以下是幸存的一些文字。

* 关于独立:

> 我们独立了,但还没有自由。为这些可怜的人民做些什么吧,现在他们还不如过去那般自由。从前他们有个牧人国王,在他们死掉后才吃他们。现在,谁先到,谁就把他们活活吃掉。

* 关于思想上的殖民主义:

> 在美洲,欧洲的智慧和美国的繁荣是思想自由的两个敌人。新生的共和国都不愿接受任何没有凭证的东西……既然你们想模仿一切,那就模仿人家的原创性吧!

* 关于商贸殖民主义:

> 有些人把自己的港口泊满外来的船称为繁荣,把自

己的家变成外人货品的仓库称为繁荣。每天都有一批成衣到岸,其中甚至有印第安人用的帽子。不久之后我们就能看到印着王室徽章的金色小袋子,里面装着"以新法制成"的漂白土,专供那些顿顿吃泥土的孩子食用。

* 关于大众教育:

强迫学生死记硬背他们不甚了了的东西,就是在培养鹦鹉。让孩子们成为爱问问题的人吧,这样他们才能养成听从理性的习惯:智力有限的人才会服从权威,愚笨之人才会服从习惯。一无所知的人,任何人都能骗他。一无所有的人,任何人都可以收买他。

阿尔蒂加斯

死亡的建筑学是军人的一项特长。

1977 年,乌拉圭独裁政府竖立墓碑纪念何塞·阿尔蒂加斯。

这个奇丑无比的巨型建筑是一座豪华监狱:他们有理由认为,这位英雄会在离世一百五十年后复活,从墓中爬出。

为了装点陵墓和掩盖他们的企图,独裁政府开始搜集英雄的名句。但是,这个进行了美洲第一次农业改革的人,这位自称"公民阿尔蒂加斯"的将军,曾说最不幸的人应当成为享有最多特权的人,也说过永远不会因一时之需低价出售我国的宝贵遗产,还一而再再而三地强调，他的权力来于人民，也止于人民。

军人们没有找出一句不算危险的话来。

他们决定让阿尔蒂加斯当哑巴。

在黑色大理石墙面上，除了日期和名字，什么都没有。

两位叛徒

多明戈·福斯蒂诺·萨米恩托对何塞·阿尔蒂加斯很反感。他最恨的人就是阿尔蒂加斯。

"背叛自己种族的人。"他这么称呼阿尔蒂加斯，事实就是如此。阿尔蒂加斯生着白皮肤和浅色眼珠，却与混血高乔人、黑人和印第安人并肩战斗。他被打败后流落天涯，在孤独和遗忘中死去。

萨米恩托也背叛了自己的种族。只需看看他的画像便知。在一场与镜子搏杀的战争中，他宣称要消灭那些深色皮肤的阿根廷人，并着手行动，只待用白皮肤、浅色眼珠的欧洲人来取代他们。他当了阿根廷总统，接受荣誉和颂扬，成为显赫要人和不朽的英雄。

宪法

蒙得维的亚的主干道叫七月十八号大道，那是乌拉圭宪法的诞生日，举办第一届世界足球锦标赛的体育场便是为了庆祝宪法百年华诞而建的。

抄袭自阿根廷宪法草案的1830年宪法对妇女、文盲、奴隶和一切"领薪家仆、短工和一线低级士兵"的公民权不予承认。每十个乌拉圭人中只有一个拥有成为新国家公民的权利，在乌拉圭的第一次选举中，百分之九十五的乌拉圭人没有投票。

在整个美洲，从北到南都是这样。我们这些国家都是在欺骗中诞生的。为独立舍生忘死奋斗过的人得不到新政权的承认，盛宴的来宾名单中没有女人、穷人、印第安人和黑人。宪法对这种恶意删除的做法授予特许。

玻利维亚拖了一百八十一年才知道，这是一个印第安人占人口绝大多数的国家。2006年，艾马拉印第安人埃沃·莫拉莱斯在获得雪崩一般的选票后当选为该国总统。

同一年，智利终于明白有一半的智利人是女人，米歇尔·巴切莱特当选为总统。

洪堡评美洲

19世纪初，亚历山大·冯·洪堡来到美洲，深入它的腹地。几年后，他写道：

*关于社会阶层：

墨西哥是个不平等的国度。权力和财富上的巨大不平等触目惊心。一个人在社会上处于哪个阶层，由其皮肤的白皙程度决定。

*关于奴隶：

没有哪个地方像安的列斯群岛这样，不论是法属、英属、丹属还是西属安的列斯群岛，都让欧洲人感到耻辱。在这些地方，争论哪个国家给黑人的待遇最好，就像是选择被刀戳死还是被剥皮而死。

*关于印第安人：

在所有的宗教中，没有哪一种宗教能像基督教那样善于掩饰人的不幸。谁要亲眼瞧见那些可怜的美洲人是怎样苟活于教士的皮鞭底下的，绝不会对欧洲人和他们的神权统治再有半点了解的兴趣。

*关于美国的扩张：

我一点也不喜欢美国人的征服战争。我祝愿他们在热带墨西哥遭遇厄运。他们最好还是待在自己家里，别把他们疯狂的蓄奴制传播开来。

生态学的诞生

这位既勇敢又怀有好奇心的德国人很是为可持续发展操心,尽管那时候远没有"可持续发展"这种说法。在所有的地方,他都为自然资源的多样性惊叹不已,也为人们对这些自然资源缺乏敬意而深感惊骇。

在奥里诺科河中的乌鲁安纳岛上,洪堡注意到,印第安人并不会把海龟产在沙滩上的蛋尽数取走,这样才能让海龟继续繁殖后代,但欧洲人并没有学会这一好习惯,他们贪婪无比,把大自然赐予的伸手可及的宝藏损耗殆尽。

为什么委内瑞拉的瓦伦西亚湖会有飞流直下?因为殖民种植园毁掉了原始森林。洪堡说,老树可以延缓雨水蒸发、避免水土流失、保证河水和雨水之间维持平衡状态。原始森林的死亡导致凶猛的旱灾和势头不可阻挡的洪灾:

"不光是瓦伦西亚湖,"他说,"这个地区所有河流的流量都在日益减少。高山上的树木都被砍光了。欧洲殖民者把森林都毁掉了。河流在一年中的大部分时间都是干涸的,山间一旦降雨,就会变成吞噬原野的洪流。"

把玻利维亚从地图上抹掉

1867年的一个晚上,巴西大使在玻利维亚独裁者马里亚诺·梅尔加雷赫的胸前别上了一枚帝国大十字荣誉勋章。梅尔加雷赫常常赠出玻利维亚的地块以换取勋章或良马。那天晚上,他热泪盈眶,他只不过向大使赠送了六万五千平方公里的盛产橡胶的雨林而已。有了这份礼物,加上战争夺来的二十万平方公里的雨林,巴西拥有了足以供应世界市场的流橡胶泪的树林。

1884年,玻利维亚输掉了另一场战争,这回是跟智利。这场战争史称"太平洋战争",但实际上是一场硝石战争。闪着白光铺满地面的硝石,是欧洲农业最急需的肥料,也是重要的军工原料。约翰·托马斯·诺斯,这个喜欢在派对中扮成亨利八世的英国企业主,把原属于秘鲁和玻利维亚的所有硝石都吞吃一空。智利打了胜仗,他发了财。秘鲁损失惨重,玻利维亚也损失惨重,丢掉了出海口、四百公里的海岸线、四个港口、七个小海湾和十二万平方公里的富含硝石的沙漠。

直到在拉巴斯城发生一起外交纠纷后,这个被肢解多次的国家才被正式从地图上抹掉了。

也许是真的,也许是假的。这个故事我听过好多次,我就这么讲吧:酒鬼独裁者梅尔加雷赫在欢迎英国派来的使节时递给他一杯奇恰酒,奇恰酒是用发酵的玉米制成的,一直是玻利维亚的国饮。英国外交官表示感谢,盛赞了一通奇恰酒的种种优点,然后说他还是更喜欢喝巧克力。于是,总统就客客气气地给他上了满满一个大瓮的巧克力。于是大使就被迫受罪,喝了一整晚的巧克力,直到喝完最后一滴,到了次日早上,他给架到一头毛驴背上,倒骑毛驴穿过该城的大街小巷。

维多利亚女王在她的白金汉宫中闻知此事后,命人拿来一幅世界地图。她要搞清楚这个叫玻利维亚的鬼国家在哪儿。她拿起

粉笔在这个国家的位置上打了个叉,然后裁定说:

"玻利维亚,没这个国家。"

墨西哥地图被吞吃

1833年至1855年间,安东尼奥·洛佩兹·德·桑塔安纳十一次出任墨西哥总统。

在此期间,墨西哥丢掉了得克萨斯、加利福尼亚、新墨西哥、亚利桑那、内华达、犹他以及科罗拉多和怀俄明的大部。

墨西哥以一千五百万美元的低廉价格缩减了一半的领土,损失了不少士兵。他们是印第安人和印欧混血人,从来不在统计当中。

肢解行动是从得克萨斯开始的,那个时候它还叫得哈斯。当时的得哈斯是禁止蓄奴的。山姆·休斯敦和斯蒂芬·奥斯汀这两个黑奴主子主导了侵略战争,重建了蓄奴制。

这两个霸占别人家土地的强盗,现在成了自由的英雄和国家伟人。他们的名字被用来命名卫生和文化机构。休斯敦为重病患者做诊疗或送去安慰,奥斯汀则为学人增添荣光。

中美洲地图被撕碎

弗朗西斯科·莫拉桑没有死于第一次枪击。他奋力爬起,自己下令瞄准,下达开火的命令。

接着，致命的一击打碎了他的头。

中美洲也给打碎了。碎成五块，现在是六块。这六个在今天互不了解、互相憎恶的国家，在莫拉桑的时代是一个统一的共和国。

他在1830年至1838年间领导中美洲。他希望中美洲统一，也为之而战。

在他的最后一战中，他集合了八十个人对抗五千人。

当他被绑在马背上进入哥斯达黎加的圣何塞城时，一大群人默默地望着他过去。

片刻之后，他接受审判，被枪决，接着又遭雨水连击多时。

当莫拉桑在洪都拉斯出生时，那里没有一家公立学校，也没有一家穷人能在下葬前进去一次的医院。

莫拉桑在洪都拉斯和整个中美洲把修道院改建成学校和医院，教会高层就控诉他，说他是被从天上撵下来的魔鬼，说他一手制造了天花的流行和旱灾的肆虐，把教会针对他发动的战争也说成是他的过错。

莫拉桑倒下十三年后，威廉·沃克侵入这块地区。

替天行道之人

1856年，威廉·沃克自封为尼加拉瓜总统。

就职典礼包括演讲、阅兵、弥撒，以及一场干杯五十三次、畅饮欧洲葡萄酒的盛宴。

一个星期后，美国大使约翰·H.威勒正式承认新任总统，在讲话中把这个人比作克里斯托弗·哥伦布。

沃克在尼加拉瓜强制推行路易斯安那州的宪法，恢复了三十年前在整个中美洲被废除的奴隶制。他这样做是为了照顾黑人，因为"低劣的种族如果没有一个白人主子来引导他们的能量，他们就无法与白人竞争"。

这位来自田纳西的绅士，这位"替天行道者"，直接听命于上帝。他长得面目狰狞，总是穿着一身丧服，手下拥有一帮从码头上招来的雇佣兵。这帮匪徒自称"金环骑士团"，也谦虚地自称为"不朽长枪队"。

"要么五个全拿，要么一个不拿"，沃克叫嚣着，开始征战中美洲。

这五个互相疏远、互相仇恨、纷争不断的中美洲国家终于暂时恢复了团结：联合起来抗击威廉·沃克。

1860年，他被枪决。

改换地图

1821年，"美国殖民公司"买下非洲的一块土地。

这个新国家的受洗仪式在华盛顿举行。这个新国家被称为"利比里亚"，它的首都被叫作"蒙罗维亚"，以纪念时任美国总统的詹姆斯·门罗。这个国家的国旗也是在华盛顿设计的，样子跟美国国旗差不多，不过只有一颗星。这个国家的掌权者也在华盛顿选举产生，宪法则在哈佛制出。

这个新生国家的公民是从美国南方种植园出来、或说被赶出来的获得自由的黑奴。

这些做过奴隶的人刚刚从船上下到非洲的土地就变成了主人。原先居住在这里的人，"丛林里的野蛮黑人"，要服从这些从最底层跳到最高层的新到者的指令。

在炮舰的保护下，他们占据了最好的地段，独享投票的权利。

在后续的岁月里，他们把橡胶源源不断地送给凡士通公司和古德里奇公司，向其他美国公司赠送石油、铁和钻石。

他们的继承人至今占总人口的 5%，仍在经营着这块设在非洲的海外军事基地。每回有穷人骚动起来，他们就把美国海军陆战队喊来维持秩序。

改换名字

她是从读数开始学会阅读的。她最喜欢跟数字玩耍，晚上做梦还经常碰到阿基米德。

她的父亲不允许她这样：

"这不是女人干的。"他总这么说。

法国革命创建理工学院的时候，索菲·热尔曼刚满十八岁。她想进去读书，却碰了一鼻子灰：

"这不是女人干的。"

她便开始自教自学、自己摸索、自己创造。

她定期把自己的研究报告寄给拉格朗日教授。索菲总是署名

"安托万-奥古斯特·勒布朗先生",以免这位名师也来这么一句:

"这不是女人干的。"

他们俩以数学家的身份互通了十年的信,最后教授终于知道他原来是她。

自此,索菲成了第一个获准进入清一色男性成员的欧洲科学奥林匹斯山的女人。她在数学领域深入发掘定理,后又在物理学领域引领了弹性表面研究的革命。

一个世纪后,她的贡献让许多工程成为可能,包括建造埃菲尔铁塔。

今天的埃菲尔铁塔上刻着好几位科学家的名字。

索菲不在其列。

在她的年份为1831年的死亡证明上,她给写成"收租人",而不是"科学家":

"这不是女人干的。"公务员说。

爱达生平纪事

十八岁那年,她与她的家庭教师私奔。

二十岁那年,她结了婚,或者说她被逼嫁人,尽管她显然不能胜任家务劳动。

二十一岁那年,她开始自学数理逻辑。这不是一个女士最适宜干的工作,但她的家人还是允许她有此癖好,因为她注定要遗传父亲的疯病,这样做倒有可能让她避免发病,学会理性思维。

二十五岁那年,她创制了一套基于概率理论的精确算法,可用来在赛马场上赢钱。她把家里的珠宝都押了上去,结果输了个精光。

二十七岁那年,她发表了一项革命性的成果。她没有署自己的名字。哪有签着女人名字的科学作品?这件作品让她成为史上第一个计算机程序员:她提出了一种新的给机器分配任务的模式,可以大大节省纺织工人的繁复劳动。

三十五岁那年,她病倒了。医生们诊断为歇斯底里症。其实是癌。

1852年,她离开人世,享年三十六岁。她的父亲、诗人拜伦勋爵也是在这个年纪上死掉的。她从没见过他。

一百五十年后,为了纪念她,人们以"爱达"来命名一种计算机程序语言。

他们原来是她们

1847年,三部小说打动了英国读者。

艾利斯·贝尔的《呼啸山庄》讲述了一个关于激情与复仇的惊心动魄的故事。阿克顿·贝尔的《阿格尼丝·格雷》扒下了家庭制度的虚伪外衣。柯勒·贝尔的《简·爱》赞颂了一个勇敢的独立女性。

谁也不知道,这几位作者都是女性。贝尔三兄弟其实是勃朗特三姐妹。

艾米莉、安妮和夏洛蒂这三位弱女子住在约克郡原野中一个被遗忘的乡村里,守着贞操,靠写诗写小说来排遣孤独。她们闯入男人的文学王国,为了不至于让批评家指责她们放肆无礼,只好戴上男人的面具。但她们的作品还是受到批评家的恶评,被指"粗糙、生硬、怪诞、野蛮、粗鲁、淫荡"……

弗萝拉

弗萝拉·特里斯坦是保罗·高更的外祖母。这位流落天涯的活动家、革命的朝圣者终其坎坷一生,都在与丈夫拥有妻子、雇主拥有工人、主人拥有奴隶的物权制度作斗争。

1833年,她行至秘鲁。她来到利马市郊,参观一座制糖厂。她见识了碾压甘蔗的磨、煮糖浆的锅和最终出糖的提炼场。无论走到哪里,她都能看到来来往往的黑奴,他们一声不吭地劳作着,都没有发觉她的存在。

厂主告诉她说,他拥有九百个奴隶。光景好的时候,他有双倍多的奴隶:

"都是些废物。"他不满地说。

其后他说的话,都不在意料之外:黑人和印第安人一样懒散啦,只有使鞭子才能让他们干活啦,等等。

弗萝拉离去时,发现种植园边上有一座监狱。

她没有请求允许就进去了。

在那里面,在一间囚室的暗影中,她辨认出两个黑女人裸露的躯体，蜷缩在囚室一角。

"她们连畜生都不算，"看守人不屑地说，"畜生还不杀自己生的幼崽呢。"

这两个女奴亲手杀死了她们的幼仔。

她们抬眼望她。她从世界的另一边望着她们。

孔瑟普西雯

她毕生都在奋力反抗地狱，争取妇女的尊严。那个时候，妇女是囚徒，被关在伪装成家庭的监狱里。

她不愿遵从把概念泛化以宽恕罪责的习惯，坚持把面包称作面包，把葡萄酒叫葡萄酒：

"如果所有人都有错，那就没人有错。"她说。

于是，她招来了一些人的敌视。

尽管多年以后，她的声誉无可辩驳，她的国家还是很难确信如是。不光她的国家，还有她的时代。

大概在1840年的时候，孔瑟普西雯·阿雷纳尔穿上两层胸衣把前胸压平，装扮成男人的模样，跑去法律系听课。

大概在1850年的时候，她继续装扮成男人的样子频频参加马德里城中的聚谈会，这些人经常在不合宜的时间聚在一起辩论不合宜的话题。

大概在1870年的时候，著名的英国"霍华德监狱改革学会"任命她为驻西班牙代表。在授权文书上，她的称呼是"康塞普西翁·阿雷纳尔先生"。

四十年后，另一个加利西亚女人艾米莉亚·帕尔多·巴桑成为西班牙的第一位大学女教授。没有一个学生肯屈尊去听她的课。她在空无一人的课堂上讲课。

维纳斯

她原先生活在南部非洲，后被强行掳走，在伦敦出售。

她被取了一个戏谑性的名字："霍屯督人的维纳斯"。

只消花两个先令就可以观赏她。她被关在笼子里，浑身赤裸，乳房奇大无比，要甩到后背上才能喂奶。给双倍的钱就可以摸她的屁股，这可是世界上最大的屁股。

旁有字牌说明，这只野兽一半是人、一半是动物，"文明教化的幸运的英国人身上没有的，她都有"。

她从伦敦转去巴黎。自然史博物馆的专家们想搞清楚，这个维纳斯是不是介于人类和猩猩之间的一个物种。

她死的时候只有二十多岁。杰出的博物学家乔治·居维叶对她进行了解剖。他的结论是，她长着猴子的头盖骨，大脑体积极小，还长着山魈的臀。

居维叶切下她的小阴唇，好大一块肉，塞入一个瓶子里。

两百年后，在巴黎的人类博物馆，这只瓶子还在展示品之列，跟另一个非洲妇女和一个秘鲁印第安女人的生殖器官并排放在一起。

在咫尺之遥的地方，另一组瓶子里，放着几位欧洲科学家的大脑。

美洲深处

维多利亚女王在白金汉宫召见他俩。他们游遍欧洲宫廷，还被邀请去华盛顿到白宫里做客。

巴尔托拉和马克西莫身形极小，世所未见。约翰·亨利·安德森把他们买下，让他们在自己手掌上跳舞，表演给人看。

马戏团的广告把他们称为"阿兹特克人"，尽管根据安德森的说法，他们来自一座深藏在尤卡坦半岛的丛林之中的玛雅城市，在那里，公鸡把头埋在土里咯咯叫，人们头上缠着布，吃人肉。

欧洲科学家研究了他们奇异的头盖骨后诊断说，这些小脑袋里装不下道德守则，巴尔托拉和马克西莫的美洲祖先是没有思考和说话能力的。所以他们只能像鹦鹉那样重复几个词儿，唯一能听懂的，是主人的命令。

空气作餐

19世纪中叶，在伦敦，伯纳尔·卡瓦纳吸引了一大群人围观。他宣称自己能连续七天七夜不吃一口饭、不喝一滴水，还说自己已经有五年半不吃不喝了。

卡瓦纳不卖进场票，但接受捐赠。捐款将直接送到圣灵和圣母手中。

在伦敦演出之后，他又辗转其他城市，进行一场又一场震撼人心的绝食表演。他总是把自己关在笼子里或是密封的房间里，总是接受医生的检查和警察的监护，身边总能聚起一大群急切要一睹为快的观众。

他死后，尸体不见下落。许多人相信，卡瓦纳是自己把自己给吃掉的。他是爱尔兰人，在那个年代，这种事情不算稀奇。

人口过剩的殖民地

家家户户的烟囱口沉默着。1850年，经过四年的饥馑和瘟疫后，爱尔兰的农村变得荒无人烟，没有人居住的房子开始慢慢坍塌。爱尔兰人要么去坟地，要么去北美洲的港口。

土地不出产马铃薯或是其他东西了，只有精神病人的产量在增长。乔纳森·斯威夫特出资修建的都柏林疯人院刚开张时有九十个病人。一个世纪之后，住院人数增加到了三千以上。

在闹饥荒的岁月里，伦敦提供了一点紧急援助，但几个月之后，善款就用光了。大英帝国不肯再继续救助这块不讨喜的殖民地。根据英国首相罗素勋爵的说法，爱尔兰人毫无感恩之心，用叛乱和诅咒来回馈英国人民的慷慨相助，给英国舆论留下了很坏的印象。

负责解决爱尔兰危机的高级官员查尔斯·屈维廉认为，饥荒是天意所为。爱尔兰的人口密度是欧洲最高的，既然人自身无法避免人口过剩，上帝就"以他的智慧富有先见地解决了这个问题，尽管出人意外，却效率极高"。

童话故事的诞生

在17世纪的前半段，詹姆斯一世和查理一世这两位统领英格兰、苏格兰及爱尔兰的国王颁布了几条旨在保护初生的英国工业的措施。他们禁止出口未加工羊毛，强制使用国产纺织品，连丧服也要用国货，并且向相当大一部分来自法国和荷兰的制成品关上大门。

18世纪初，创造了鲁滨逊·克鲁索的丹尼尔·笛福撰写了数篇关于经济与贸易的论文。在他最广为流传的文章中，有一篇强调了国家保护主义在英国纺织工业发展过程中的作用：这两位国王用海关和税收壁垒促成英国制造业的兴盛，要是没有他们的贡献，英国就只能长期充当外国工业的初级羊毛供应地。笛福看到了英国工业的迅速增长，想象未来的世界将是一块巨大的臣服于英国产品的殖民地。

之后，随着笛福的梦想渐渐成为现实，强大的不列颠帝国开始用窒息或炮轰的手段阻止别的国家效仿它。

"它爬上去了，然后就一脚蹬掉梯子。"德意志经济学家弗里德里希·李斯特说。

于是，英国发明了自由贸易：今天，在睡不着觉的夜晚，富国仍然在给穷国讲述这个童话故事。

不屈的殖民地

印度把它出产的精制棉布和丝绸卖给英国,英国政府想办法抵抗这种侵略。1685年起,印度产的布匹遭受海关税重罚。之后,海关税持续增加,达到极高的水平,有些时候英国甚至关上大门。

但是,随着时间的流逝,英国设置的障碍和禁令并没能把对手打出局。蒸汽机问世和英国工业革命半个世纪后,印度织工依然难以对付。尽管他们还在使用原始的技术手段,他们生产的高质量、低价格的布匹还是能找到顾客。

这些顽强的竞争者直到19世纪初才被消灭干净。当时,大英帝国武力征服了几乎印度全境,强迫织造业经营者缴纳天文数字的税款。

之后,英国彬彬有礼地给劫难的幸存者们穿上衣服。19世纪中叶,当印度的织布机沉入泰晤士河底时,印度人成了曼彻斯特纺织业产品的最佳顾客。

此时,达卡已成为一座空城,每五个居民中就走了四个。传奇人物"印度的克莱武"曾把它与伦敦和曼彻斯特相提并论。达卡曾是孟加拉的工业中心,孟加拉不再产布,而是生产鸦片。征服孟加拉的克莱武因吸食超剂量鸦片而死,而在一片废墟之中,罂粟仍在茁壮成长。

现在,达卡是孟加拉国的首都。孟加拉国是穷国中的穷国。

泰姬陵

17世纪中叶,印度和中国的所有手工作坊加起来,生产世界上半数以上的手工制成品。

当时,在那个鼎盛时代,沙贾汗皇帝在亚穆纳河畔建起泰姬陵,让他最宠爱的女人得到死后的栖居之所。

他说,她和她的陵寝相似,因为泰姬陵和她一样,在白天或黑夜的不同时辰变幻不定。

据说,泰姬陵的设计者是乌斯塔德·艾哈迈德。他是波斯人,除了建筑师和占星术家,还有更多的称呼。

据说,泰姬陵是动用两万工人耗时二十年建成的。

据说,建造泰姬陵的白色大理石、红沙、玉石和绿松石,是一千头大象从远方驮来的。

都是据说。但亲眼见到这座浮于水面、独具空灵之美的白色建筑的人,都会好奇泰姬陵是不是用空气造的。

2000年末,印度最有名的魔术师让泰姬陵消失了两分钟,众人目瞪口呆。

他说这是他的魔术技巧:

"我让它消失了。"

是他让它消失了,还是他给它恢复成空气原状?

生命时辰之乐

跟泰姬陵一样,拉格也变幻不定。拉格不是在什么时刻都奏响的,要看时辰,还要看为谁。

两千多年来,印度拉格一直在为每一天的诞生和白天迈向黑夜的每一步奏出美乐,也按时间的季节和心的季节奏响美乐。

在一个不断重复的音符上,栖息着多条自由起落的旋律,它们一直在变幻,正如世界的色彩和情绪的风景不断变幻。

没有两段一模一样的拉格。

它们诞生、死去,又在每次奏响时重生。

拉格们不喜欢自己被写下来。专家们尝试过给它们定性、编码、分类,都未获成功。

它们是神秘的,一如它们所源起的静默。

北斋

日本历史上最有名的艺术家葛饰北斋说过,他的国家是一块浮动的土地。他懂得怎样观赏它,也懂得怎样以简洁之美展现它。

他出生时叫和村辰太郎,死时叫藤原宗理。他因为艺术道路和人生道路上的三十次重生改换了三十次姓名,搬过九十三次家。

他从没有摆脱贫困,尽管他日夜劳作,创作了多达三万幅画作。

关于自己的作品,他写道:

我七十岁之前画过的所有东西，没有一样是有价值的。七十二岁时，我才终于领悟到一点鸟、兽、虫、鱼的本质和草木的自然活力。活到一百岁的时候，我会进入精湛之境的。

他没活到九十岁。

现代日本的诞生

19世纪中叶，战舰的炮口直指日本海岸，日本被迫接受了难以接受的条约。

在西方列强的威逼下，现代日本诞生，在屈辱中奋起。

一位新的皇帝开辟了明治时代，日本国与他的神圣身影合为一体，开始

创建并保护公有工厂，发展起六十个工业部门，

聘请欧洲技师前来训练日本技师，让他们赶上时代潮流，

创建公用铁路网和电报网，

将封建领主的土地收归国有，

组织新式军队，打败旧武士，强令他们改行，

强制推行公共免费义务教育，

成倍增加造船厂和轮船。

创建了明治时代最重要的大学的福泽谕吉曾这样总结上述政府规划：

"任何一个国家都不应畏于抗击干涉、保护自己的自由,哪怕整个世界与之为敌。"

于是,日本成功取消了强加在它头上的不公条约,这个一度受辱的国家成为让别国受辱的强国。这一点,中国、朝鲜和其他邻国是最先知道的。

贸易自由?不,谢谢

明治时代刚刚开始时,美国总统尤里西斯·格兰特拜访了日本天皇。

格兰特劝他不要落入英国银行的陷阱,有些国家很喜欢借钱给别国,其实这不完全是出于慷慨。他还称赞日本的保护主义政策。

在参加选举成为总统之前,格兰特是凯旋的将军。在那场工业化的北方战胜大种植园的南方的战争中,他非常清楚,海关税是与蓄奴制同等重要的战争诱因。南方用了四年、付出了六十万人惨死的代价才明白,美国早已打破被英国拴在身上的殖民枷锁,不再是宗主国的奴仆了。

成为总统后,格兰特这样回应英国持续施加的压力:

"两百年后,当我们享受完保护主义能带来的所有好处后,我们再来接受贸易自由。"

因此,到了 2075 年,这个世界上最讲保护主义的国家才会最终接受贸易自由。

放血方能学进去

当美国和日本在独立道路上奋进时,另一个国家巴拉圭却因为做同样的事情而遭毁灭。

巴拉圭是唯一一个拒绝购买英国商人和银行家提供的铅制救生圈的拉美国家。它的三个邻国——阿根廷、巴西和乌拉圭,必须用血与火来给它上一期关于"文明国家的习俗"的课程,在布宜诺斯艾利斯发行的英文报纸《标准报》正是这么说的。

结果老师学生都损失惨重。

当学生的,被剿杀殆尽。

当老师的,都破了产。

一开始,他们宣称巴拉圭将在三个月的时间里接受它应得的教训,结果这一教就是五年。

英国银行出资赞助这项教学任务,索取高额的报偿。打了胜仗的国家欠下了比五年前多一倍的债务,打了败仗的国家本来不欠谁一分钱,战后却不得不开始举借外债:巴拉圭接收了一笔一百万英镑的贷款。这笔贷款是用来向战胜国支付赔款的。被谋杀的国家给谋杀它的国家送钱,补偿它们杀它时付出的高昂代价。

巴拉圭原有的保护民族工业的海关税没有了;

国营企业、公有土地、炼钢炉以及曾开南美洲之先的铁路也没有了;

国家档案没有了,内中所存的三百年历史一并烧成灰烬;

男人们也没有了。

阿根廷总统多明戈·福斯蒂诺·萨米恩托,这位受过良好教育的教育家在 1870 年总结说:

"战争结束了。现在没有一个十岁以上的巴拉圭男人了。"

他还得意地说:

"要把地上的这些人类残余物统统清理干净。"

经典服饰

南美洲是一个永远只会说"是"的市场。

在这里,一切来自英国的东西都受欢迎。

巴西从英国进口冰鞋。玻利维亚从英国进口大礼帽和圆顶礼帽,现在它们是该国印第安妇女的经典服饰。

而阿根廷和乌拉圭的游牧民的衣装、那些在传统节庆中必不可少的经典服饰也由英国纺织厂制造,原是用来装备土耳其军队的。克里米亚战争结束后,英国商人把他们库存积压的成千上万条灯笼裤运往拉普拉塔河,这些灯笼裤便成了高乔人的经典服饰。

十年后,英国给巴西、阿根廷和乌拉圭三国的军队穿上这些土耳其军制服,让他们去执行毁灭巴拉圭的命令。

此地曾是巴拉圭

在巴西帝国,有一百五十万奴隶和一小撮公爵、侯爵、伯爵、子爵和男爵。

为了完成解放巴拉圭的大业,这个蓄奴的帝国把军队的指挥权交给德尤伯爵,他是法国国王的孙子、巴西帝国公主的丈夫。

在画像中,这位所谓的"胜利元帅"下巴隐去、鼻梁高耸,尽管胸前挂满勋章,却还是掩盖不住他对这烦人的战事的厌恶。

他总是懂得在哪里立定,与战场保持恰当的距离,让他手下的英勇士兵尽管去迎战戴着假胡子、仅仅装备着棍棒、作战勇猛的巴拉圭孩童。他隔得远远地完成了他最后一项壮举:毕里维乌伊镇的全体居民拒绝投降,他便命人把挤满伤员的当地医院的门窗用砖头堵死,下令把医院连同里头的人全部烧掉。

他才经历了一年多一点的战事,回来的时候就坦承:

"巴拉圭战争让我心生厌恶,我无论如何不会再沾任何战事了。"

语言的诞生

巴拉圭毁灭了,最先有的存活下来:一片死灰之中,唯有源泉余生。

最初始的语言瓜拉尼语存活下来,跟它一同存活下来的,是词语神圣的信念。

根据最古老的传说,在这片土地上,红知了率先歌唱,接着青蚂蚱也引吭高歌，接着是石鸡、再接着雪松也唱起歌来：歌声从雪松的灵魂里回响开来，用瓜拉尼语召唤最初始的巴拉圭人。

他们本不存在。

词语给他们命名。他们从词语中诞生。

施压自由的诞生[1]

鸦片在中国是禁品。

英国商人用走私的手段把鸦片从印度输往中国。拜他们的努力所赐，越来越多的中国人上了鸦片的钩。这种毒品是海洛因和吗啡之母，能给予人虚假的幸福，然后毁其一生。

走私犯对中国官府频频施加的干扰已经烦透了。市场的发展要求贸易自由，贸易自由则要求开战。

待人和善的威廉·渣甸是势力最大的毒贩，他领导的医学学会在中国为他所卖出的鸦片的受害者提供医疗服务。

渣甸在伦敦收买了几个有影响的作家和记者，打算制造一个有利于战争的氛围。畅销书作家萨缪尔·沃伦和其他几个职业媒体人把自由的领袖们捧上了天。言论自由为贸易自由服务：宣传册和文章像雨点一样喷射在英国舆论之上，为这几位勇于牺牲的正直公民大唱赞歌，说他们正在那个残酷的国度冒着坐牢、受刑

---

[1] 作者故意把"言论自由"(la libertad de expresión) 写成发音相近的"施压自由"(la libertad de presión)。

乃至死亡的危险，向专制发起挑战。

气候条件创造好了，暴风雨就开启了。鸦片战争从 1839 年开始，除了当中几年的间歇，一直打到 1860 年。

海洋女霸，贩毒女王

贩卖人口一度是大英帝国利润最高的生意，但所有人都知道，幸福是短暂的。繁盛三百年后，英国王室不得不退出奴隶贸易，而毒品买卖则成为维持帝国辉煌的获利最丰的财源。

维多利亚女王不得不决心轰倒中国紧闭的大门。基督教传教士跟在为贸易自由而战的勇士后面，一起登上皇家海军的舰船。紧随其后的，是过去运送黑奴、现在运送毒品的船只。

在鸦片战争的第一阶段，大英帝国强占了香港岛。新任总督约翰·宝宁爵士宣称：

"自由贸易就是耶稣基督，耶稣基督就是自由贸易。"

此地曾是中国

在中国的疆界之外，中国人很少经商，也没有发动战争的习惯。

他们看不起商贾和武人，把英国人和他们认识的为数不多的欧洲人称为"蛮夷"。

于是，理所当然的，在世界最强大的海军面前、在这些一炮就可炸飞一排十二个敌兵的榴弹炮面前，中国必败无疑。

1860年，在焚毁了多个港口和城市之后，英国人和法国人一起打进了北京城，将皇室宫苑劫掠一空，把战利品的一些残余送给他们从印度和塞内加尔殖民地召集来的士兵。

作为清王朝权力中心的这座皇宫，实为多个宫殿组成，在宛如天堂之境的湖泊和园林中，坐落着两百多间寝宫和宝塔。胜利者把一切都掳走了，一切的一切，家具和帐幕、玉雕、罗缎、'珍珠项链、金钟、镶钻饰针……幸存下来的只有图书馆、一架望远镜和六十年前英王赠送给中国的一把火药枪。

接着，他们把抢劫一空的楼阁付之一炬。连续多个日夜，火光把天和地都映得通红，曾经光彩夺目的一切，都成了不过灰烬而已。

小战利品

下令焚毁皇家宫苑的额尔金爵士是由八个穿着猩红色号衣的轿夫抬着、在四百个骑士的保护下来到北京城的。额尔金爵士之父便是那位把帕特农群雕卖给大英博物馆的老额尔金爵士，这位小额尔金则把中国皇家宫苑的藏书统统捐给大英博物馆，让它们免受洗劫和火焚。不久之后，在另一座宫殿白金汉宫，他向维多利亚女王献上了从战败的帝王那里得来的金玉权杖和第一只来到欧洲的京巴犬。这只小狗也是战利品的一部分，它便得名曰"Lootie"，意思是小战利品。

中国被迫向屠戮自己人民的刽子手们支付巨额赔款，以补偿他们让这个国家加入文明国家联合体所付出的巨大代价。不久之后，中国成为世界主要的鸦片消费市场和英国兰开夏布匹的最大买家。

19世纪初，中国手工作坊的产量占世界工业总产量的三分之一，到了19世纪末，这一比重下降到百分之六。

当时，日本发兵侵入中国。这不算费事。这已是一个吸毒过量、饱受屈辱、腐朽溃烂的民族了。

自然灾害

一片荒漠，没有足印，也没有人音，只有大风漫卷的沙土。

许多中国人上吊自杀，要不这样他们就会为饥饿而杀人，或为饥饿所杀。

在鸦片战争中获胜的英国商人在伦敦成立了"援华赈饥基金"。

这家慈善机构许诺将通过消化道给这个异教国家传播福音：耶稣派发的食物将从天而降。

1879年，经过三个无雨的冬季后，中国人少了一千五百万。

另几场自然灾害

1879年，经过三个无雨的冬季后，印度人少了九百万。

罪魁祸首是大自然：

"是自然灾害。"知道的人都这么说。

但是，在印度，在这些残酷的年份里，市场的破坏力比旱灾更大。

自由通过市场法则进行镇压。强买强卖的贸易自由禁止人吃饭。

印度是一个殖民种植园，不是慈善收容所。唯有市场说了算。它那无形的手充满智慧，能创造也能毁灭，没有任何东西有任何理由去矫正它。

英国政府仅限于在它名为"救助营"的苦役营里帮一些临死的人更快地断气，以及向农民征收他们缴纳不起的税款。农民失去了他们的土地，他们的土地被贱卖；耕作这些土地的手臂也被贱卖，而因为粮食短缺，企业主们囤积的谷物的价格飙升至云端。

出口商前所未有地大卖特卖。在伦敦和利物浦的码头，小麦和稻米堆积如山。印度这块饥饿的殖民地不吃一口饭，却要给主子喂饭吃。英国人吃的是印度人的饥饿。

这种名叫"饥饿"的商品在市场上估价不低。它能增加投资机会、减少生产成本并提高产品价格。

自然荣耀

维多利亚女王是李顿爵士诗作的最狂热的崇拜者和唯一的读者。李顿爵士是她派驻印度的总督。

不知是为了感谢这位文友的激赏还是出于爱国主义热情，诗人总督以女王的名义开办了一场盛大的宴会。当维多利亚自封女皇时，李顿爵士在他位于德里的宫殿里接待了七万宾客，历时七天七夜。

《泰晤士报》吹捧说，这是"世界历史上最昂贵、最盛大的一次聚餐"。

此时正值旱灾肆虐，田地日间受阳光炙烤，夜间又遭冰冻，总督在宴会上宣读维多利亚女皇鼓舞人心的来信，女皇预祝她的印度臣民"幸福、昌盛、安康"。

在印度漫游的英国记者威廉·迪格比估计，在这场长达七天七夜的盛宴进行期间，约有十万印度人死于饥饿。

上层和下层

在缓慢而复杂的仪式中，又是演讲，又是颁发徽章，又是互赠礼品，印度王公们一转身成了英国绅士，宣誓效忠于维多利亚女王。王公成了臣仆：据英王陛下的一位大使说，这种礼物交换，等于是"用贿赂换贡赋"。

这些为数不少的王公居住在顶层。殖民当局复制出一个更为完美的金字塔式种姓制度。

帝国无须分而治之。社会、种族和文化上的藩篱已经延续多年，是历史的馈赠，又经代代相传神圣化了。

1872年起，英国官方进行人口普查，把印度人按种姓进行分类。由外人强加的秩序不仅以这样的方式确定了这一民族传统的合法性，更将这一传统用于构建一个层级更密、更为僵化的社会。没有哪个警察能想出更好的办法来监管每个人的活动和命运。帝国给这些等级、这些主奴关系设定编码，不许任何人越出自己的位子。

胖手胀足

为英国王室效劳的印度王公，终日忧心于森林里老虎太少和众妻妾争宠酿成的后宫危机。

到了 20 世纪，他们想怎么舒服就怎么舒服：

珀勒德布尔土邦主买下了伦敦所有能买到的劳斯莱斯，然后把它们发往自己领地上的垃圾收藏库中；

居那加德土邦主养了好多条狗，每条狗都有自己的房间，配有电话和仆人；

阿尔瓦尔土邦主在他的宠物马输掉跑马比赛后，一把火烧掉了赛马场；

卡普塔拉土邦主建造了一座完完全全复制凡尔赛宫的建筑；

迈索尔土邦主建造了一座完完全全复制温莎城堡的建筑；

瓜廖尔土邦主订购了一列真金白银打造的火车，用来在宫中的餐厅里兜圈子，把盐和香料带给席间的宾客；

巴罗达土邦主的大炮是用纯金制成的，而

海得拉巴土邦主则拿一颗一百八十四克拉的钻石做镇纸。

弗洛伦斯

弗洛伦斯·南丁格尔,这位世界上最有名的护士把她九十年生涯的大部分都奉献给了印度,尽管她从未能踏上这个她深爱的国家的土地。

弗洛伦斯看护病人,自己也是病人。她在克里米亚战争中患上了一种无法治愈的疾病。她在伦敦的卧室里写了不计其数的文章和信件,想把印度的现实揭示给英国大众。

* 关于大英帝国漠视饥民:

> 受灾而死的人比普法战争的死难者还要多五倍。没有人知道。我们对奥里萨邦的饥荒不发一言,任这个地区三分之一的人口用他们的白骨把田地铺成白色。

* 关于农村财产权:

> 鼓被击打,还要为此掏钱。贫农为他所做的一切交钱,还要为地主不做却让贫农代他做的一切交钱。

* 关于英国在印度推行的司法:

> 我们常被告知,贫农可以通过英国法律来保护自己。事实并非如此。任何人对他不能使用的东西都不具所有权。

* 关于穷人的耐心:

农民暴动也许会在全印度成为司空见惯的事情。我们无法保证,这几百万沉默而耐心的印度人会继续生活在沉默和隐忍之中直到永远。哑巴终会开口说话,聋人终将听到话音。

达尔文的旅行

查尔斯·达尔文年轻时不知道他这一生要干什么。他的父亲刺激他说:

"对于你和你的家庭来说,你会是一场灾难。"

1831年末,他独自出走。

用五年时间乘船游历了南美洲、加拉帕戈斯群岛等地后,他回到伦敦,带回三只大龟,其中一只2007年在澳大利亚的一家动物园里去世。

他回来时,变了个人。连他的父亲都感觉到了:

"你的头型换了样子!"

他带回来的不仅是海龟。他还带了好多问题回来。他的脑袋里装满了问题。

达尔文的问题

为什么猛犸象浑身被厚厚的毛层覆盖?会不会是因为冰期来临,猛犸象要给自己披上大衣呢?

为什么长颈鹿的颈子那么长?会不会是因为它为了能够着树冠上更高的果子,才把自己的颈子越伸越长的?

在雪地里奔跑的兔子,是一直浑身洁白的呢,还是为了迷惑狐狸才逐渐变白的?

为什么苍头雁雀居住的地方不同,嘴也长得不一样?这些鸟喙是不是为了能啄碎硬壳、抓住幼虫或吸食花蜜而在进化过程中逐渐适应环境的?

这朵兰花的雌蕊伸得老长,是不是表明在近处有长着同样长度舌头的蝴蝶在飞舞,雌蕊正在等待它们的到来?

像这样的问题也许有一千零一个。随着岁月的过去,随着疑问和矛盾越积越多,这一个个问题最终变成了一部爆炸性著作的书页。这本书是关于物种起源和地球上生命的进化。

渎神的思想,不能承受的教人谦卑的说教:达尔文揭示说,上帝并不是用一个礼拜创造世界的,也不是按他的样子来塑造我们的。

这条糟糕透顶的消息没有受到欢迎。这位先生以为自己是什么人,竟敢修改《圣经》?

牛津主教总是问达尔文的读者:

"您说您是从猴子变过来的,那么您的祖父和祖母哪个是猴子?"

我来带你看世界

达尔文经常引用詹姆斯·科尔曼旅行笔记里的文字。
没有人能像他那么出色地描述印度洋的动物、
维苏威火山喷发时的天空、
阿拉伯黑夜里的亮光、
桑给巴尔高温的颜色、
充满桂皮味道的锡兰的空气、
爱丁堡冬天的影子、
俄国监狱的灰暗色调。
科尔曼紧跟在他的白色手杖后,环游地球一圈,从一端走到另一端。
这个为我们看世界提供了巨大帮助的人,是个盲人。
"我用脚看东西。"他总是说。

人

达尔文告诉我们,我们是猴子的表亲,而不是天使的表亲。后来我们知道,我们来自非洲丛林,不是被什么水鸟从巴黎带来的。不久之前,我们又得知,我们的基因和老鼠的基因长得几乎一模一样。

现在我们不知道我们究竟是上帝的杰作还是魔鬼的恶作剧产物。我们，人：

一切的毁灭者，

偷袭近亲的狩猎者，

原子弹、氢弹和中子弹的发明者，中子弹是其中最健康的一种，因为它能消灭人，保全物，

我们是唯一一种能创造机器的动物，

唯一一种为自己造出来的机器充当奴仆的动物，

唯一一种吞噬自己家园的动物，

唯一一种在自己饮用的水和供自己吃饱饭的土地上投毒的动物，

唯一一种能出租或出售自己也能出租或出售自己同类的动物，

唯一一种以杀戮为乐的动物，

唯一一种会动用酷刑的动物，

唯一一种有强暴行为的动物。

同样也是

唯一一种会笑的动物，

唯一一种能醒着做梦的动物，

唯一一种能用蚕的唾液制造丝绸的动物，

唯一一种会把垃圾变成好看东西的动物，

我们发现了连彩虹都未曾见识过的颜色，

我们为世界的多种声音增添了新的音乐，

我们创造了词语，让现实和现实的记忆

不致沉默。

自由之狂

此事发生在 1840 年的华盛顿。

官方进行了一次人口调查,专门测试美国黑人的疯癫程度。

根据这项调查,自由黑人中的疯子要比黑奴中的疯子多九倍。

北方是一个巨大的疯人院;越往北,情况越糟糕,疯疯癫癫的黑人越来越多;往南则越来越好,神智正常的黑人越来越多。在事业兴旺的棉花、烟草和稻米种植园里劳作的黑奴中,几乎没有疯子。

调查结果印证了奴隶主们的正确判断。蓄奴制是一剂良药,有助于培养道德平衡和理智,而自由则催生更多的疯子。

在北方的二十五个城市中,没有发现一个神智正常的黑人,在俄亥俄州的三十九个城市和纽约州的二十个城市中,黑人疯子的总数超过了所有黑人之和。

这项人口调查看来并不可信,但在接下来的二十五年中,它一直是官方真理,直到亚伯拉罕·林肯解放了黑奴、打赢了内战、丢掉了性命。

淘金风暴

此事发生在 1880 年的华盛顿。

约翰·萨特尔身着缝补多次的上校制服,背着塞满文件的行囊,步履蹒跚,已经在国会大厦和白宫之间徘徊了好多年。要是他碰上奇迹、有人肯听他讲话，他就把密封好的证明他拥有旧金山市及其广袤郊区的地契抽出来，讲述他这位百万富翁被淘金风暴刮得连裤子也不剩的故事。

他在萨克拉门托谷地创建了自己的帝国，买下了为数众多的印第安人仆从、一个上校军衔和一架普利耶钢琴。后来，黄金突然像麦子一样喷涌出来，他的土地和他的房屋遭人强行闯入，他的牛羊被吃了个精光，他的种植园也全给毁掉了。

他失去了一切，自此开始不停地打官司。法官判他说得在理，结果一伙人跑来放火烧法院。

然后他迁往华盛顿。

在那里，他在等待中生活，也在等待中死去。

现在，旧金山市的一条街道就叫萨特尔街。

这慰藉来得太晚了。

惠特曼

此事发生在1882年的波士顿。

"新英格兰消除不良嗜好协会"成功阻止了新版《草叶集》的发行。

几年前，该书首版刚刚问世，作者沃尔特·惠特曼就丢了工作。

他对夜间欢娱的赞颂实在为公众伦理所不容。

尽管惠特曼已经做了精心的修整，把最出格的部分遮掩住了。在《草叶集》的某一段中，他暗有所指，但在其他的诗篇中，就连自己的日记中，他都故意把"他的"改成"她的"，把"他"改成"她"。

这位歌颂光洁裸体的大诗人为了存活于世，不得不伪装起来。他谎称自己有六个孩子，吹嘘自己和好多个事实上并不存在的女人有过情史，把自己描绘成一个胡子拉碴、蛮力无穷的壮汉，这正是强奸少女、开拓处女地的阳刚美国的象征。

艾米莉

此事发生在1886年的阿默斯特。

艾米莉·狄金森去世后，她的家人发现了她藏在深闺中的一千八百首诗。

她蹑手蹑脚地生活，也蹑手蹑脚地写作。她一生中只发表了十一首诗，几乎全都是匿名发表，或是署上另外的名字。

她从她的清教徒祖先那里继承了枯燥无趣的性格，这是她的种族、她的阶级的身份标识：不许与人接触，不许跟人交谈。

男士们从政、经商，女士们延续后代、病恹恹地生活。

艾米莉在孤独和静默中过活。她把自己关在闺房里，创作违反语法规律也违背深闺戒律的诗歌，每天给她的嫂子苏珊写一封信并邮递出去，尽管苏珊就住在毗邻的一座房子里。

这些诗、这些信建造了她的秘密庙堂，在这其中，她隐藏深深的痛苦和她遭到禁止的欲望都亟欲获得自由。

蔓延至全球的毒蜘蛛

此事发生在 1886 年的芝加哥。

5 月 1 日,当罢工运动使芝加哥和其他城市陷入瘫痪时,《费城论坛报》发布诊断说:"工运分子给一种蔓延至全球的毒蜘蛛咬了,都成了十足的疯子。"

为八小时工作制和工会组织权利而战的工人都是十足的疯子。

第二年,四位被控犯有谋杀罪的工人领袖在没有证据的情况下遭到草率的判决。格奥格·恩格尔、阿道夫·菲舍尔、阿尔伯特·帕森斯和奥格斯特·斯派司踏上通往刑场之路。另一个遭审判的刘易斯·莱恩则在牢房里自尽。

每年 5 月 1 日,全世界都会纪念他们。

随着时间的逝去,国际协议、各国宪法和法律都承认了他们诉求的正当性。

然而,那些最成功的公司仍然对此无所知晓。他们禁止成立工会,用萨尔瓦多·达利描画过的那种熔化变形的时钟来测量劳动时间。

公司先生

此事发生在 1886 年的华盛顿。

大公司把和普通公民一样的合法权益也夺取到手中。

最高法院取消了两百多条规范并限制公司活动的法律,同时让私人公司得以享受人权。法律承认大公司拥有和自然人一样的权益，仿佛它们也能呼吸：生命权、自由言论权、隐私权……

到了 21 世纪初，仍是如此。

不要踩到我的花

1871 年，一场革命让巴黎第二次被接管到公社社员手中。

夏尔·波德莱尔将警察比作朱庇特神，并宣称一旦贵族没有了，对美的崇拜也就消失了。

特奥菲尔·戈蒂耶做证说：

"这些浑身散发着恶臭的野兽凶猛咆哮着向我们发起进攻。"

为期短暂的公社政府烧掉了断头台，占领了军营，将教会与政权分离，把被厂主关闭了的工厂交到工人手中，取缔了夜间劳动，并建立了去宗教化的免费义务教育。

"去宗教化的免费义务教育只会增加白痴的数目。"古斯塔夫·福楼拜预言说。

公社没有维持多长时间，就两个月多一点。曾逃往凡尔赛的军队发起反攻，经过几天战斗之后，摧毁了工人们的街垒，以枪毙俘虏的方式来庆祝胜利。在整整一个星期的时间里，他们不分昼夜地枪毙人，机枪连射，一阵横扫就能干掉二十个人。当时福楼拜建议不要对这些"疯狗"施以同情，还提议说，首要的是"取缔全民选举，这是人类精神的耻辱"。

阿纳托尔·法朗士也为屠杀叫好：

"公社就是一个杀手委员会,这些人就是一帮无赖。罪恶和疯癫的统治终于在枪决行刑队面前腐烂坍塌了。"

埃米尔·左拉说:

"巴黎人民终将从高烧中痊愈,在智慧和光辉中成长。"

胜利者在蒙马特高地建起了圣心教堂,以感谢上帝赐予他们胜利。

这只巨型奶油蛋糕如今吸引大量游客前来参观。

女社员

权力下放到各个社区。每个社区就是一个代表大会。

无论何处都有她们的身影:女工人、女裁缝、女面包师、厨娘、卖花姑娘、保姆、女清洁工、女熨衣工、女酒贩。这些女人风风火火投入斗争之中,向这个对她们强加了如此多义务的社会争取她们被否认的权利,敌人管她们叫"纵火妇"。

妇女投票权就是她们要争取来的权利之一。在之前的1848年革命中,公社政府以八百九十九票反对、一票赞成否决了妇女投票权。

第二公社继续对妇女们的诉求装聋作哑,但在它存在的短暂时间里,她们在每一场辩论中畅抒己见、搭建街垒、照料伤员、供应士兵饭食、捡起战死者手中的枪继续战斗至死,倒下时颈子上还系着她们的战斗营统一佩戴的红领巾。

之后,公社战败,受到羞辱的政权终于等来了复仇时刻,一千多名妇女受到军事法庭的审判。

被判流放的女性中有一位叫露易丝·米歇尔。这位宣扬无政府主义的家庭教师揣着一把旧卡宾枪加入战斗,在战斗中缴获了一把全新的雷明顿步枪。在最后的混乱中,她免于一死,但还是被发配到很远的地方。她流落到了新喀里多尼亚岛[1]上。

露易丝

"我想知道他们知道的东西。"她说。

与她一同被流放的同伴告诫她说,这些野人别的不知道,只知道吃人肉:

"你不会活着出来的。"

但露易丝·米歇尔还是学会了新喀里多尼亚土著人的语言,只身没入丛林,然后活着出来了。

他们跟她讲述他们的苦痛,问她为什么被发配到这里:

"你杀了你的丈夫吗?"

她把公社的前前后后讲给他们听:

"哦,"他们对她说,"你是个战败者,同我们一样。"

---

1 新喀里多尼亚是法国的海外领地,位于南太平洋。

维克多·雨果

他就是他的时代。他就是他的国家。

他曾拥护君主制,也曾拥护共和国。

他集法国大革命的所有理想于一身。他凭借自己的精湛笔法,或能摇身一变成为在饥饿的驱使下沦为盗贼的穷人,或能变成巴黎圣母院的那个驼背人,但他也相信法国军队在世界上解救众生的使命。

1871年,他孤身一人斥责对公社社员的镇压。

而在此之前,他曾与许多人一道为殖民征服欢呼:

"这是文明碾过野蛮前行的壮举。受光明照耀的人民将找到生活在晦暗之中的人民。我们是这个世界上的希腊人,现在,轮到我们来照亮世界了。"

殖民地文化课程

1856年,法国政府聘请魔术界一代宗师罗贝尔·乌丹,让他把光明带到阿尔及利亚。

有必要给阿尔及利亚巫师们上一课。这些能生吞玻璃碴、伸手一碰就能治愈伤口的骗子,正在四处散布叛乱的种子,威胁着殖民当局。

乌丹展示了他的魔法。当地主要官员和人气最旺的巫师都前来观看,被这些超自然神力惊得目瞪口呆。

到了表演的高潮时刻,这位来自欧洲的使者把一个小箱子放在地上,请阿尔及利亚力气最大的大力士把箱子抬起来。那一身肌肉的汉子没能成功。他又试了一次,再试,再重新试,均以失败告终。在最后一次试举时,他突然浑身剧烈颤抖,一屁股跌倒在地,爬起来惊恐万分地溜走了。

羞辱结束后,乌丹一个人留在了帐篷里。他收起箱子,还有他的威力巨大的电磁铁,这玩意儿原是藏在地里的一块木板底下的,以及控制电击的手柄。

此地曾是印度

皮埃尔·洛蒂是一个专门向法国公众兜售来自亚洲的异域风情的作家。他在1899年访问了印度。

他乘坐火车旅行。

每到一站,都有成群的饥民在等待他。

比火车头的尖叫更能刺痛耳膜的,是那些沿路所见的儿童发出的乞讨声。与其说是一个个儿童,不如说是一具具儿童骨骼。他们嘴唇发紫,眼睛张得老大,身上叮满了苍蝇。两三年前,一个女童或一个男童还能值一个卢比,但到了现在,他们就算是免费赠送也没人要了。

火车运载的,不仅仅是乘客。后面有几节车厢装满了等待出口的大米和小米,卫兵们严加看管,手指就按在扳机上。那里没人敢靠近,只有时不时飞来的几只鸽子,啄几下粮袋,又迅速飞离。

中国上了欧洲的餐桌

中国生产无尽的饥荒、瘟疫和旱灾。

始于秘密结社的所谓"拳民"一心要把外国人和基督教会赶跑,恢复遭到破损的民族尊严。

"不下雨,准会有什么事情,"他们说,"教会连把青天封起来的本事都有。"

世纪末,他们自北方发起叛乱,点燃了中国的乡野,直打到北京。

于是,英国、德国、法国、意大利、奥地利、俄国、日本和美国八个国家派来满载士兵的军舰,恢复秩序,将一切有头的东西统统斩首。

之后,他们就像切比萨饼一样划分中国,把幽灵一般的中国宫廷出让的租期长达九十九年的港口、土地和城市各归各分到手。

非洲上了欧洲的餐桌

紧跟着英国的步伐,有一天欧洲也发现,奴隶制在上帝眼里是多么的残暴。

于是,欧洲深入非洲的腹地,开始殖民征服。在此之前,苦寒之地的人从没有步出比他们购买黑奴的港口更远的地方,但在这些年里,探险者们在炎热地带开路前进,在他们之后赶到的是骑在大炮上的武人,武人后面是以十字架为武器的传教士,传教士后面是商贾。非洲最神奇的瀑布和最大的湖都被冠上维多利亚的名字以纪念一位跟非洲没什么关系的女王,侵略者们还给河流高山命名,以为他们所见的都是第一次被人发现的。被逼从事奴隶劳动的黑人已不再叫奴隶了。

1885年,柏林,经过一年的激烈争吵后,征服者们在分赃问题上终于达成协议。

三十年后,德国输掉了第一次世界大战,从而丢掉了本是分给它的非洲殖民地:英国人和法国人分走了多哥和喀麦隆,今天叫坦桑尼亚的那块土地落入英国人手中,比利时则占有了卢旺达和布隆迪。

弗里德里希·黑格尔早已说过,非洲是没有历史的,只能在"对野蛮人和原始人的研究"中令人感兴趣。另一位思想家赫伯特·斯宾塞断言,"文明"应当把低等种族从地图上统统抹去,"因为无论是人还是野蛮人,一切障碍皆应扫除"。

这段终于1914年大战爆发的三十年时间被称为"世界和平时代"。在这些甜蜜的岁月里,地球的四分之一都落入了少数几个国家的胃囊之中。

黑暗上尉

瓜分非洲时,比利时国王利奥波德把刚果当私人财产收下。

这位国王猎杀了好多头大象,把他的殖民地变成了最丰富的象牙出产地;他鞭打和残害黑人,为刚刚开始在世界的道路上飞转的汽车轮子提供充足而廉价的橡胶。

他从没去过刚果,他怕蚊子。而作家约瑟夫·康拉德确实去过。在他最有名的小说《黑暗的心》里,"库尔兹"是殖民军队优秀军官莱昂·罗姆上尉的化名。当地人趴在地上听他发号施令,他把他们叫作"蠢兽"。在他的家宅门口,花圃之中竖着二十根长枪,以尽装饰艺术之能事。每根长枪尖上都挂着一个黑人起义者的头颅。他的办公室门口亦有花圃,花丛中竖着一个绞架,在微风中晃荡着绞索。

在闲暇时间,上尉要是不出猎打黑人或野象,就专心在画布上描绘风景、写诗或收藏蝴蝶。

两位女王

在断气之前,维多利亚女王又得意了一把,在她缀满珠宝的王冠上又增加了一颗珍珠。蕴藏着丰富金矿的阿散蒂王国成了英国殖民地。

在整整一个世纪中,历经数次战争,阿散蒂王国才终被征服。

当英国人要求阿散蒂人交出民族灵魂所在的神圣王座时,决战打响了。

阿散蒂人特别善于打仗,与其发现他们,还不如不知其所踪,而领导他们进行决战的是一位女性。亚赫·阿桑托瓦女王把军事首领们撵到一边:

"勇气呢?你们身上是没有的。"

战斗异常惨烈。三个月后,英军的大炮终于确立了他们的公理。

得胜的女王维多利亚死于伦敦。

战败的女王亚赫·阿桑托瓦死在远离故土的地方。

胜利者从未找到神圣王座。

多年后,阿散蒂王国成了加纳,这是撒哈拉沙漠以南的非洲第一个争取到独立的殖民地。

王尔德

英国的宫务大臣不仅仅是个宫廷侍卫官。他的众多职责中有一项是审查戏剧。在专家的帮助下,他决定哪些作品该删,哪些作品该禁,保护公众远离道德败坏的危险。

1892年,莎拉·伯恩哈特[1]宣布,奥斯卡·王尔德的新作《莎乐美》将在伦敦进行首次演出。开演前两个礼拜,该作品被禁。

无人提出抗议,除了作者本人。王尔德声明他是一个住在伪君子之国的爱尔兰人,英国人反而为这句玩笑话哈哈大笑。这个才智出众、胸前插白花、舌上带刀刃的胖子,是伦敦的剧场和沙龙里声望最高的人物。

王尔德嘲笑所有人,包括他自己:

"我可以抗拒一切,除了诱惑。"他常说。

---

[1] 莎拉·伯恩哈特(1844—1923),享誉世界的法国女演员。

他为昆斯贝里侯爵之子的美貌着迷。这种美是苍白的,神秘地糅青春和黄昏于一身。有一天晚上,他们俩同床共枕。这是第一夜,后来又有多次良宵。侯爵知晓后向王尔德宣战。侯爵获胜。

官司打了三场,场场都是新闻界的盛宴,羞辱了被告,也释放出市民们对这位伤风败俗者的愤恨。陪审团最终给他判了刑,罪名是对男性少年行猥亵之事,几位受害少年也乐于检举他。

他在监狱里服了两年苦役。他的债主们把他拥有的一切都贱卖一空。出狱时,他所有的著作都已从书店下架,他的剧作也从舞台上消失了。谁也不为他喝彩了,谁也不请他出席活动了。

他过起了独居生活,常常一个人一边饮酒一边吐出他的灵光闪耀的句子。

死神是仁慈的。她不久便来了。

冰冷的道德

华生医生一言不发,夏洛克·福尔摩斯在和他对话。他一个接一个地猜他的想法,回答他的沉默。

这位英国侦探的两次历险记都是以这样的推理游戏开头。这两个开头字字一样,这并非作者的失误。

最先写出的故事《纸板盒子》讲述了一个水手杀死自己妻子和其情夫的故事。作者阿瑟·柯南·道尔在把他发表在杂志上的故事汇编成书的时候,不愿伤害读者的感情,也不愿造成女王的不愉快。

那个时代讲求"举止得体"，要求有礼貌、不作声。不能给通奸行为找名称，因为通奸行为并不存在。柯南·道尔实施自我审查，按下这个有伤风化的故事不予发表，却把开头的那段独白保留下来，挪到福尔摩斯的另一个故事中去了。

然而，当伦敦只能给夏洛克·福尔摩斯提供寻常平庸的尸体、不能给他提供配得上他的高超智商的难解之谜时，在这些无聊的日子里，这位世界最有名的侦探往自己身上注射可卡因。柯南·道尔在把这一嗜好写进故事里时，从没有任何顾虑。

毒品没有任何问题。维多利亚时代的道德观并不过问毒品。女王是不会往自己食用的东西上啐口水的。那个以她的名字命名的时代禁止激情，却售卖慰藉用品。

童子军之父

阿瑟·柯南·道尔曾荣获爵士头衔，这并不是福尔摩斯的功劳。这位作家是因为帝国事业创作宣传作品而成为贵族成员的。

童子军的创始人贝登堡上校是他刻画的英雄之一。柯南·道尔是在上校与非洲野蛮人作战时认识他的：

"在他对战争的敏锐观察中，总有某种运动家的成分。"阿瑟爵士常说。

贝登堡精于搜索猎物的踪迹和抹去自己的踪迹，在狩猎运动中战绩辉煌：猎狮子、猎野猪、猎鹿、猎祖鲁人、猎阿散蒂人、猎恩德贝勒人……

他在南非同恩德贝勒人展开了一场苦战。

两百零九个黑人和一个英国人战死。

上校把敌人拿来吹响作警号的羊角留作纪念。这只从大羚羊头上取下来的弯角被纳入童子军的例行操练中,成为这些热爱健康生活的男孩子的标志。

红十字之父

红十字会诞生于日内瓦,其成立出于几位瑞士银行家的初衷,他们想为战场上被战争所抛弃的伤者提供救助。

第一任主席古斯塔夫·莫瓦尼埃领导了四十多年的红十字国际委员会。他曾说,红十字会是出于基督福音道德伦理而成立的机构,在文明国家广受欢迎,在被殖民国家却是好心没好报。

"同情心,"他写道,"是不为这些野人部落所识的。他们至今还吃人肉。同情心对他们来说是很怪异的东西,他们的语言里根本找不到能用来表达这个概念的词汇。"

丘吉尔

马尔博罗爵士的后代都是极为显赫的人物。年轻的温斯顿·丘吉尔依仗他的家庭出身得以加入被派往苏丹的枪骑兵团。

1898年,他参加了在喀土穆外围、尼罗河边展开的恩图曼战役,既当士兵也当战地记者。

英国正在开辟一条北起开罗、南至开普敦、贯穿整个非洲大陆的殖民地走廊。攻克苏丹在这项帝国扩张计划中起着奠基性的作用。伦敦这样解释这项计划：

"我们通过商贸让非洲文明化。"

它不愿承认：

"我们是通过'文明'来让非洲商贸化。"

这项解救众生的光荣使命以血与火开辟道路。既然非洲人的那一点点脑子根本理解不了这项使命，谁也没有费神去征求他们的意见。

在炮击恩图曼城时，丘吉尔看到"众多非战斗人员不幸罹难"，一百年后，这样的受害者被称为"附带损伤"。帝国的军队最终获胜，用他的话说，"科学武器在对抗野蛮武器的斗争中取得了前所未有的富有说服力的胜利，一支向现代欧洲强国发起挑战、威力巨大、装备精良的野蛮人部队终于落败"。

根据胜利一方的官方统计数据，恩图曼战役结果如下：

文明人的部队，伤亡率百分之二；

野蛮人的部队，伤亡率百分之九十。

巨人罗兹

他有一个谦虚的人生规划：

"如果可能的话，我要征服别的星球。"

他的力量来自摇篮：

"我们是世界上第一等种族。我们在世界上居住的面积越大，越有利于全人类。"

塞西尔·罗兹，这位非洲最富有的人、钻石大王和唯一一条直通金矿的铁路的拥有者，说话总是那么直白：

"我们应当占领新的地域，"他说，"然后把我们过剩的人口迁往那里，我们能在那里为我们的工厂和我们的矿场出产的产品找到新的市场。我还是那句老话，帝国，就是一个肠胃问题。"

每个星期天，罗兹都往游泳池里扔钱币玩，让他的黑人奴仆下水把钱币一一叼回，但在工作日里，他就专注于吞吃土地了。这个永远吃不饱的家伙把英国的版图扩大了五倍，依据自然法则洗劫了黑人的家园，又通过殖民竞争赶跑了另外的白人，即所谓"布尔人"。为了推进他的事业，有必要创建把众人聚集起来的营地。这种简陋版本的集中营被德国人仿制，在纳米比亚作了改进，后来又在欧洲发展成熟。

为纪念这位英国征服者的丰功伟绩，两个非洲国家都叫罗得西亚。

诗琴总是贴附在大炮脚下，鲁德亚德·吉卜林为塞西尔·罗兹撰写了墓志铭。

金王座

在塞西尔·罗兹的故事之前的好些年，弗里吉亚国王弥达斯希望能通过他的魔手让一切都变成黄金。

他要他的手触及之处,一切都变成金子,他请求酒神赐予他这种法力。只相信酒不相信金子的酒神便把这种法力赐予他。

于是,弥达斯扯下一根白蜡树的树枝,树枝立马变成了金棍。他摸到一块砖头,砖头就成了金锭。他在泉眼边洗手,便触发了一阵金雨。他坐下来吃饭,美食磕碎了他的牙齿,没有哪种饮料能流进他的喉咙里。他伸手拥抱他的女儿,她立马变成了纯金雕像。

弥达斯在饥饿、干渴和孤独中奄奄一息。

酒神心生怜悯,将弥达斯没入帕克托罗斯河中。

从此,这条河就富含金砂。弥达斯失去了法力,捡回了性命,却生出一对驴耳朵来,不得不戴一顶小红帽勉强遮着。

集中营的诞生

1990年,纳米比亚取得独立时,该国首都的主干道仍叫戈林街。此名并非源于臭名昭著的纳粹头子赫尔曼·戈林,而是为了纪念他的爸爸海因里希·戈林,他是20世纪第一场种族屠杀的始作俑者之一。

这个戈林曾被德意志帝国派往这个非洲国家,于1904年执行鲁塔·冯·特罗塔将军发出的灭绝令。

赫雷罗人是以畜牧为生的黑人。他们发动了起义。殖民当局把他们全部赶跑,并警告说一旦在纳米比亚发现赫雷罗人,不论男女老幼,不论是否携带武器,格杀勿论。

每四个赫雷罗人中就死了三个。他们要么被炮弹炸死,要么被赶到荒漠里受毒日暴晒而死。

大屠杀之后活下来的人进了戈林设计的集中营。于是,德意志帝国总理冯·比洛得以荣幸地第一次说出"集中营"一词:Konzentrationslager。

这些营地参照英国在南非创制的集中营而建,集囚禁、强制劳动和科学实验于一体。犯人们在金矿和钻石开采场中耗尽气力,还要做劣等种族研究的活人试验品。西奥多·莫里森和欧根·费舍尔就曾在这些实验室中工作过,他们是约瑟夫·门格勒的老师。

门格勒从1933年开始发展他所学的知识。这一年,赫尔曼·戈林以他父亲在非洲试验的模型为基础,建造了德国第一批集中营。

美国西部的诞生

在西部片中,一支左轮手枪打出的子弹比一挺机关枪还多。西部片的舞台事实上是一些破败凋敝的小镇,在那些地方,唯一发出声响的是哈欠,而打哈欠的时间要比欢闹的时间长得多。

所谓"牛仔"——沉默寡言的绅士、腰板笔挺纵马天地之间拯救美人的骑手,其实不过是一些饿得快死的短工,他们唯有的异性伴侣是被他们赶着往前跑的母牛。他们冒死穿越沙漠,不过是为了挣一点可怜巴巴的工钱。他们和加里·库柏、约翰·韦恩、艾伦·拉德全无半点相像,因为他们要么是黑人,要么是墨西哥人,要么是老得牙齿掉光了的白人,从没有被化妆师照顾过。

而在影片中总是充当临时演员、扮演穷凶极恶之徒的印第安人，在现实中也跟那些头插羽毛、浑身涂彩、不会说话只会围着被乱箭击中的马车嗷嗷叫的弱智儿没有半点关系。

美国西部的伟大史诗是一帮来自东欧的实业家创造出来的。拉姆勒、福克斯、华纳、迈尔、朱克尔，这些移民具有精准的商业眼光，在好莱坞的影棚里制作出风靡全球的、20世纪最成功的神话故事。

野牛比尔

18世纪，马萨诸塞殖民地当局为每一张从印第安人脑袋上扯下来的头皮支付一百英镑。

美国赢得独立后，印第安人头皮则以美元计价。

19世纪，"野牛比尔"成为最优秀的剥皮英雄和最伟大的野牛终结者，他的盛名即来自野牛。

当野牛数目从六千万头减到一千以下，最后的不愿屈服的印第安人因饥饿而投降后，野牛比尔便开始带着他的"狂野西部马戏团"游历世界，作巡回演出。他每两天就到一个新的城市，解救被野蛮人追击的马车，驾驭难以驯服的马驹，举枪连射能把一只苍蝇打成两半。

为了在家中度过20世纪第一个圣诞节，这位大英雄暂停了巡演。

在家人的陪伴下，他感受着家庭的温暖，举起酒杯祝酒然后豪饮，接着很快就倒地呼呼大睡。

在打离婚官司时，他指责他的妻子璐璐有毒杀亲夫的企图。

她承认她是在酒杯中放了东西，不过她说那是一种催情药，"龙血"牌的，是一个吉卜赛人卖给她的。

坐牛生平纪事

三十二岁那年，火的洗礼。"坐牛"面对敌人的进攻奋力保护他的族人。

三十七岁那年，他的印第安民族推举他为首领。

四十一岁那年，"坐牛"坐下了。黄石河畔激战正酣，他独自朝那些还在开着枪的敌方士兵走去，然后坐在地上，点燃了他的烟斗。子弹像黄蜂一样嗡嗡叫着飞过，他一动不动地抽着烟。

四十三岁那年，他得知白人在属于印第安人保留地的黑山一带发现了金矿，开始入侵。

四十四岁那年，在一场漫长的通灵舞仪式中，他起了幻觉：成千上万的士兵像蝗虫一样从天而降。那天晚上，他做了一个梦，这个梦向他传达信息："你的人会把敌人打败的。"

四十五岁那年，他的人把敌人打败了。苏族人和夏安族人联起手来，重创了乔治·卡斯特将军率领的部队。

五十二岁那年，经过几年的流放和牢狱生活后，他同意宣读一篇讲演，为刚刚建成的北太平洋铁路唱赞歌。演讲就快结束的时候，他把讲稿扔到一边，对面前的观众说：

"白人都是小偷和骗子。"

翻译把这句话翻成：

"我们感谢文明。"

观众们热烈鼓掌。

五十四岁那年，他在野牛比尔的马戏团里干活。在马戏场上，坐牛扮演坐牛。那时候好莱坞还不叫好莱坞，但悲剧已经作为热闹戏循环上演。

五十五岁那年，他做了一个梦，这个梦向他传达信息："你的人会把你杀了。"

五十九岁那年，他的人把他杀了。身着警服的印第安人带着逮捕令来抓他。在一阵乱枪之中，他倒下了。

失踪的诞生

在阿根廷的大草原上，游荡着成千上万个没有墓地的幽灵。他们是阿根廷史上最后一次军事独裁时期的失踪者。

魏地拉将军的独裁政权以前所未有的规模把致人失踪当作战争武器来使用。这不是他的首创。一个世纪前，罗卡将军曾针对印第安人使用过这种残酷美学的精品。这种手段让每个死人死好多次，让死者的亲人不断地追逐他的幻影直至发疯。

在阿根廷，在整个美洲，印第安人是第一批失踪者。他们还没有出现就消失了。罗卡将军把他对印第安人土地的侵略称为"向沙漠进军"。巴塔哥尼亚是"荒无一人的空间"，是一个什么都没有的国度，没有一个人居住。

之后，印第安人继续失踪。低头认输并放弃土地及其他一切的印第安人被称为"残存的印第安人"：他们被减损直至消失。不肯认输而被子弹和马刀撂倒的印第安人统统消失，成了军方报告中的数字，成了没有名字的死人。他们的儿女也成了失踪者：他们被作为战利品分发，被安上另外的名字，被清空了记忆，成了屠戮他们父母的凶手的童奴。

最高的雕像

19世纪末，阿根廷巴塔哥尼亚地区的清剿工作在雷明顿步枪的吼叫声中收尾。

在大屠杀中幸存下来的几个印第安人唱着歌离开他们的家园：

> 我的土地啊：不要远离我，
> 无论我走多远。

查尔斯·达尔文已在他的巴塔哥尼亚行记中断言，印第安人的灭绝并非缘于"自然选择"，而是出于政府决策。多明戈·福斯蒂诺·萨米恩托认为，野蛮人部落"对社会构成威胁"；最后一次游猎行动的发起人胡里奥·阿亨蒂诺·罗卡将军则把他害死的人称为"野兽"。

军队以公共安全之名大开杀戒。印第安人是一个威胁，他们的土地是一个诱惑。行动结束后，农业学会向罗卡将军道贺时，

他说:

"现在,这广袤的土地终于永远摆脱了印第安人的统治,充满光芒四射的希望,等待移民和外国资本的到来。"

六百万公顷的土地落到了六十七个产业主的手中。1914年,罗卡去世时,留给他的继承者六万五千公顷的土地,全是从印第安人那里抢来的。

罗卡在世时,并不是所有阿根廷人都懂得珍视这位祖国伟大斗士的忘我精神,但死亡大大改善了他的境遇:现在,他拥有全国最高的雕像,此外还有三十五块纪念碑,他的形象出现在面额最高的钞票上,一座城市和为数众多的大街、公园和学校都以他的名字命名。

最长的大街

一场针对印第安人的屠杀拉开了乌拉圭独立的序幕。

1830年7月,国家宪法得以通过。一年后,新成立的国家在鲜血中接受洗礼。

大约五百名查鲁阿人是征服年代的幸存者,他们居住在内格罗河北边,在自己的土地上遭迫害、追捕和放逐。

新政权召集他们开会。新政权向他们许诺和平、工作和尊重。酋长们带着各自的人去了。

他们大吃大喝又接着喝,直至倒地大睡。接着是一阵刺刀猛戳、马刀乱砍,他们统统被处决。

这一背信弃义之举被称为战役。此事件发生的小溪从此叫"萨尔希普埃德斯"[1]。

只有少数几个人成功脱逃。妇女和儿童成了战利品。妇女沦为军妓，儿童成了蒙得维的亚各大豪门的家奴。

乌拉圭首任总统福卢克多索·里维拉策划了这一"消灭四处流窜的野蛮人匪帮的文明之举"，他盛赞行动的成功。

在宣告行动即将实施的时候，他这样描述罪行："那将是伟大的，那将是光辉万丈的。"

纵贯蒙得维的亚城的乌拉圭第一长街就是以他的名字命名的。

马蒂

父子二人在哈瓦那城鲜花盛开的街道上漫步时，碰到一位瘦瘦的、秃顶的先生，他走路的样子像是在赶时间。

父亲告诉儿子说：

"注意这个人。他外表是白人，内心是黑人。"

当时，做儿子的费尔南多·奥尔蒂斯[2]只有十四岁。

后来，费尔南多成了名家，他凭借自己的才智，把隐藏在古巴灵魂深处的、几百年一直遭种族主义否认的撒哈拉沙漠以南的非洲之根解救了出来。

---

1 "萨尔希普埃德斯"（Salsipuedes）在西班牙语中的意思是"有本事你就出来"。
2 费尔南多·奥尔蒂斯（1881—1969），古巴著名文化学者。

而那个危险的人,那位瘦瘦的、秃顶的、走起路来像是在赶时间的先生,名叫何塞·马蒂。他出生在西班牙人家庭,却是古巴人中最纯粹的古巴人。他曾批判说:

"我们不过是一张面具而已,穿着英国短裤、巴黎马甲和美国外套,戴着西班牙布帽。"

他憎恶以"文明"为名的虚伪学识,他呼吁:

"道袍和肩章已经够多。"

并且明言:

"一颗玉米粒就可以包含世间所有的光荣。"

哈瓦那的那次相遇后不久,马蒂就去了深山之中。他为古巴而战,激战正酣时,一颗西班牙子弹把他从马上掀落。

肌肉

何塞·马蒂早已发出警告和控告:年纪尚轻的美国正在变成贪婪的帝国,它要吞吃世界,难以餍足。它已经把印第安人的所有领地和半个墨西哥吞入腹中,还没有止歇的势头。

"和平的任何一次胜利都不如战争的最高胜利来得伟大。"曾荣获诺贝尔和平奖的泰迪·罗斯福如是说。

泰迪老爷在总统位子上坐到1909年,那一年他放下侵略别国的事业,跑去非洲与犀牛战斗了。

他的继任者威廉·塔夫脱大讲自然秩序:

"我们是优等种族,所以整个西半球在道义上是我们的,将来它在事实上也会是我们的。"

马克·吐温

乔治·W. 布什总统下令入侵伊拉克时，宣称菲律宾群岛解放战争已经为这次入侵树立了榜样。

这两场战争都是受天意感召而为。

布什透露说，是上帝命令他做这件事的。一个世纪之前，威廉·麦金莱总统也曾听到从上天传来的话音：

"上帝告诉我说，我们不能把菲律宾人放在他们自己手里，因为他们还不具备自行管理的能力；他还说，我们能做的，只有对他们担起责任，教化他们，升华他们，把文明带给他们，让他们成为基督徒。"

就这样，美国把菲律宾从菲律宾的威胁中解救了出来，顺便也解救了古巴、波多黎各、洪都拉斯、哥伦比亚、巴拿马、多米尼加共和国、夏威夷、关岛、萨摩亚……

当时，作家安布罗斯·比尔斯附和说：

"战争是上帝选来教我们认识地理的方式。"

他的同行马克·吐温是反帝国主义联合会的领导人。马克·吐温设计了一面新的美国国旗，把星星全换成了小骷髅头。

弗莱杰里克·范斯顿将军提议说，对这位先生应当以叛国罪处以绞刑。

汤姆·索亚和哈克·费恩挺身维护他们的爸爸。

吉卜林

而鲁德亚德·吉卜林却为征服战争欣喜若狂。战争期间,这位孟买出生、伦敦制造的作家发表了他的诗作《白人的负担》,取得了不俗的反响。

在诗句中,吉卜林劝那些发动侵略的国家留在它们侵入的土地上,直到完成它们传播文明的使命:

> 挑起白人的负担,
> 把你最优秀的儿孙送出去,
> 放逐他们,
> 让他们为你的奴隶们服务,
> 让他们背负沉重枷锁
> 去伺候你刚刚抓到的
> 又野蛮又暴躁
> 一半像魔鬼一半像小孩的人们。

这位印度诗人说,做奴仆的人是愚昧无知的,连自己需要什么都不知道,而且都是忘恩负义之徒,他们的主人为他们所做的牺牲,他们是从来不会珍视的:

> 挑起白人的负担
> 换取那古今一样的回报:
> 得到最佳待遇的人会诅咒你,

得到最佳照料的人会痛恨你,

得到最佳指引

缓慢地迈向光明的人

会埋怨你……

帝国之剑

在伤膝河,纳尔逊·迈尔斯将军枪杀了众多妇女和儿童,以此解决了印第安人问题。

在芝加哥,纳尔逊·迈尔斯将军把普尔曼公司罢工领袖送入坟墓,以此解决了工人问题。

在波多黎各的圣胡安,纳尔逊·迈尔斯将军扯下西班牙国旗,升起星条旗,以此解决了殖民地问题。他在所有地方都插上"English spoken here"[1]的告示牌,就怕哪个人无此意识。他还自封为总督。他对受侵略土地的人民说,侵略者并不是为打仗而来,"正相反,我们是来给你们提供保护的,不仅要保护你们,还要保护你们的财产,还要促进你们的繁荣,还要……"

---

1 英语,意为"此处说英语"。

文明之米

菲律宾群岛的得救,从一开始就得到了慈善女士们价值难以估量的贡献。

这些善良的灵魂,这些高级官员和侵略军军官的太太,一开始是参观马尼拉监狱。她们发现犯人们都非常瘦弱。她们来到监狱厨房,亲眼看见这些不幸的人吃的是什么,便一个个寒透了心。这是野蛮的米,原始人就吃的这个:这些谷物大小不一,颜色暗淡,壳儿啊芽儿啊什么的都没去掉。

她们向她们的丈夫寻求帮助,他们对善行未予拒绝。于是,从美国驶来第一条载着文明之米的船。这些米都一样大小,都脱了壳,打磨得晶莹剔透,还用滑石粉漂白过。

从1901年末开始,菲律宾犯人就吃这种米。在头十个月,一场瘟疫让四千八百二十五个人病卧不起,夺去了二百一十六个人的性命。

美国医生解释说,这场灾难是由某种细菌引起的,落后国家卫生条件的缺乏致使细菌丛生;但是,出于疑虑,他们还是要求监狱恢复从前的膳食。

当犯人们重新吃上野蛮之米时,瘟疫消失了。

民主的诞生

1889年,巴西终结了君主制。

这一天早晨，君主派政客们一觉醒来就成了共和派。

几年后，宪法问世，建立了普选制度。所有人都可以投票，除了文盲和妇女。

因为几乎所有的巴西人都是文盲或妇女，几乎没有人参加投票。

在第一次民主选举中，每一百个巴西人中有九十八个人没有响应前来投票的号召。

一位叫普鲁登特·德·莫拉伊斯的富有的咖啡庄园主当选为该国总统。他从圣保罗来到里约，无人知晓。没有人去迎接他，没有人认得他。

现在他终于有了点名气，风光旖旎的伊帕内玛海滩有一条街就与他同名。

大学的诞生

在殖民地时代，有条件的巴西家庭都把孩子送到科英布拉大学去念书。这所大学在葡萄牙。

后来，巴西有了几所专门培养法律博士或医学博士的学校：出不了几个博士，因为他们可能的顾客少得可怜。在这个国家，大多数人没有任何权利，他们拥有的唯一药物是死亡。

大学，是没有的。

但到了1922年，比利时国王利奥波德三世宣布将访问巴西，如此尊贵的客人是应该获得一个名誉博士头衔的，而这种头衔只有大学才能颁发。

大学便因此而生。它创建得很匆忙，用的是帝国盲人学校的大房子。没办法，只好把这些可怜的盲人统统赶走。

就这样，巴西向比利时国王赠予博士头衔。巴西最好的音乐、巴西最棒的足球、巴西最可口的美食和巴西最热烈的欢乐都应该感谢黑人的功劳，而这位国王唯一的功绩是成为一个善于在刚果灭绝黑人的家族的继承人。

忧郁的诞生

蒙得维的亚原本不是灰色的。它是被抹成灰色的。

1890年那会儿，一位到访乌拉圭首都的旅行者尚能向这座"鲜活的色彩取得胜利的城市"致敬。这座城市的房子还长着红色、黄色、蓝色或其他颜色的脸。

不久之后，专家们说这种野蛮的习俗与一个由欧洲人组成的民族不相称。不管地图怎么标，要做欧洲人，就先要做文明人。要做文明人，就应当严肃。要严肃，就应当忧郁。

1911年和1913年，市政条例规定人行道所用的铺路砖应为灰色，还对房屋正面的颜色作了强制规定："所用油漆颜色必须与建筑材料如砂岩、砖头、一般石材相近。"

画家佩德罗·费加里对这种只有在殖民地才会干出的蠢事大加嘲讽：

"连门窗都要刷成灰色，这是时尚的要求。我们的城市都想变成巴黎……蒙得维的亚这座光彩照人的城市被他们瞎涂一气，被他们糟蹋，被他们阉割……"

就这样，蒙得维的亚在抄袭模仿中颓废了。

然而，在那个年代，乌拉圭还是拉丁美洲最大胆的国家，不断地用行动证明它的创造力。这个国家先于英国推行去宗教化的和免费的教育，先于法国允许妇女投票，先于美国实行八小时工作制并先于西班牙确立离婚法——七十年之后，西班牙才重新恢复了离婚法。人称"贝贝先生"的何塞·巴特耶总统将公共服务部门国有化，把教会与政权分离开来，还改换了老日历上的名称。乌拉圭人至今还把圣周称作"旅游周"，仿佛耶稣是运气不好，才碰巧在这样的日子里受难的。

外人

那幅给爱德华·马奈带来名声的画作，展现的是一个星期天的典型图景：巴黎郊外，两个男人和两个女人坐在草地上午餐。

没什么奇异之处，除了一个细节。他们都穿着衣服，不折不扣的绅士，而她们则全裸。他们俩谈论着某个严肃的话题，男人的事情，而她们的重要性还不如当风景的树。

近景中的那个女人望着我们。也许，身处这被排除在外的境地中，她在问我们："我在哪儿？""我在这里干吗？"

她们是多余的，不仅仅是在画里。

没有灵魂的人

亚里士多德知道他在说什么：
"女人如同是畸形的男人。她缺少一个关键的组成：灵魂。"
造型艺术一直是没有灵魂的人的禁地。
在16世纪的博洛尼亚，有五百二十四名男画家和一名女画家。
在17世纪，巴黎美术学院拥有四百三十五名男画家和十五名女画家，她们都是男画家的妻子或女儿。
在19世纪，苏珊娜·瓦拉东卖过菜，做过马戏团杂技演员，也给图卢兹-洛特雷克当过模特。她穿着用胡萝卜做的紧身胸衣，和一只山羊同住在画室里。她是第一个敢画裸体男人的女艺术家，但没有任何人为此感到惊奇。她一定是个神经错乱的女人。
鹿特丹的伊拉斯谟知道他在说什么：
"女人永远是女人，也就是说，疯子。"

卡米耶的复活

她的家人宣称她是疯子，把她关进了一家疯人院。
卡米耶·克洛岱尔被囚禁在那里，度过了她生命中余下的三十年光阴。
他们说，这是为她好。
在疯人院这冰冷的监狱里，她不再作画也不再塑像。
她的母亲和姐妹从来不探望她。

只有她的弟弟保罗时不时来看看她，他是个善人。

当罪孽深重的卡米耶去世时，没有人来认领尸体。

这个世界过了好多年才发现，卡米耶不仅仅是奥古斯特·罗丹的备受羞辱的情人。

她去世后差不多过了半个世纪，她的作品才得到重生，开始周游世界并惊艳世界：青铜会跳舞，大理石会落泪，石头会有爱。在东京，几位盲人要求摸一摸这些雕塑。他们的请求得到批准。他们说，这些雕塑会呼吸。

梵高

他的四个叔父和一个弟弟都从事艺术品生意，而他终其一生只卖出过一幅画，仅仅一幅画。他的一个朋友的妹妹不知是出于敬仰还是出于怜悯，花了四百法郎买下他在阿尔勒创作的油画《红色的葡萄园》。

一百多年后，他的画作常常成为报纸财经版上的新闻，而他从没看过这些报纸；

他的画作成为画廊中标价最高的作品，而他从没进过这些画廊；他的画作成为博物馆中观看次数最多的展品，而博物馆曾忽视他的存在；他的画作成为美术学院里地位最高的范本，而美术学院曾建议他转行。

现在，梵高装饰着曾经不肯给他饭吃的餐馆、曾经要把他关进疯人院的诊所和曾经要把他送进监狱的律师事务所。

这一声呐喊

爱德华·蒙克听到天空在发出呐喊。

时已过黄昏,太阳却还停在天上,表现为从地平线上升起的多条火舌,此时天空发出一声呐喊。

蒙克画下了这一声呐喊。

现在,谁看到这幅画,都要捂起耳朵。

新的世纪是喊叫着出生的。

预言了 20 世纪的人

卡尔·马克思和弗里德里希·恩格斯是在 19 世纪中叶写下《共产党宣言》的。他们写此文不是为了解释世界,而是为了有助于改造这个世界。一百年后,人类的三分之一都生活在这本仅有二十三页的宣传册所生发出来的社会中。

《共产党宣言》是一个精准的预言。两位作者宣称,资本主义是一个对自己释放出来的力量无法施以控制的巫师。今天,任何一个脸上长着眼睛的人都能亲眼见证这句话。

但两位作者没有想到,这个巫师拥有比猫更多的生命,

也没想到,大工厂可以分散劳动力,从而降低生产成本、减小工人造反的威胁,

也没想到,社会革命更多会发生在曾被称为"野蛮"的国家,而非所谓的"文明"国家,

也没想到，所有国家的无产阶级联合起来的次数不如分裂的次数多，

也没想到，无产阶级专政会成为官僚专政的艺名。

就这样，无论如何，《共产党宣言》证实了两位作者最为深刻的判断：现实总是比它的阐释者更为强大、更能令人吃惊。"理论是灰色的，生命之树常青。"歌德曾通过魔鬼之口这样说。马克思常常声明自己不是马克思主义者，可后来的一些人却把马克思主义变成了绝对正确的科学。

广告的诞生

俄国医生伊万·巴甫洛夫发现了条件反射。

他把这种刺激和反应的过程称为"学习"：

小铃铛响起，狗有食吃，狗分泌唾液；

数小时后，小铃铛响起，狗有食吃，狗分泌唾液；

第二天，小铃铛响起，狗有食吃，狗分泌唾液；

如此每日每时往复，直到小铃铛响起，狗没食吃，仍分泌唾液。

数小时后，数天后，当小铃铛在空空的盘子前响起时，狗仍会分泌唾液。

灵丹妙药

波斯敦牌麦片引领你走上幸福之路，直达康乐阳光之城。这些浮动的碎片拥有神奇特性，被称为"先知的吗哪"[1]，麦片中含有的核桃仁能预防阑尾炎、结核病、疟疾和牙齿脱落。

1883年，霍洛威教授花了五万英镑给一个产品打广告。这种产品是用肥皂和芦荟做的，包治广告中列出的五十种病症。

格雷戈里博士研制的健胃粉将土耳其大黄、氧化镁和牙买加生姜奇妙地融合在一起，能让你拥有一个全新的肚子；维隆博士研制的涂剂，"经皇家医学院院士认可"，能击败伤风、哮喘和麻疹。

斯坦利博士研制的蛇油跟蛇毫不相干，是一种煤油、樟脑和松脂的混合物，能消灭风湿病，有时候也能消灭风湿病患者，不过这个细节并不出现在广告中。

温斯洛女士的糖浆能舒缓神经，不过广告中并没提到糖浆中是含有吗啡的，因为该产品是一个恪守清规的家族制作的。广告也不提彭伯顿博士卖的"补脑佳品"可口可乐的"可口"是指什么。[2]

市场营销

20年代末，广告大张旗鼓地宣传这种美妙的新玩意儿："你

---

1 吗哪是古代以色列人经过旷野时获得的神赐食物，见《圣经·出埃及记》。
2 可口可乐（Coca-Cola）中的"可口"（Coca）即古柯，一种原产南美洲的植物，可以作为制作可卡因的原料。

能飞起来！"用含铅汽油能跑得更快，跑得更快就能获得人生的成功。广告中，一个小孩坐在一辆迈着乌龟步子前进的汽车里，一副难堪的表情："哎呀，老爸！所有人都在超你的车哎！"

含铅汽油诞生于美国，广告连番轰炸，把它从美国强行推广到全世界。1986年，当美国政府最终决定禁掉含铅汽油时，全世界受它毒害的人数已经无法估算。可以确知的是，含铅汽油在当时的美国每年毒杀五千个成年人，在六十年中给数以百万计的儿童造成了神经系统和智力水平的损伤。

这起罪行的元凶是通用汽车公司的两位高管，查尔斯·凯特灵和阿尔弗雷德·斯隆。他们被当作对人类做出过伟大善举的人而载入史册，因为他们建了一家大医院。

玛丽

她是第一个获诺贝尔奖的女人，而且拿了两次诺贝尔奖。

她是索邦大学第一位女教授，并且在很多年中是唯一一位女教授。

后来，她又成为第一个被先贤祠接纳的女性。这座气势非凡的灵堂是专门安放"法兰西伟大人物"的，尽管她是在波兰出生并长大的。

19世纪末，玛丽·斯克沃多夫斯卡和她的丈夫皮埃尔·居里发现了一种放射量比铀还要多四百倍的物质。他们将该物质命名为"钋"，以纪念玛丽的祖国。之后不久，他们创造了"放射性"

一词，开始试验比铀强三千倍的镭。他们共同荣获诺贝尔奖。

皮埃尔已经开始心生疑虑：它们携带着的，究竟是一份来自天堂的馈赠，还是来自地狱的礼物？在斯德哥尔摩的演讲中，他提到了阿尔弗雷德·诺贝尔，这位炸药发明者的故事就可以作为参鉴：

"威力巨大的炸药让人类得以完成伟大的工程。但是，一旦落到那些把人民带向战争的大罪人手里，炸药就成了一种可怕的毁灭工具。"

之后没过多久，皮埃尔就命丧车轮之下。那辆车运载着四吨军用物资。

玛丽走在她丈夫身后。她的身体成为她的成功的代价。因为长期受辐射，她受灼伤、溃疡和剧痛之苦，最终死于恶性贫血。

他们的女儿伊雷娜因在新的放射性领域所作的探索，也荣获诺贝尔奖。她死于白血病。

电灯之父

他曾在火车上卖报。八岁时，他头次上学。他学了三个月。老师把他打发回了家。"这孩子不开窍。"他说。

托马斯·阿尔瓦·爱迪生长大后，给成百上千个发明注册了专利：白炽灯、电动机车、留声机、电影放映机……

1880年,他创建了通用电气公司,并建造了史上第一个发电站。

三十年后，这位照亮了现代生活的人与记者艾尔伯特·休巴德有过一次对话。

他说：

"总有一天会有人想出办法来聚集和储存太阳光，取代这普罗米修斯盗来的陈旧、荒唐的火。"

他还说：

"太阳光是一种能量，风和海潮都是能量的表现形式，我们可利用了些许？噢，没有！我们还在烧木头烧煤，就好比把自家门前的栅栏拆了烧火。"

特斯拉

尼古拉·特斯拉总说是他发明了无线电，但诺贝尔奖还是给伽利尔摩·马可尼捧走了。1943年，经过一场持续多年的官司，美国最高法院终于判定特斯拉的发明为时更早，但他无法知晓。其时他已在坟墓里睡了五个月了。

特斯拉总说是他发明了交流发电机。这项在今天照亮了世界上各个城市的发明，初次使用却是在电椅上把犯人的肉烤得嗞嗞作响，他由此招得恶名。

特斯拉总说他能在四十公里之外不用电线点亮一盏灯，可当他试验成功时，却引爆了科罗拉多斯普林斯的发电厂，居民们用棍子把他打跑了。

特斯拉总说他发明了可以远程控制的钢铁小人，以及可以给人的体内照相的射线，但没人把这个马戏团魔术师当回事。这位魔术师常和他的亡友马克·吐温交谈，还从火星接收信息。

特斯拉死在纽约的一家旅馆里，口袋里空空如也，就跟六十年前他从克罗地亚远渡而来下船到岸时一样。今天，为了纪念他，"特斯拉"被用来命名磁感应强度单位，以及能制造一百多万伏电压的线圈。

空袭的诞生

1911年，意大利飞机往利比亚沙漠中的几个村落投掷了一些榴弹。

这场彩排表明，从空中发起的进攻比地面进攻杀伤力更大，速度更快，也更省钱。空军司令部的报告说：

"轰炸摧敌士气，有奇效。"

接下来的用武场合，仍是欧洲军人屠杀阿拉伯平民。1912年，法国飞机空袭摩洛哥，专挑人多的地方炸，以免炸偏目标。次年，也是在摩洛哥，西班牙空军将刚从德国运抵的新式武器首次投入使用：这些炸弹爆开时，钢片四溅，置人于死地，成效斐然。

后来……

桑托斯·杜蒙生平纪事

三十二岁那年，经历多次空中事故而奇迹般存活于人间的巴西英雄阿尔贝托·桑托斯·杜蒙获得法国荣誉军团骑士勋章。报界将他赞誉为巴黎最有风度的男人。

三十三岁那年,他成为现代飞机之父。他发明了一种带驱动机的鸟,无须弹射装置即可升空飞行,离地六米。着陆后,他宣称:

"我对飞行器的未来充满信心。"

四十九岁那年,第一次世界大战结束不久,他向国联发出警告说:

"飞行机器的种种优点让我们心怀恐惧地隐约看到,它们可以取得的巨大破坏力,它们可以成为死亡播种机,不仅能杀伤作战部队,不幸的是,更能杀伤没有防御能力的人。"

五十三岁那年:

"我想不通,既然严禁往水里投毒,凭什么不能禁止飞行器投掷炸药。"

五十九岁那年,他自问:

"我为什么要发明这个东西啊,它没有助长爱,却变成了邪恶的杀器。"

然后他自缢身亡。他实在太小了,几乎没有重量,几乎没有身高,所以用一条领带就完事了。

相片:人群中的一个

慕尼黑,奥登广场,1914 年 8 月。

帝国的旗帜在空中飘扬。旗帜下,聚集起陶醉在日耳曼精神之中的人群。

德国宣战了。"开战！开战！"人们兴高采烈地狂吼，急切盼望早早开赴战场。

在照片下方的一角，有一个人，几乎淹没在人群之中，仰望天空，张着嘴巴，沉浸在欢乐之中。如果有人认得他，会告诉我们说，这人叫阿道夫，是奥地利人，长得难看死了，讲话声音刺耳，动不动就要神经发作；他睡阁楼，靠卖画勉强维持生计；那些水彩画，都是他从挂历上的风景画描过来的，他拿到酒吧里兜售，从这张桌子问到那张桌子。

照片的拍摄者海因里希·霍夫曼并不认识他。他毫不知晓，在这人头的汪洋中，他的相机捕捉到了弥赛亚的现身，这位尼伯龙根和瓦尔基丽娅的民族的救世主，这位齐格弗里德将为遭受惨败和屈辱的伟大德意志复仇，德意志将一路高歌，从疯人院开往屠宰场。

卡夫卡

当第一次世界大屠杀的鼓声在耳旁震响时，弗兰兹·卡夫卡创作了《变形记》。之后不久，大战已经展开，《审判》问世。

这是两场集体性的噩梦：

一个人醒来时变成了一只大甲虫，他不明白这是为什么，最终被一把扫帚清理掉；

另一个人，被逮捕，被控告，被审讯，被判刑，他不明白这是为什么，最终被刽子手刺死。

这些故事，这些作品，仍每天在报章上继续，报纸不停地播发着战争机器运行良好的消息。

写这些故事的人，张着发热的眼睛，像一个魂灵，像一个没有形体的影子，在烦忧的最后一道边界上写啊写。

他没发表过什么东西，几乎没有人读到他的作品。

他默默地去了，正如他默默地活过。在最后的痛苦中，他开了口，只是请求医生：

"请杀了我吧，要不然您就是谋杀犯。"

尼金斯基

1919年，瑞士，在圣莫里茨的苏福赫塔酒店，瓦斯拉夫·尼金斯基跳了人生中最后一次舞。

在全是百万富翁的观众面前，这位世界上最著名的舞蹈家说，他将要表演的是战争之舞。在巨型烛灯的映照下，他开始舞动身躯。

尼金斯基飞转着，像狂怒的旋风，他从地上跃起，在空中分裂自己的身躯，猛坠在地上，翻滚着，似乎这大理石铺就的地面是一摊烂泥，他又开始旋转，跃向空中，撕裂自己，一次，又一次，再一次，直到最后，他剩下的这团肉，这无声的呐喊，猛撞在窗户上，消失在雪中。

尼金斯基由此进入了疯人王国，那是他的流放之地。他再也没有回来。

爵士乐的诞生

时为1906年。在新奥尔良的一个贫民区,卑尔迪多街上,人们像往常一样来来往往。一个五岁的小男孩儿把头探出窗外,看着这无趣的场景。他张大眼睛和耳朵,像在等待什么东西出现。

果然出现了。音乐自街角响起,迅速占领了整条街道。一个男人对着天空吹着小号,人们聚集在他周围,拍着手,唱着,跳着。路易斯·阿姆斯特朗,那个窗口边的小男孩,也扭得起劲,差点从窗口掉下去。

几天后,吹小号的男人进了精神病院。他被关在黑人专区。

他的名字巴迪·伯顿上了报纸,这是唯一一次。二十五年后,他死在这家精神病院里,报界压根就不知道。然而,他的音乐仍在回响,回响在那些曾在节庆或葬礼上亲耳聆听过他演奏的人心里,虽然从未被抄录或录制下来。

据知情者说,这个幽灵便是爵士乐的创建者。

强戈的复活

他出生在吉卜赛人的大篷车里,早年在比利时四处奔跑,用他的班卓琴给一只狗熊和一只山羊的舞蹈配乐。

十八岁那年,他的篷车起火烧掉了。他落得个半死不活。他失去了一条腿。还失去了一只手。跟道路说再见吧,跟音乐说再见吧,医生说。可是在医生准备锯腿之前,他那条腿康复了。他又从他失去的手上保留下两根手指。就凭着这两根手指,他得以成为爵士乐史上最出色的吉他演奏家之一。

强戈·莱因哈特和他的吉他琴之间有一个秘密协定。只要他弹起吉他,吉他就会把他缺失的手指给他。

探戈的诞生

它诞生在拉普拉塔河地区,诞生在郊区里的嫖客中间。先是男人跟男人跳,以给等待的时光增添一点乐趣,与此同时,女人们则在床上为其他顾客服务。缓慢而断续的乐声消失在小巷深处,那里是刀子和悲情的天下。

探戈在额头上就带着它初生的印记,底层,苦日子,因此它走不出去。

但这不登台面的艺术还是迈开了步子。1917年,经由卡洛斯·加德尔之手,探戈闯进了布宜诺斯艾利斯市中心,登上了艾丝美拉尔达剧院的舞台,由加德尔首演。他唱了一曲《我忧伤的夜晚》,收获了满堂喝彩。于是探戈的流亡结束了。一向谨小慎微的中产阶级泛着泪光,向探戈表示热烈欢迎,给它颁发了荣誉证书。

这是加德尔录在唱片里的第一支探戈舞曲。它今天仍在奏响,每天都听上去更优美。加德尔被人称作魔术师。这个称呼丝毫不算夸张。

桑巴的诞生

和探戈一样,桑巴起初也不登大雅之堂:"廉价音乐","黑人玩的东西"。

1917年,也就是加德尔为探戈打开大门的那一年,在里约热内卢狂欢节上,桑巴第一次爆发。那一晚,连哑巴也唱起歌来,连街灯也舞动起来。那一晚长得有好多年。

不久之后,桑巴远赴巴黎。巴黎为之疯狂。这音乐实在令人难以抗拒,它汇聚了一个盛产音乐的国度中的所有音乐。

然而,欧洲人的赞美一点也没让巴西政府觉得脸上有光。那个时候,巴西政府不在国家足球队中接受黑人。最著名的桑巴音乐家都是黑人,巴西会有被欧洲人误认为地处非洲的危险。

这些音乐家当中最出色的当数皮辛奎尼亚,他是长笛和萨克斯大师,他创制了一种不容混淆的风格。法国人从没听过与之类似的音乐。他与其说是在演奏,不如说是在玩。他自己玩,也邀观众一起玩。

好莱坞的诞生

蒙面人骑马行进,白色的长袍,白色的十字架,火把高高举起:渴求白人少女的黑人,在这些为女士美德和骑士荣誉复仇的骑手面前瑟瑟发抖。

在私刑最盛的年代,D.W. 格里菲斯执导的电影《一个国家的诞生》为三Ｋ党高唱赞歌。

这是好莱坞的第一次大成本制作,收获了无声电影历史上的最佳票房。这也是第一部在白宫首映的电影。时任总统的伍德罗·威尔逊当场起立鼓掌。他为影片鼓掌,他为自己鼓掌:这位扛着自由大旗的总统,便是陪伴这些史诗场景的大部分说明文字的执笔人。

总统的话语解释说,奴隶的解放是"文明在南方遭遇的一场真正的灾难,白人的南方被黑人的南方踩在了脚下"。

自此,这块土地陷入混乱之中,因为黑人"不懂得威权的用处,只认得它的残暴无情"。

但是,总统点燃了希望之光:"终于,伟大的三Ｋ党诞生了。"

在影片结尾,甚至连耶稣也亲自下凡,来传递他的祝福。

现代艺术的诞生

非洲的雕刻家一边劳作一边歌唱,历来如此。他们要一直唱到作品完工,让音乐栖身作品之中,并在其中继续发声。

1910年,在一个叫奴隶海岸的地方,里奥·弗罗贝纽斯面对他发现的几尊古代雕像惊叹不已。

这些雕像优美之极,令这位德国探索者认为,它们是古希腊人的作品,是从雅典流落至此的,也有可能是来自消失了的大西国的创作。他的同行与他意见一致:非洲,只配受鄙视,只能生产奴隶,不可能是这些绝妙之作的作者。

但他们想错了。这些充满音乐的雕像，是几百年前在伊菲诞生的。伊菲，世界的肚脐，是约鲁巴人的神给女人和男人赋予生命的圣地。

非洲仍源源不断地喷涌出艺术作品。这些作品，值得赞颂，也值得偷盗。

保罗·高更，这个放浪形骸的男人，好像就曾在一对来自刚果的雕像上签下自己的名字。错误是会传染的。自此，毕加索、莫迪利亚尼、克利、贾科梅蒂、恩斯特、摩尔等欧洲艺术家也相继犯错，而且还屡屡犯错。

饱受殖民者的掠夺，非洲都不知道，20世纪欧洲绘画和雕塑最辉煌的征服成就，很大程度上要感谢她。

现代小说的诞生

一千年前，有两位日本女性像今天这样写作。

根据豪尔赫·路易斯·博尔赫斯和玛格丽特·尤瑟纳尔的说法，没有哪部小说能超越紫式部的《源氏物语》。这部小说精湛地表现了男人的冒险和女人的受辱。

另一位日本女性清少纳言，和紫式部一样，千年之后才有幸得到赞美。她的《枕草子》催生了新的文学体裁："随笔"，字面意思为"跟随毛笔的脚步"。这是一种多彩的马赛克，由短故事、笔记、思索、讯息和诗歌组成：这些碎片，看上去零散无章，事实上多种多样，把我们带进那个地方、那个时代。

无名士兵

在第一次世界大战中,法国损失了一百五十万人。

其中有四十万人,几乎占三分之一,是没有名字的死者。

为了向这些无名烈士致敬,法国政府决定建一个"无名士兵"之墓。

他们随机选中了凡尔登战役的一个阵亡者。

看到尸体后,有人发现,这是个黑人士兵,来自法属殖民地塞内加尔营。

他们及时纠正了错误。

1920年11月11日,另一具无名尸体,这回是白皮肤的,被葬在凯旋门之下。他身裹国旗,接受多场演讲和多项军方授予的荣誉。

禁止当穷人

"罪犯生下来就是罪犯,不是后天转变来的。"意大利医生切萨雷·龙勃罗梭断言。他炫耀自己能凭人的身体特征一眼就认出罪犯来。

为了证明"罪人"一生下来就注定要走上邪恶之路,巴西医生塞巴斯蒂安·莱昂对阿雷格里港监狱的犯人进行测量和研究。但他的研究成果显示:

犯罪之源是贫穷,与生物学无关;

通常认为黑人是低等种族，但黑人囚犯的智力水平并不低于其他人种的囚犯；

通常认为黑白混血人是羸弱低劣的种族，但黑白混血人囚犯也能平平安安地活到老；

并不是所有的罪犯都是粗鲁之人，看看写在狱中墙上的诗句就知道了；

龙勃罗梭归结的好动刀犯事之人的体格特征，诸如下巴突出、招风耳、獠牙外露，在监狱里不比在大街上见得多；

龙勃罗梭认为胡须稀少是公共秩序敌人的一个特征，但在阿雷格里港监狱的众多囚犯中，体肤光洁者不超过十个；

另外，炎热的气候并非有利于犯罪，因为犯罪率并不会在夏天升高。

隐形的男人

1869 年，苏伊士运河终于让两片海域之间的通航成为可能。

我们知道斐迪南·德·雷赛布是这项工程的主持者，知道埃及总督赛义德和他的接班人以极低的价格将运河卖给了法国人和英国人，

我们知道朱塞佩·威尔第为运河的开航仪式创作了歌剧《阿依达》，

还知道九十年后，经过漫长苦痛的斗争，埃及总统迦玛尔·阿卜杜尔·纳赛尔将运河收归国有。

谁还记得那些被罚从事修建运河的苦役，被饥饿、劳累和霍乱击倒的十二万犯人和农民呢？

1914年，巴拿马运河在两个大洋之间开了一道口子。

我们知道斐迪南·德·雷赛布是这项工程的主持者，

知道工程公司在法国历史上最著名的一桩丑闻中倒闭了，

还知道美国总统泰迪·罗斯福将运河、巴拿马和在路上看到的所有东西揽入怀中，

还知道六十年后，经过漫长苦痛的斗争，巴拿马总统奥马尔·托里霍斯将运河收归国有。

谁还记得那些在修建运河的工程中倒下的来自安的列斯群岛、印度和中国的劳工呢？他们被饥饿、劳累、黄热病和疟疾击杀，每一公里就有七百条人命。

隐形的女人

传统规定,新出生的女婴,要把她们的脐带埋在厨房的灰堆里,让她们一开始就懂得女人的位置在哪里，不要离开自己的位置。

墨西哥革命爆发的时候，很多妇女把厨具背在身上走出家门。她们跟着男人经历一场又一场的战斗，不管是被迫的还是自愿的。她们把孩子绑在胸前，后背上背着锅锅罐罐。还得背弹药：她们忙活着，让男人们的嘴里不缺玉米饼，枪里不缺子弹。要是男人倒下了，她们就接过枪。

乘火车行军时，车厢由男人和马占据，她们就坐在车厢顶上，

祈求上帝不要降下雨来。

她们是随军妇女、"母蟑螂"、阿黛丽塔、送粮女、大饼干、胡安娜、穷家女、兵嫂,没有她们,这场革命就没法进行下去。

她们没有一个人领到抚恤金。

禁止当农民

生性乐天的盗马贼潘乔·维亚在墨西哥北方燃起熊熊大火,与此同时,忧郁的赶马人埃米利亚诺·萨帕塔在南方领导革命。

在整个墨西哥,农民都揭竿而起:

"公平都跑到天上去啦。这里没有公平!"他们说。

为了把公平从天上拉下来,他们投入战斗。

还有什么办法呢。

在南方,糖才是君王,深居在城堡的高墙背后,而玉米则在乱石堆里艰难生存。世界市场欺凌地方小市场,强占土地和水的人这样劝告被夺走资源的人:

"那就在花盆里撒种子嘛!"

揭竿而起者是种地的人,不是好战者,他们时不时为了播种或收庄稼而中断革命。

乡亲们聚集在月桂树树荫里,聊着公鸡和马匹,萨帕塔坐在他们中间,只管听,很少说话。就是这个沉默寡言的人,让他的土改福音远播,最遥远的乡村也因之骚动起来。

墨西哥从没有得到如此大的改变。

墨西哥从没有因改变而遭到如此残酷的惩罚。

死去的人有一百万。所有人，或说几乎所有人，都是农民，尽管其中有一些穿着军队的制服。

相片：宝座

墨西哥城，国家宫，1914 年 12 月。

乡村在革命中站起，开进了城市。北方和南方，潘乔·维亚和埃米利亚诺·萨帕塔，一起征服了墨西哥城。

他们麾下的士兵像落入枪战中的盲人，迷失在城市里。他们在大街上兜着圈子，要粮吃，闪躲着从未见过的机器，与此同时，维亚和萨帕塔来到政府的宫殿里。

然后维亚把总统的镀金椅子让给萨帕塔。

萨帕塔没接受。

"我们应该烧了这把椅子。"他说，"它已经中了魔咒。好人坐上去，就会变坏。"

维亚哈哈一笑，只当萨帕塔是在说笑话。他把他的肥大身躯倾倒在椅子上，在阿古斯丁·维克多·卡萨索拉的照相机前摆好姿势。

萨帕塔站在他一边，看上去若即若离，一副事不关己的样子。他盯着相机，仿佛相机射出的不是闪光，是子弹，他用他的眼睛说：

"这么美的地方，留不住人。"

之后不久，这位南方首领便回到阿内内库伊尔科，回到他的摇篮,他的神殿,继续从那里出发拯救被抢走的土地。

维亚不久也说了同样的话:

"这房子太大了,不适合我们。"

后来那些坐上这张引人垂涎、金光闪闪的椅子的人,主导了为恢复秩序而进行的屠杀。

萨帕塔和维亚被叛徒谋害,倒地而亡。

萨帕塔的复活

据说,他生下来的时候,胸口有一只小手的图案。

他是连中七枪死掉的。

杀人者收获了五万比索和准将军衔。

被杀者收获了一大群农民,他们把大草帽拿在手上,来看他的遗体。

他们从他们的印第安祖先那里继承了沉默。

他们一言不发,或说一句:

"可怜的孩子。"

其他什么也没说。

但是过后,在村镇的广场上,舌头们一条条舒展开,渐渐地传开来:

"那不是他。"

"是另一个。"

"他没这么胖的。"

"他额头上该有颗痣的。"

"他上了条船,从阿卡普尔科出去啦。"

"他在夜里飞走,骑着匹白马。"

"他去阿拉伯了。"

"他在那里呢,在阿拉伯。"

"阿拉伯可远着呢,比瓦哈卡还远。"

"他马上就会回来的。"

列宁

"目的可以为手段正名。"这是列宁最著名的一句话。他从没有写过这句话,谁晓得他有没有当真说过这句话。

另外还有好些坏事儿,都被加到他头上了。

不管怎么说,他做过的就是他做过的,因为他知道他想做什么,他为此而活着。他日夜不歇地组织、辩论、研究、写作、密谋。他允许自己呼吸和吃饭,从不允许自己睡觉。

他在瑞士流亡十年,这是他的第二次流亡:他生活简朴,一直披着旧衣服,穿着不登台面的靴子,住在一个单间里,楼下住着个补鞋匠,旁边有一家肉铺,香肠的气味袅袅升起,直熏得他头晕。他终日在公共图书馆度过,跟黑格尔和马克思的联系比跟他的祖国、跟他的时代的工人农民的接触更多。

1917年,当他登上列车返回圣彼得堡时,没几个俄国人知道他是谁。后来那座城市以他的名字命名。他创建的那个将要夺取大权的政党，尚未攒下多少群众基础，还只是个月亮上的左派政党。

但是，列宁比谁都更清楚，俄国人民最需要的是什么，"和平与土地"，他刚下火车、在第一个车站发表了第一场演讲，受够了战争和侮辱的人们就把他当成了他们的代言人和工具。

亚历山德拉

爱情得是自由的、两情相悦的，才能是自然的、洁净的，就像我们喝的水一样；但是男人总是要求服从，拒绝快乐。没有一种新的伦理观，日常生活不来一场彻底的变革，就不会有全面的解放。要发动一场真正的社会革命，就要在法律上和习俗上废除男人对女人的所有权，撤销那些敌视生活多样性的僵化条例。

亚历山德拉·柯伦泰差不多就是这么要求的。在列宁的政府中，她是唯一一个部长级别的女性。

多亏她的努力，同性恋和堕胎不再是罪行，婚姻不再是无期徒刑，妇女有了投票权和平等工资待遇，还有了免费幼儿园、公有食堂和集体洗衣房。

若干年后，斯大林砍了革命的头，亚历山德拉保全了脑袋，却不再是亚历山德拉了。

斯大林

他学会了用格鲁吉亚文写字。格鲁吉亚是他的家乡。但在神学院里,教士们却逼他讲俄语。

若干年后,在莫斯科,他一开口仍去不掉他的南高加索口音。

于是,他决心成为最俄罗斯的俄罗斯人。生为科西嘉人的拿破仑,难道不是最法兰西的法兰西人吗?还有俄国叶卡捷琳娜女王,她是德国人,难道不是最俄罗斯的俄罗斯人吗?

于是,格鲁吉亚人约瑟夫·朱加什维利给自己选了一个俄文名字斯大林,意为"钢铁"。

钢铁之人的继承者,也应当是钢铁打造的:斯大林之子雅科夫自小就在火和冰里受锻造,然后在锤击中成型。

没有用。他毕竟是从娘胎里出来的。长到十九岁时,雅科夫不想也不能继续了。

他扣动了扳机。

子弹没要走他的命。

他在医院里醒来。

父亲站在床边说:

"你连这也干不成。"

借口

过去常说,现在也常说:社会革命受内部的强敌和外部的帝国主义者夹击，所以还不能享受自由这一奢侈品。

然而，正是在俄国革命最初的那段时光里，在敌人全面追击、内战和外国侵略的那些年里，革命的创造力才得到最自由的挥洒。

之后，光景大为改善，当初的革命者控制了整个国家，官僚专政强制推行唯一的真理，将多元性斥为不可饶恕的叛教行为。

画家马克·夏加尔和瓦西里·康定斯基一去不返。

诗人弗拉基米尔·马雅可夫斯基往自己心脏上开了一枪。

同为诗人的谢尔盖·叶赛宁自缢身亡。

小说家伊萨克·巴别尔遭枪毙。

曾在他光秃秃的戏剧舞台上进行革命的塞沃洛德·梅耶荷德也遭枪毙。

同样被枪毙的还有最早的革命领袖尼古拉·布哈林、格利高里·季诺维也夫和列夫·加米涅夫，而红军的创始人列夫·托洛茨基在流亡中被暗杀。

最早的革命者，一个也没有留下。所有人都被清洗了：被埋、被囚或被流放。他们也从英雄的照片和历史书上被抹掉删掉了。

革命领袖中的最平庸者被抬上宝座。

斯大林宰杀了给他造成阴影的人、说"不"的人、不说"是"的人、今天的危险分子和明天的危险分子。因为你做过的事情，因为你将会做的事情，出于惩罚，出于怀疑，一律宰杀。

相片：人民的敌人

莫斯科，剧院广场，1920年5月。

列宁发表演讲，给苏维埃士兵打气，他们将开往乌克兰前线，与波兰军队作战。

在列宁的一边，在高出人群的台子上，能看到列夫·托洛茨基，这一活动的另一个演讲者，还有列夫·加米涅夫。

G.P. 戈德史丁的这张照片成为共产主义革命的普世象征。

但没过多少年，托洛茨基和加米涅夫就从照片上和生活中消失了。

把他们从照片上抹去的，是修底版的人，他们被五级木头台阶取代；把他们从生活中抹去的，则是刽子手。

斯大林时代的裁判

伊萨克·巴别尔是个被禁的作家。他曾解释说：
"我发明了一种新的体裁：沉默。"
1939年，他成了囚徒。
次年，他上了审判席。
审判进行了二十分钟。
他承认他写过用他的小资产阶级观念歪曲革命现实的书。
他承认他犯过背叛苏维埃国家之罪。
他承认他跟外国特务交谈过。

他承认他在出国旅行时曾与托洛茨基派分子有过接触。

他承认他曾知晓一桩企图暗杀斯大林同志的阴谋,但他没有上报。

他承认他曾对祖国的敌人抱有好感。

他承认他刚才承认的一切都不是真的。

当天晚上,他们把他枪毙了。

他妻子是十五年后才知道的。

罗莎

她在波兰出生,在德国居住。她将毕生精力献给社会革命,直至遇害。1919 年初,德国资本主义的守护天使们用枪托砸开了她的头盖骨。

在此之前不久,罗莎·卢森堡就俄国革命的头几步路写过一篇文章。这篇文章诞生在囚禁她的德国监狱里。她在文中反对社会主义与民主的分道扬镳。

* 关于新民主:

> 社会主义民主并不是非要铲除了社会主义经济的所有根基后才可以在一片应许之地上开始。它不是人们在过渡时期忍受社会主义领导者后才有资格获得的一份圣诞礼物。社会主义民主是和摧毁统治阶层、建设社会主

义同时开始的。

* 关于人民的力量：

托洛茨基和列宁找到的方法，比如取消民主，要比他们试图治愈的疾病更为糟糕，因为如此一来就堵住了为社会机构的所有局限性提供纠正措施的唯一源泉。这一源泉，就是最广大人民群众活跃、灵活、充满能量的政治生活。

* 关于公共监督：

公共监督是绝对必要的。若没有公共监督，经验的交流只会局限在新政权诸位领导人的封闭圈子里。腐败就不可避免了。

* 关于自由：

只供政府的支持者享有的自由，只供一党成员享有的自由，都不是自由，不管这个党有多大。自由永远是也只能是那些提出不同意见者的自由。

* 关于官僚专政：

没有普选，没有不受限制的新闻自由和集会自由，没有自由的意见交锋，公共机构就会丧失生命，就会沦为一幅只有官僚才在其中充当活跃分子的漫画。公共生活会逐渐堕入沉睡中，只由少数拥有无穷精力和无限经验的政党的领导人进行管理和统治。在他们中间，真正进行领导的也就十来个人，一小部分劳动者阶级的精英时不时被请去出席会议，他们在会上为领导人的讲话鼓掌，一致通过决议。

两个国家的诞生

据说，丘吉尔曾说：

"约旦是某个春日里、大概下午四点半的时候，我的脑子里突然冒出来的一个想法。"

事实是，1921年3月，在短短三天之内，殖民地事务大臣温斯顿·丘吉尔和他的四十名顾问创制了一张新的中东地图。他们创造了两个国家，给它们取了名字，指派了两国的君主，用手指在沙盘上划出它们的疆界。底格里斯河与幼发拉底河环抱的那块土地，以它的泥巴制成最早的书籍的那块地方被叫作伊拉克，而从巴勒斯坦肢解出来的新国家则被叫作约旦。

让殖民地改换名称，成为或者貌似成为阿拉伯王国，是当时的要务。同样紧要的，是分化这些殖民地，各个击破：这是帝国的经验教会他的。

当法国正在创造黎巴嫩时，丘吉尔把伊拉克的王冠赐给了流亡王子费萨尔；全民公决予以确认，通过率达百分之九十六，其高涨的热情令人生疑。费萨尔的哥哥阿卜杜拉王子做了约旦国王。两位君主来自同一家庭，这一家庭在阿拉伯的劳伦斯的建议下，依附于大英帝国的财政预算。

国家的制造者们在开罗的塞米拉米司宾馆签署了伊拉克和约旦的出生证明，然后他们去金字塔间散步。

丘吉尔从骆驼上摔下来，伤了一只手。

幸运的是，他伤得很轻：这位丘吉尔最欣赏的艺术家（指受伤的手），还可以继续描绘风景。

忘恩负义的国王

1932年，伊本·沙特结束了他对麦加和麦地那的长期征战，自封为这两座圣城和周边所有广袤沙漠的国王和苏丹。

出于谦卑，伊本·沙特以他家族的名字来命名这个国家：沙特阿拉伯；出于健忘，他把石油拱手送给标准石油公司，忘记了在1917年至1924年间，他和他的家人是在大英帝国的手里吃饭的。这一点，官方账目可以提供证明。

沙特阿拉伯成了中东的民主典范。该国的五千位王子拖了七十三年才组织起第一次选举。这些市级选举大会是没有政党参与的，因为政党是被禁的。也没有女人参加，因为她们也是被禁的。

约瑟芬生平纪事

九岁那年,她在密西西比河边的圣路易斯靠打扫房屋谋生。

十岁那年,她开始在街头跳舞赚硬币。

十三岁那年,她嫁了人。

十五岁那年,她再婚。第一任丈夫,她甚至连不好的记忆也没留下。第二任丈夫,她留下了他的姓,因为她觉得发音好听。

十七岁那年,约瑟芬·贝克去百老汇跳起了查尔斯顿舞。

十八岁那年,她横渡大西洋,征服了巴黎。"黑色维纳斯"一身精光地出现在舞台上,只在腰间挂一圈香蕉。

二十一岁那年,凭借着自己这种小丑与致命女人的奇特混合,她成为全欧洲最受仰慕、酬金最高的女明星。

二十四岁那年,她成为地球上被照相机拍得最多的女人。巴勃罗·毕加索跪着画她。为了能与她相像,巴黎那些面容惨白的交际花纷纷往皮肤上抹核桃油,好让肤色变深。

三十岁那年,她在好几家宾馆遇到些麻烦,因为她出行时总带着一只黑猩猩、一条蛇、一只山羊、两只鹦鹉、几条鱼、三只猫、七条狗、一头戴着闪闪发光的钻石项链的名叫"奇基塔"的母豹和一只叫阿尔伯特的小猪。她用沃思"我会回来"系列香水给阿尔伯特洗澡。

四十岁那年,因在纳粹占领期间她对法国抵抗组织所作的贡献,她被授予荣誉军团勋章。

四十一岁那年,当她已换到第四任丈夫时,她领养了十二个来自不同地区的不同肤色的孩子。她把他们唤作"我的彩虹部落"。

四十五岁那年,她回到美国。她要求来看她演出的观众,白人黑人,混坐在一起。要不然她就罢演。

五十七岁那年,在华盛顿,她与马丁·路德·金一同站在演讲台上,面对庞大的游行队伍痛斥种族歧视。

六十八岁那年,她从一场巨大的破产危机中挺了过来,在巴黎波比诺剧院庆祝她在这个世界上半个世纪的演出。

然后她去了。

莎拉

"我总在表演,"她常说,"不管是在剧场里还是剧场外,我都在表演。我是我的替身演员。"

谁也不知道,莎拉·伯恩哈特究竟是史上最佳女演员,还是世界首骗,或者两者都是。

20年代初,她在施行了五十多年的专制统治后,仍霸占着巴黎的剧场,策划着没完没了的巡演。她已经八十岁了,瘦得连影子都没了,外科医生已经截去了她的一条腿:整个巴黎都知道。但整个巴黎都相信,这个不可抗拒的、所过之处引来阵阵惊叹的女郎,正在惟妙惟肖地扮演一个可怜的残疾老太婆。

巴黎臣服

那时他还是个光着脚板的小毛孩儿,在没有名字的街巷里踢着用破布做成的球。他常在膝盖和脚踝上抹壁虎油。反正他是这么说的,他的两条腿的魔力就来源于此。

何塞·雷安德罗·安德拉德话不多。他从不庆祝进球和新获得的爱情。无论是把球粘在脚上与对手翩翩起舞,还是把女人贴在身上跳探戈舞,他总是步调高傲,一副心不在焉的神情。

1924年奥运会,他让巴黎震惊。观众发了狂,报界称他是"黑色奇迹"。有了名气,女士们便一个个地贴上来。太太们露出她们的大腿,从她们镀金的细唇中吐出一个个烟圈,在洒了香水的信纸上给他写信。信件像雨一样落在他身上,可他一封也看不懂。

回乌拉圭时,他带回一件日式丝绸睡衣、一双鹅黄色手套和一块装点他手腕的表。

这一切没持续多久。

在那个年代,踢足球是用来换取吃的、喝的和快乐的。

后来他在大街上卖报纸。

后来他卖掉了他的奖牌。

他是国际足球史上第一位黑人球星。

后宫之夜

在巴黎的博物馆中,女作家法蒂玛·梅尼希看到了亨利·马蒂斯画笔下的土耳其美姬。

她们是后宫里的尤物：性感、慵懒、顺从。

法蒂玛留心了一下这些画作的创作日期，比个然后论证：当马蒂斯在20年代和30年代创作这些画的时候，土耳其妇女正在成为女公民，她们进入大学学堂和议会，争取到离婚的权利，摘下了面纱。

囚禁妇女的伊斯兰"后宫"，在土耳其已经被禁了，却还留在欧洲人的想象里。那些品行高尚的绅士，醒着时严守一妻，睡梦中坐拥多妻。他们可以自由进入那异国的天堂，在那里，又傻又哑的众女乐于为囚禁她们的男人提供愉悦。任何一个平庸的官僚都可以闭上眼，当场变成手握大权的哈里发，被一群赤身裸体的少女抚摸。她们跳着肚皮舞，求她们的主人陪伴她们欢愉一夜。

法蒂玛是在一个后宫里出生并长大的。

佩索阿的分身

他是一个人，他是很多人，他是所有人，他不是任何人。

费尔南多·佩索阿，忧郁的小官僚，时钟的囚徒，从未发出的情书的孤独作者，在他自己的心中有一座疯人院。

疯人院中的居住者，我们知道他们的名字，他们的生辰日期乃至时刻，他们的星座，他们的体重和他们的身高。

以及他们的作品，因为他们都是诗人。

阿尔伯特·卡埃罗，异教徒，喜欢嘲讽像形而上学这样的将生活缩减为概念的智慧杂技，专门喷泻灵感；

里尔卡多·雷耶斯，君主制和古希腊文明的捍卫者，古典文化之子，出生了好几次，也就拥有好几个星座，专门构建文体；

阿尔瓦罗·德·冈波斯，格拉斯哥的工程师，先锋主义者，研究能量，害怕活得困倦，专写感触；

贝尔纳多·苏亚雷斯，讲授悖论的教师，写散文的诗人，学者，自称是某个图书管理员的勤快助手，专写矛盾；

安东尼奥·莫拉，精神病医生兼精神病患者，被关在卡斯凯什的医院里，专写苦思之作和胡思之作。

佩索阿自己也写。当他们都在沉睡的时候。

War Street[1]

从20世纪初开始，纽约证券交易所每一个交易日的开始和结束都有机械钟问候。钟乐声声，向投机人士的忘我工作致以敬意。他们以地球为赌注，决定万物和万国的价值，制造百万富翁和乞丐，比任何一场战争、瘟疫或旱灾都能杀死更多的人。

1929年10月24日，机械钟照常兴高采烈地鸣响，但这一天是这座金融大教堂历史上最糟糕的一天。它的崩塌让银行和工厂纷纷关门，失业率升至云端，工资水平降至地表以下，全世界都

---

1 英文，作者故意将"华尔街"（Wall Street）写成"战争街"（War Street）。

来买单。

美国财政部长安德鲁·梅隆出面安慰遇难者。他说，危机自有其积极的一面，因为"这样的话人们就会更努力地工作，会过上一种更道德的生活"。

禁止赢得选举

为了让人们更努力地工作，过上一种更道德的生活，华尔街危机打翻了咖啡的价格，也打翻了萨尔瓦多的民选政府。

马克西米利亚诺·埃尔南德斯·马丁内斯将军执起了这个国家的权杖。此人常用一个神奇的钟摆在羹汤里发现毒药，在地图上发现敌人。

将军发起了民主选举，但人民没有利用好他慷慨赠予的这个机会。大多数人把票投给了共产党。将军只好取消选举，于是民众起义爆发了，与此同时，沉睡多年的伊萨尔科火山也爆发了。

机关枪恢复了原有的太平。几千人死去了。具体有多少，没人知道。他们是雇工，是穷人，是印第安人：经济学称他们为"劳动力"，死神管他们叫"无名氏"。

印第安人首领何塞·费里西亚诺·阿马被吊在一棵橄榄树树枝上，他已经被杀了好几次了。他停在那里，随风摇摆，全国各地的小学生跑来看他，来上一堂公民教育课。

禁止土地肥沃

为了让人们更努力地工作，过上一种更道德的生活，华尔街危机也让糖价大跌。

这场灾难重创了加勒比海诸岛，也彻底终结了巴西东北部的生命。

巴西东北已不再是世界产糖中心，根本算不上什么中心了，但它确实是单一种植甘蔗制度最悲惨的继承者。

这片广袤的沙漠在成为世界市场祭坛上的牺牲品之前，是绿色的。糖把森林和沃土斩杀殆尽。巴西东北出产的糖越来越少，出产的荆棘和罪犯却越来越多。

在这孤寂的荒漠里，居住着干旱之龙和大盗"油灯"。

每回行事之前，"油灯"都会亲吻一下匕首：

"您有胆量吗？"

"胆量，我不知道。我只有习惯。"

最终，他丢了习惯，也丢了头。砍下他脑袋的是若望·贝赛拉中尉，他收到的酬劳是十二辆汽车。政府已然忘记，他们曾给"油灯"颁发过陆军上尉军衔，让他去猎杀共产党分子。他们满怀胜利的喜悦，展出从他那里没收来的财物：一顶满是小洞的拿破仑帽、五枚假钻石戒指、一瓶"白马"威士忌、一小瓶"爱之花"香水、一件雨衣和其他装饰品。

禁止爱祖国

在他的巨翼草帽下，根本看不到他的脸。

1926年起，一只叫奥古斯都·塞萨尔·桑地诺的跳蚤不断地给巨人般的侵略者制造麻烦，惹得它要发疯。

美国海军陆战队数千人在尼加拉瓜待了好几年，沉重的美国战争机器没能把爱国农民组成的弹跳部队压扁。

"上帝和大山是我们的盟友。"桑地诺说。

他还说，他和尼加拉瓜都有幸患有急性拉丁美洲炎。

桑地诺有两位秘书，两个得力助手：一位是来自萨尔瓦多的阿古斯丁·法拉本多·马蒂，另一位是来自洪都拉斯的何塞·埃斯特万·帕夫莱蒂。危地马拉人曼努埃尔·玛利亚·西隆·鲁阿诺将军是唯一会使"小美人"的人。这种外号"小美人"的小炮，到了他手里，能把飞机打下来。萨尔瓦多人何塞·莱昂·迪亚斯、洪都拉斯人曼努埃尔·冈萨雷斯、委内瑞拉人卡洛斯·阿蓬特、墨西哥人何塞·德·帕勒德斯、多米尼加人格雷高里奥·乌尔瓦诺·吉伯特和哥伦比亚人阿方索·阿莱桑德尔及鲁文·阿迪拉·戈麦斯都是在战斗中取得领导位置的。

侵略者们把桑地诺叫作"土匪"。

他感谢他们的幽默：

"那么乔治·华盛顿也是土匪了？他不是为同样的目标而战吗？"

他还感谢他们的捐赠：勃朗宁步枪、汤普森冲锋枪以及所有他们在英勇撤退中丢下的武器弹药。

桑地诺的复活

1933年,美国海军陆战队灰溜溜地离开了尼加拉瓜。

他们走了,却没有真走。他们在离开的位置上安放上阿纳斯塔西奥·索摩查和他的士兵。他们受过侵略者的训练,担当美国的代理人。

在战场上不败的桑地诺,却败于背叛。

1934年,他中埋伏倒地。应该是从背后发动的袭击。

"别把死那么当回事儿,"他常喜欢说,"只不过是一会会儿的不舒服而已。"

好多年过去了,虽然他的名字不准提,虽然关于他的记忆遭禁,四十五年后,桑地诺民族解放军终于推翻了杀害他的凶手和杀害他的凶手的儿子们的独裁。

从此,尼加拉瓜这个光着脚板、不知天高地厚的小国在十年间抵挡了世界上最强的军事大国的进攻。这是从1979年开始的,多亏那些秘密的、在任何一本解剖学著作中都找不到的肌肉。

美洲民主传播简史

1915年,美国侵略了海地。罗伯特·兰辛[1]代表美国政府解释说,

---

[1] 罗伯特·兰辛(1864—1928),美国法学家,时任美国国务卿。

黑种人没有管理自己的能力,"因为他们天生趋向于过野蛮生活,在身体素质上没有接近文明的能力"。侵略者在海地盘踞了十九年。爱国领袖查理曼·佩拉特的尸体被钉在一扇门上,像一个十字架。

他们占领尼加拉瓜为时二十一年,后演变为索摩查的独裁统治;他们占领多米尼加共和国为时九年,后演变为特鲁希略的独裁统治。

1954年,美国用轰炸消灭了危地马拉的自由选举及其他堕落行为,开启了这个国家的民主时代。1964年,在巴西,消灭了自由选举及其他堕落行为的将军们收到了从白宫发来的钱、武器、石油和热烈祝贺。在玻利维亚也发生了类似的事,该国的一位学者得出结论说,美国是唯一一个没有军事政变的国家,因为那里没有美国大使馆。

这一结论很快得到了证明。皮诺切特将军听从了亨利·基辛格的警告,避免了智利"因它的人民不负责任"转变为共产主义国家的命运。

在此之前不久,在此之后不久,美国为了逮捕一个不忠诚的公务员轰炸了三千巴拿马贫民,为了阻止一个人民选出的总统回国而派兵登陆圣多明各,为了防止尼加拉瓜取道得克萨斯侵入美国而不得不向尼加拉瓜发起进攻。

当时,古巴已经接受过从华盛顿发来的友好访问了。这一访问团担负着教化的使命,由飞机、军舰、炸弹、雇佣军和百万富翁组成。他们没能越过猪湾。

禁止当工人

查理在街上捡到一块红色破布。他把破布举起来看,想知道这是什么东西,是谁丢的,转眼间他就不知怎的也不知为何领导起一场工人游行,然后和警察发生冲突。

《摩登时代》是这个人物的最后一部电影。他的爸爸卓别林不仅是在同他那可爱的喜剧小人物告别,也是在与无声电影作最后的诀别。

这部电影没有得到一项奥斯卡奖提名。该片主题反映的令人不快的现实,一点也不讨好莱坞喜欢。在这部背景设在1929年危机之后的岁月的史诗中,一个小男人被困缚在工业时代的机器零件之中。

这是一部让人发笑的悲剧,是一幅时代的画像,无情而打动人心:机器把人吞噬,抢走工作岗位,人的手与其他工具不再有所区别,工人们与机器相仿,不会生病,只会生锈。

早在19世纪初,拜伦勋爵已断言:

"现在,造人可比造机器更容易。"

禁止不正常

在身体、脑力或道德上不正常的人,杀手、恶人、畸形儿、痴呆儿、疯子、手淫狂、醉鬼、懒虫、乞丐和妓女正潜伏着蠢蠢欲动,要把他们的坏种遍植美国的高尚土地。

1907年，印第安纳州成为世界上第一个立法允许强制绝育的地方。

1942年，已有二十七个州的公立医院的四万名病人被强制绝育。他们都是穷人，或是很穷的人；其中很多是黑人，还有些波多黎各人，以及为数不少的印第安人。

发往致力于拯救人类的组织——人类改进基金会的求助信多得溢出了邮箱。一位女学生说她即将和一个男青年结婚，那个人外表正常，但他的耳朵实在太小了，而且像是安反了：

"医生警告我说，我们生出的孩子可能是退化堕落的。"

一对身高非常高的夫妇寻求帮助：

"我们不想把个子高得不正常的小孩带到世界上来。"

在1941年6月的一封信中，一个女学生揭发她的一位同班女同学，说她弱智，她要把她揭发出来因为存在着她怀孕生出小弱智儿的危险。

担任该基金会理论家的哈里·劳格林，因他在种族卫生方面为德意志帝国的事业所作的贡献，于1936年荣获海德堡大学颁发的荣誉博士头衔。

劳格林着魔般讨厌癫痫患者。他坚称这些人等同于弱智，但更为危险，在一个正常的社会里不应有他们的位置。希特勒的"预防有缺陷血统法"规定对这些人采取强制绝育措施：弱智、精神分裂症患者、躁郁症患者、畸形人、聋人、盲人……以及癫痫患者。

劳格林也是癫痫患者。没人晓得。

禁止做犹太人

1935年,"德国血统及荣誉保护法"和其他同时颁布的法律建立了民族身份的生物学基础。

拥有犹太人血统的人,哪怕只有一点点犹太人的血,都不能成为德国公民,也不能和德国公民通婚。

根据官方的说法,犹太人之所以是犹太人,不是因为宗教,也不是因为语言,而是因为种族。鉴定犹太人不是一件容易的事。纳粹专家们在世界种族主义的丰富历史中得到启发,并得到IBM公司的价值无以估量的帮助。

IBM公司的工程师设计了专门用来鉴定每个人的体貌特征和遗传史的表格和打孔卡。他们还启动了一个高速运转、覆盖面广阔的自动化系统,可以甄别出完全犹太人、半犹太人和血管中含有超过十六分之一犹太血液的人。

社会卫生,种族纯洁

1935年至1939年间,约有二十五万德国人被迫接受绝育手术。之后,便是杀戮。

畸形人、大脑发育迟缓者和疯子被送进希特勒的集中营里,毒气室首次投入使用。

1940年至1941年间,七万精神疾病患者被屠。

接下来,"最终解决方案"开始解决犹太人、赤党分子、吉卜赛人、同性恋者……

路上的险情

塞维利亚城郊,1936年初:西班牙大选为期不远了。

一位老爷正在巡视他的土地,半路上迎面走来一个衣不蔽体的人。

老爷仍坐在马上,叫住他,往他手上放上一枚硬币和一张选举表。

那个人把硬币和选举表都扔到了地上,背对着他说:"在我饿肚子的事情上,我做主。"

维多利亚[1]

马德里,1936年初:维多利亚·根特当选为议员。

她因监狱改革而成名。

当她开始这项改革时,为数众多的敌人指责她把西班牙交到了罪犯的手里,毫无防范措施。维多利亚曾在监狱系统工作过,

---

[1] 在西语中,"维多利亚"(victoria)一词首字母大写是女名,小写则是名词"胜利"。

对人的痛苦的了解,并不停留在道听途说上。她继续推行她的计划:

她关闭了所有不具备居住条件的监狱,事实上,大多数监狱都不具备居住条件;

她启动了出狱许可制度;

她释放了所有七十岁以上的犯人;

她创建了体育场和志愿劳动工作坊;

她取消了惩戒室;

她把所有的铁链、脚镣和铁条都送回熔炉,用这些铁铸成一尊孔瑟普西雯·阿雷纳尔[1]的巨像。

魔鬼是赤色的

梅利利亚,1936年夏:背叛西班牙共和国的军事政变爆发了。

政变的深层意识形态原因,后来由信息部部长加夫列尔·阿里亚斯·萨尔加多解释说:

"魔鬼住在巴库[2]的一口油井里,从那里向共产党发号施令。"

焚香对抗硫黄,善对抗恶,基督十字军对抗该隐的子孙。要把赤党灭掉,赶在赤党灭掉西班牙之前:犯人都能过上好日子了,教师把神父赶出了学校,女人竟然能像男人那样投票了,离婚亵渎了神圣的婚姻制度,农业改革威胁到教会对土地的所有权……

---

1 孔瑟普西雯·阿雷纳尔(1820—1893),西班牙女作家,见前文《孔瑟普西雯》。
2 巴库是当时苏联加盟共和国阿塞拜疆的首都。

军事政变刚开头便大肆杀人，一开始就是富有表现力的。

弗朗西斯科·佛朗哥大元帅：

"我将不惜一切代价把西班牙从马克思主义的灾难中拯救出来。"

"如果这意味着要把半个西班牙都枪毙掉呢？"

"不管代价如何。"

何塞·米扬-阿斯特拉伊将军：

"死神万岁！"

埃米里奥·莫拉将军：

"任何人，不管是公开还是秘密地支持'人民阵线'的，格杀勿论。"

冈萨罗·奎波·德·亚诺将军：

"动手准备坟墓吧！"

军事政变制造了一场血洗，却采用了"内战"的名字。这样的用语，在拿起武器自卫的民主和攻击民主的军事叛乱之间、在民兵和军人之间、在由民众票选出的政府和由上帝的恩赐选出的独裁武夫之间画上了等号。

最后的愿望

拉科鲁尼亚，1936 年夏：贝维尔·加西亚倒在了枪口下。

踢球时和思考时，贝维尔都是左撇子。

在球场上，他身披拉科鲁尼亚队队服。出了球场，他身披社会主义青年团汗衫。

佛朗哥发动叛乱十一天后，刚满二十二周岁的他站在了枪决行刑队前：

"等一会儿。"他下令说。

和他一样是加利西亚人、和他一样痴迷足球的士兵们服从了命令。

接着，贝维尔慢慢地、一个扣子一个扣子地解开了裤门襟，面朝行刑队，撒出长长的一泡尿。

然后，他扣好扣子：

"现在可以了。"

罗莎莉奥

比亚雷霍·德·萨尔瓦内斯，1936年夏：罗莎莉奥·桑切斯·摩拉向前线进发。

她正在上裁缝课的时候，一群民兵跑过来招志愿者。她把针线扔到地上，纵身一跃上了卡车。她当时刚满十七岁，穿着第一次试穿的褶边裙，像抱婴儿一样抱着一把七公斤重的卡宾枪。

在前线，她成为一名爆破手。在一场战斗中，她点燃一只用空炼乳罐头装满铁钉制成的土炸弹的引信，炸弹在出手之前爆炸了。她失去了一只手，多亏一位战友扯下自己的鞋带来给她绑上止血带，她才保住了性命。

后来，罗莎莉奥想继续待在战壕里，但他们不让。共和国民兵需要转型为军队，而军队中是没有女人的位置的。争辩了多次之后,她总算争取到一个机会,可以顶着士官的军衔在战壕中分发信件。

战争结束后,她所在镇上的邻居为了帮助她,把她告上官府。她被判处死刑。

每一天黎明之前,她都要等待被枪决。

很多时间过去了。

他们没有枪毙她。

多年后,她终于出狱,在马德里的地母神像旁卖起了走私香烟。

格尔尼卡

巴黎,1937年春:巴勃罗·毕加索起床,读报。

他在画室里一边吃早饭,一边翻阅当天的报纸。

他的咖啡停在杯中,凉了。

德国空军摧毁了小城格尔尼卡。纳粹的飞机喷射机枪子弹,从追杀着大火焚烧的城市中逃命的人们。屠杀持续了三个小时。

佛朗哥将军坚称,烧了格尔尼卡的是加入共产党队伍的阿斯图里亚斯爆破手和巴斯克纵火狂。

两年后,在马德里,驻西班牙德军指挥官沃尔弗拉姆·冯·里希特霍芬陪同佛朗哥走上了胜利的前台:希特勒以屠杀西班牙人的方式为他即将发动的世界大战作了一次彩排。

多年以后,在纽约,科林·鲍威尔在联合国大会上发表讲话,宣布伊拉克大屠杀即将上演。

在他讲话时，人们看不到大厅的背景墙，看不到《格尔尼卡》。装点墙面的原是那幅毕加索作品的复制品，已被一块巨大的蓝布完全遮掩了起来。

联合国官员们认为，对于一场新的大杀戮的宣示仪式来说，这幅画的相伴不太合适。

来自远方的指挥官

布鲁内德，1937年夏：激战中，一颗子弹击穿了奥里弗·洛的胸膛。

奥里弗是黑人，是赤党，是工人。他来自芝加哥，加入林肯纵队，为西班牙共和国而战。

在林肯纵队，黑人并不单独组团。白人和黑人混在一起，这在美国历史上还是第一次。同样是美国历史上的第一次，白人士兵听从一个黑人指挥官的命令。

这是个不同寻常的指挥官：当奥里弗·洛下达攻击令时，他不是拿起望远镜看他的人马冲锋，而是抢在手下前面投入战斗。

无论如何，所有这些国际纵队的志愿者都是不同寻常的。他们打仗不是为了拿军功章，不是为了抢地盘，也不是为了争夺油井。

有时候，奥里弗自问：

"既然这是一场白人之间的战争，而白人已经奴役了我们几百年，那么我在这里做什么呢？我，一个黑人，在这里做什么？"

他自答：

"要把法西斯分子扫除干净。"

然后他又笑着说,像是在开玩笑:

"干这份活,我们中的一些人是得送命的。"

拉蒙

地中海,1938年秋:拉蒙·佛朗哥在空中爆炸了。

1926年,他驾驶"越远号"飞机,从韦尔瓦到布宜诺斯艾利斯,飞越了大洋。当全世界都为他的壮举击掌叫好时,他彻夜狂欢庆祝胜利,酗酒,唱《马赛曲》,痛骂所有的国王和教皇。

不久之后,他有一回喝醉了酒,把飞机开到马德里王宫上空,因为看到有儿童在花园里嬉戏,才没有扔下炸弹。

他继续疯狂:他举起了共和国的旗帜,参加了一场无政府主义者的暴动,加泰罗尼亚民族主义者推选他为议员,一位妇女控告他犯重婚罪,但事实上他犯了三重婚罪。

可是,当他的哥哥弗朗西斯科起事时,拉蒙·佛朗哥恋家症发作,加入了十字架与剑的军团。

参战两年后,飞机的残骸,他的飞机的残骸遗落在地中海的茫茫蓝水里。此前,拉蒙给飞机装满炸弹,飞往巴塞罗那。他要去杀人,杀他曾经的好伙伴们,杀那个曾经是他的疯狂美少男。

马查多

前线,1939年初:西班牙共和国正在崩塌。

从巴塞罗那出发,在炸弹中穿梭,安东尼奥·马查多[1]终于抵达法国。

他比他的年纪还要苍老。

他咳嗽着,拄着拐杖行进。

他伸长脖子,看大海。

他在一张纸片上写道:

"这童年的太阳。"

这是他写下的最后的文字。

玛蒂尔德

马略卡岛,帕尔玛监狱,1942年秋:迷途的羔羊。

一切就绪。女犯人们列队站好,等待着。主教和当地行政长官驾到。今天,玛蒂尔德·兰达,赤党分子,女赤党头目,对自己的无神论供认不讳,将归宗天主信仰,受洗礼圣事。这位悔过之人将归入上帝的羊群,撒旦将损失一名手下。

天色已晚。

---

[1] 安东尼奥·马查多(1875—1939),西班牙诗人,流亡中客死法国。

玛蒂尔德还没有出现。

她在屋顶平台上，谁也没发现。

她从那里跳了下去。

她的身体撞击在监狱大院的地面上，像炸弹一样炸开。

谁也没有动。

意料之中的仪式，结束了。

主教抬手画十字，念了一页福音书，劝诫玛蒂尔德放弃罪恶，诵了一通经文，最后在她的额头上沾上圣水。

世界上最廉价的监狱

佛朗哥每天早上一边用餐一边签署死刑令。

没被枪毙的，就进监狱。被枪毙的，自己动手挖墓坑。犯人是自己动手造监狱的。

劳力成本，一分也没有。共和国的囚徒建起了臭名昭著的马德里卡拉万切尔监狱，以及遍布西班牙各地的其他监狱。他们每天的劳动时间不低于十二个钟头，换来的只是一把几乎不作数的硬币。他们还有其他奖赏：在政治上改过自新的喜悦，以及苦刑生涯的缩减，因为结核病可以提早将他们带走。

经年累月，千千万万因反抗军事政变而获刑的罪犯不仅大造监狱，也被罚重建在战火中焚毁的市镇，建造水库、灌溉渠、港口、机场、体育场、公园、桥梁和公路；他们还铺设新的铁轨，带着健康的肺脏深入煤矿、汞矿、石棉矿和锡矿之中。

他们还在刺刀的驱使下,建起了雄伟壮观的"烈士谷",以纪念屠杀他们的刽子手。

狂欢节的复活

太阳在晚上升起,

死人纷纷逃离墓穴,

小丑成了国王,

精神病院颁布各项法律,

乞丐成了老爷,

淑女贵妇喷吐火舌。

最后,到了圣灰星期三,人们摘下不会撒谎的面具,把各自的脸重新戴上,直到来年。

16世纪,卡洛斯皇帝在马德里下诏严惩狂欢节和节日中的放纵行为:位卑者,百鞭示众;若身为贵族,流放半年……

四个世纪后,弗朗西斯科·佛朗哥大元帅在他首先颁布的几道政令里,也禁掉了狂欢节。

这世俗的节日,是扳不倒的:禁得越厉害,它越想回来。

禁止当黑人

海地和多米尼加共和国之间以一条河为界,这条河的名字叫

"屠杀"。

1937年,它已经叫这个名字了,但此名一语成谶:在河岸边,数千名海地工人倒在屠刀之下。当时他们正在多米尼加共和国一侧收割甘蔗。长着一副鼠脸、头顶拿破仑帽的拉法埃尔·莱翁尼达斯·特鲁希略大元帅下令把这些黑人杀光,以此增白他的民族,把这个民族身体里的不纯之血排除干净。

多米尼加共和国的报界对此事件未有听闻。海地的报界也没有。三个星期的沉默之后,总算登出了点东西,寥寥几行,特鲁希略说无须夸张,死掉人的不过一万八千而已。

争论了许久之后,他最终为每位死者支付了二十九美元。

不识体统

1936年奥运会上,希特勒的祖国败给了秘鲁国家足球队。

裁判已经尽其所能,吹掉了秘鲁队的三个进球,唯恐元首不快,但奥地利队还是以2比4输掉了比赛。

次日,奥运会官方联同足球界官方出面主持公平。

比赛被宣布无效。不是因为雅利安人在"黑色锋线"前的溃败令人难以接受,而是因为,根据官方的说法,观众在比赛结束前大肆闯入球场。

秘鲁退出了奥运会比赛,希特勒的国家荣获比赛第二名。

意大利,墨索里尼的意大利,则荣获第一名。

长翅膀的黑人

在这届希特勒为歌颂他的种族之高贵而组织的奥运会上,最耀眼的明星是一个黑人。他生于亚拉巴马州,是奴隶的后代。

希特勒不得不吞下四只苦蛤蟆:欧文斯在赛跑和跳远项目上斩获了四枚金牌。

这是民主对种族主义的胜利,全世界都为之欢呼。

冠军回到国内后,没有收到来自总统的任何祝贺,也没有受邀成为白宫的座上宾。他还是回到往常的生活里:

他从后门上公交车,

在黑人饭馆里吃饭,

使用黑人专用洗手间,

住黑人旅馆。

在漫长的岁月里,他一直在为生计奔波。棒球比赛开始之前,这位奥运冠军上场与马、狗、汽车或摩托车赛跑,以取悦观众。

后来,当他的那双腿不再是曾经的那双腿时,欧文斯改行做了演说人。他四处赞颂祖国、宗教和家庭的美好价值,干得相当成功。

黑人明星

棒球,原本是白人玩的东西。

1947年春,杰基·罗宾逊,同样是奴隶的后代,打破了这条不成文的法律。他参加了大联盟赛事，成为最最优秀的球员。

他付出了巨大的代价。他要是犯错，惩罚就要加一倍；他要是做对了，功劳要打五折。他的队友从不和他说话，观众让他回到大森林里去，他的妻子和孩子经常收到死亡威胁。

他咽下苦水。

两年后，杰基所在的布鲁克林道奇队赴亚特兰大打比赛，三K党禁止比赛举行。但他们的禁令没有奏效。当杰基·罗宾逊步入球场时，黑人和白人一起为他欢呼。出场时，一大群人追着他。

他们追着他，是要和他拥抱，不是要对他动私刑。

黑血

最早的输血手术，用的是羔羊血；有传闻说，输了羊血，身上就会长出羊毛来。1670年，欧洲禁掉了这种试验。

很久以后，到了差不多1940年的时候，查尔斯·德鲁的研究为血浆的加工和储存贡献了新的技艺。鉴于他的能在二战中拯救几百万人生命的新发现，他成为美国红十字会血液银行第一任主管。

他当了八个月的主管。

1942年，出了一条军令，禁止在输血手术中把黑人的黑血与白人的白血掺和起来。

黑血？白血？"这真是愚蠢透顶！"德鲁说，他拒绝在血液上搞歧视。

他是懂行的人：他是科学家，他也是黑人。

然后他辞职了，或者说，他是被辞职的。

黑色嗓音

哥伦比亚公司拒绝录制此曲，作者不得不署上假名。

可是，当比莉·哈乐黛唱响《奇异果》时，审查和恐惧的阻障瞬时崩塌。她闭着眼睛歌唱，她的声音就是为歌唱而生的。经她的美妙嗓音的发挥，这首歌成了宗教颂歌，从此以后，每一个受私刑处死的黑人，就不再仅仅是一颗吊在树上、在烈日下腐烂发臭的奇异果了。

比莉，这个十四岁时在纽约哈莱姆区靠唱歌换饭吃、奇迹般让吵吵嚷嚷的妓院瞬时安静下来的女人，这个在裙底藏着把刀子的女人，这个不晓得如何在一个又一个情人和一个接一个丈夫的毒打下自卫的女人，这个成为毒品的囚徒和监狱的囚徒的女人，这个浑身布满针眼和伤疤、皮肤如地图一般的女人，这个歌声动听史上永远无人可比的女人。

遗忘导致有罪不罚

奥斯曼帝国正在崩塌碎裂，却要让亚美尼亚人付出代价。当第一次世界大战正在进行时，帝国政府蓄意策划的一场大屠杀将居住在土耳其的亚美尼亚人灭掉了一半：

房子被洗劫、焚烧，一车一车的一丝不挂的人被扔在路边，不给水喝，什么也没有，女人们光天化日之下就在小镇的广场上遭强暴，被肢解的尸体漂在河面上。

不是渴死、饿死或冻死，就是死于刀口或子弹。或是死在绞架上。或是死于烟熏：在叙利亚沙漠，遭土耳其驱逐出境的亚美尼亚人被堵在洞穴里，受烟熏窒息而死，这在某种程度上预示了后来纳粹德国的毒气室。

二十年后，希特勒跟他的参谋们策划入侵波兰。权衡了行动的利弊后，希特勒意识到此举会激起抗议，会令国际舆论哗然，会招致呐喊示威，但他肯定地认为，这些声音不会持续多久。他反问道：

"现在谁还会想起那些亚美尼亚人呢？"

零件

德国军团横扫波兰，整村整村地扫，在阳光笼罩下或卡车车灯的照射下灭绝犹太人。

这些士兵差不多都来自平民，这些公务员、工人和学生是一场事先写好的悲剧的演员。他们将变成刽子手，也许会经受呕吐和腹泻之苦。可是，当幕布开启，他们登上戏台，表演就开始了。

1942年7月，在约瑟夫乌村，101警察后备营举行了他们火的洗礼，要杀的是一千五百名没有采取任何反抗行动的老人、妇女和儿童。

指挥官将这些从没有经历过这种战斗的士兵召集起来，对他们说，如果有人感觉不在状态，无法执行此项任务，可以不参加行动。向前走一步即可。指挥官说完后，开始等待。很少的几个人迈了步子。

将要殉难的人们光着身子趴在地上，等待死亡的降临。

士兵们把刺刀扎进他们的肩胛骨，一齐开了枪。

禁止效率低下

房子紧挨着工厂。从卧室的窗口望去，能看到烟囱。

厂长每天中午回到家中，坐下来，和他的太太及五个孩子一起，诵祷"天父我主"，然后吃午饭，然后在花园里散步，那里有树木、花草、母鸡和欢歌的小鸟，但他时时刻刻都关注着工厂的正常运转。

他总是第一个到厂，最后一个下班。他受所有人尊敬和惧怕，会不打一声招呼随时出现在任何地方。

他不能忍受资源的浪费。高成本和低生产率会让他的生活变得苦涩。缺乏卫生和失序混乱会令他头晕难受。他可以饶恕任何一种罪孽，除了效率低下。

是他把硫酸和一氧化碳替换成威力巨大的齐克隆 B 型毒剂，是他造出了比特雷布林卡焚尸炉的效率还要高十倍的焚尸炉，是他成功地做到在最短的时间里生产出最大数量的尸体，也是他创建了整个人类历史上最出色的杀戮中心。

1947年,鲁道夫·胡斯被绞死在奥斯维辛。奥斯维辛集中营是他一手创建并领导过的。他死在鲜花绽放的树间,他还曾给这些大树献过几首诗。

门格勒

出于卫生原因,毒气室入口处都设有铁丝网格,让工作人员蹭去皮靴上的泥。

而受刑者就要光着脚进去了。他们从门口进入,从烟囱口出去,之前还要被剥夺掉金牙、假肢、头发等一切只要有一点点价值的东西。

在那里,在奥斯维辛,约瑟夫·门格勒大夫进行着他的实验。

和其他纳粹学者一样,他也梦想着造出能生产出未来超级种族的培养皿。为了研究和免除遗传缺陷,他拿四只翅膀的苍蝇、没有腿的老鼠、侏儒和犹太人做试验。不过,最能燃起他的科学激情的,还是双胞胎儿童。

门格勒给孩子们发巧克力糖吃,亲昵地拍打他们的肩膀,尽管在大多数情况下,这些小白鼠对于科学的进步是没什么用的。

他试图把几对双胞胎变成连体双胞胎,就把他们的后背切开,尝试把血管连在一起:他们并没有连接成功,各自在剧痛中惨叫着死去了。

他还想给其他的双胞胎改变性别:他们肢体不全地死去了。

他还给其他的双胞胎做声带手术,试图改变他们的嗓音:他们哑口无声地死去了。

为了美化人种，他往深色眼睛的双胞胎的眼球里注射蓝色颜料：他们睁着盲眼死去了。

上帝

迪特里希·朋霍费尔被关押在福洛森堡集中营里。

集中营看守把所有的犯人集中起来，强迫他们观看三个囚徒的死刑。

迪特里希身旁有人悄声道：

"上帝啊，他在哪儿？"

迪特里希·朋霍费尔，这位神学家指了指绞刑架上那几个在晨曦中飘摇的死者：

"在那儿。"

几天后，便轮到了他。

好好爱我

阿道夫·希特勒的朋友们记性不太好，不过要是没有他们的帮助，纳粹的冒险事业是不可能进行的。

跟他的同伙墨索里尼和佛朗哥一样，希特勒早早地获得了天主教会的许可。

雨果·博斯给他的军队提供衣装。

贝塔斯曼出版了给他的军官进行训导的手册。

标准石油提供的燃料让他的飞机展翅翱翔，他的士兵乘坐福特牌卡车和吉普车行进。

亨利·福特，这些汽车的创造者，《国际犹太人》一书的作者，是赐予他灵感的缪斯。为了感谢他的恩惠，希特勒给他授勋。

他还给 IBM 公司总裁授勋，这家公司让识别犹太人的工作成为可能。

洛克菲勒基金会给纳粹医学界的充满种族主义色彩的种族研究提供赞助。

乔·肯尼迪，肯尼迪总统的父亲，曾在伦敦担任美国驻英大使，他更像是德国派来的大使。普雷斯科特·布什，老布什总统的父亲和小布什总统的祖父，曾和弗里茨·蒂森合作过。弗里茨·蒂森把他的家产拿来为希特勒服务。

德意志银行赞助了奥斯维辛集中营的建筑工程。

德国化工巨头法本财团，就是后来叫拜耳、巴斯夫或赫斯特的，把集中营中的犯人拿来当小白鼠，也拿他们当劳力。这些劳工奴隶生产一切，包括将来把他们自己杀死的毒气。

犯人们也给其他公司干活，比如克虏伯、蒂森、西门子、瓦尔塔、博世、戴姆勒－奔驰、大众和宝马，这些都是纳粹疯狂行为的经济基础。

瑞士的银行向希特勒购买来自遇难者身上的黄金：他们的首饰和他们的牙齿，赚了很多很多钱。黄金进入瑞士，出奇地顺畅，而瑞士边境却对血肉之躯的逃亡者紧闭。

可口可乐公司在大战期间专为德国市场创制了芬达品牌。在这段时期，联合利华、西屋电气和通用电气在德国市场的投资与利润也成倍增长。战争结束后，国际电话电报公司收到了一笔数以百万计的赔偿，因为盟军的轰炸让这家公司在德国的工厂有所损坏。

相片：胜利的旗帜

硫黄岛，折钵山，1945年2月。

六名美国海军陆战队士兵将美国国旗插在了山顶上。他们刚刚经过一场艰苦的激战，从日本人手中拿下了这座火山。

乔·罗森塔拍摄的这张照片后来成了这场战争以及后来的数场战争中祖国胜利的象征。它数百万次地被复制在招贴画、邮票乃至国债券上。

事实上，这是当天的第二面旗。第一面旗是几个钟头前竖起的，旗面要小得多，也不大适合于史诗式的形象，其场景毫无壮观可言。当照片记录下胜利时，这场战役还没有结束，才刚刚打响。这六名士兵中，有三个人未能生还，此外还有七千名美国海军陆战队官兵倒在了这个太平洋小岛上。

相片：世界地图

克里米亚，雅尔塔，1945年2月。

第二次世界大战的胜利者聚到了一起。

丘吉尔、罗斯福和斯大林签署了秘密协定。这几个大国决定了一些国家的命运，这些国家两年后才知道此事。一些国家继续做资本主义国家，另一些则要成为共产主义国家，似乎如此巨大的历史跨越，仅仅变换个名称就能实现了，而决定名称变换的，是外头的人、上面的人。

这三个人画出了新的世界地图，创立了联合国，并自我赋予否决权，以保证绝对权力。

理查德·萨尔诺和罗伯特·霍普金斯的相机记录下丘吉尔不动声色的微笑，已受死神拜访的罗斯福的面容，以及斯大林狡黠的双眼。

斯大林此时还是"乔大叔"，但他很快就会在一部名为《冷战》的电影中扮演坏蛋。大片即将上映。

相片：另一面胜利的旗帜

柏林，帝国国会大厦，1945 年 5 月。

两名士兵将苏联国旗插在了德国权力的穹顶。

这张照片，拍摄者叶夫根尼·哈尔杰伊，描绘了在大战中儿女伤亡最多的国家的胜利。

塔斯通讯社将照片广为传播。不过在此之前，他们给照片作了修正。戴着两块手表的俄国士兵变成只戴一块手表。无产阶级的战士是不会四处劫掠死者身上的财物的。

青霉素的爸爸妈妈

他老拿自己的名声开玩笑。亚历山大·弗莱明总是说,青霉素是一个细菌发明的,它趁着他的实验室一片混乱,溜进了一汪与它毫无干系的培养液里。他还说,抗生素的功劳不应归他,而应该感谢那些研究人员,他们把这一科学发现的奇物转变成有实际效用的药物。

在那个非法入侵的细菌的帮助下,弗莱明于1928年发现了青霉素。谁也没有理会他。青霉素是好些年后才迅猛发展的。它是第二次世界大战的女儿。感染比炸弹的杀伤力更为巨大,而德国人自格哈德·多马克发明了磺胺后就取得了优势。对于盟军来说,青霉素的生产就成了当务之急。于是,已转变成军事工业的化学工业在消灭生命的同时,也被迫开始拯救生命。

维瓦尔第的复活

安东尼奥·维瓦尔第和埃兹拉·庞德,这两个男人都留着一头熊熊燃烧的长发,都留下了各自的深刻脚印。这个世界如果没有维瓦尔第的音乐和庞德的诗歌,就不那么值得活一遭了。

维瓦尔第的音乐沉寂了两百年。

庞德使之重获新生。这些为世界所遗忘的曲子出现在他的广播节目的开头和末尾。诗人在节目中进行法西斯主义宣传,声音发自意大利,用的是英语。

这档节目没给墨索里尼招来多少拥护者，就算有也只有那么一两个；但这档节目却为那个威尼斯的音乐家赢得了许多狂热的拥趸。

法西斯政权倒台时，庞德也沦为囚徒。来自他的祖国美国的军人把他关进一个露天放置的带刺铁笼里，让人们往他身上扔硬币、吐口水，然后把他送进精神病院。

相片：一个有天空那么大的蘑菇

广岛的天空，1945年8月。

那架B-29轰炸机名为"伊诺拉·盖伊"，飞行员的妈妈的名字。

伊诺拉·盖伊的肚子里有一个小孩。这小家伙叫"小男孩"，有三米长，四吨多重。

上午八点零四分，"小男孩"掉了下去。它用了一分钟才落地，爆炸威力相当于四千万个炸药包。

广岛曾在的那个地方，升起了原子云。随军摄影师乔治·卡伦在机尾上按下相机快门。

这只巨大、美丽的白蘑菇，成了纽约五十五家公司的商标和拉斯维加斯原子弹小姐选美大赛的徽标。

四分之一世纪后的1970年，一些辐射受害者的照片首次公布，它们原是军事机密。

1995年，史密森尼学会在华盛顿宣布，他们将会组织一次有关广岛和长崎原子弹爆炸的大型展览。

活动遭到政府的禁止。

另一个蘑菇

广岛大爆炸三天后,另一架 B-29 轰炸机飞临日本上空。

它带来的礼物,比上次更肥大,名为"胖子"。

在广岛试验过铀的威力后,专家们这回想试试钚的运气。阴云笼罩了小仓的上空。小仓是被选中的城市。飞机白白兜了三个圈子,然后改变航向。坏天气和所剩不多的燃料决定了长崎的毁灭。

和广岛一样,长崎的成千上万名死者都是平民。和广岛一样,更多的成千上万的人是之后死掉的。核时代的曙光正在初现,一种新的疾病正在诞生,这是文明的最后一声叫喊:每次爆炸后产生的辐射,继续毒害人命,千年万年不止。

炸弹之父

第一颗原子弹是在新墨西哥州的沙漠里试爆的。天空都烧起来了,主持实验的罗伯特·奥本海默为他的工作得以出色完成而感到自豪。

但是,广岛和长崎大爆炸三个月之后,奥本海默对哈里·杜鲁门总统说:

"我感到我的双手沾满鲜血。"

杜鲁门总统对他的国务卿迪安·艾奇逊说：

"我再也不想在我的办公室里看到这个婊子养的东西了。"

相片：世界上最悲伤的眼睛

新泽西，普林斯顿，1947年5月。

摄影师菲利普·哈斯曼问他：

"您认为会有和平吗？"

当照相机"咔嚓"一响时，阿尔伯特·爱因斯坦说，或仅仅动了下嘴唇：

"不。"

人们都认为爱因斯坦是因为他的相对论而获诺贝尔奖的，都认为他曾说出那句名言"一切都是相对的"，也都认为他是原子弹的发明者。

事实上，他并非因为提出相对论而获诺贝尔奖，他也从没说过那句话。原子弹也不是他发明的，虽然假如他没有发现他发现了的那些东西，广岛和长崎的大爆炸也就不可能发生了。

他很清楚，他的发现诞生于对生命的赞颂之中，却被用来毁灭生命。

并非好莱坞英雄

苏联贡献了许多尸体。

这一点,所有的二战统计数据都没有分歧。

在这场史上最血腥的战争中,这个曾经令拿破仑蒙羞的民族让希特勒尝到了失败的滋味。代价是高昂的:盟国的所有死难者中,苏联人占到了一半以上,是轴心国死者总和的两倍多。

在此举几个例子,以整数计:

列宁格勒之围饿死了一百万人;

斯大林格勒战役,苏联一方的死伤者达八十万;

莫斯科保卫战,阵亡七十万;

库尔斯克战役,六十万;

攻克柏林,三十万;

横渡第聂伯河,伤亡人数超过诺曼底登陆的一百倍,这一战的知名度却比诺曼底登陆小一百倍。

沙皇

"恐怖伊凡"是罗斯史上的首位沙皇。他在童年时就下令除掉了一个给他造成阴影的王子,由此开始了自己的事业。四十年后,他一杖击碎了自己儿子的脑壳,事业达到了巅峰。

在这条道路的两端之间,给他带来名声的

有他的黑色卫队,这些卫士骑黑马,拖着长长的黑色披风,

连石头都怕他们,

　　还有他的巨炮,

　　还有他的无敌堡垒,

　　还有他的习惯:在他所到之处,谁不俯下身来,他就把谁称为"叛徒",

　　还有他的喜好:把他最有才能的大臣斩首,

　　还有他的圣瓦西里大教堂,为了向上帝贡奉他的帝国征服伟业,他下令修建了这座成为莫斯科标志的教堂,

　　还有他的雄心:成为基督教在东方的堡垒,

　　还有他一次次漫长的笼罩着神秘主义色彩的危机:当他忏悔时,他捶胸痛哭,流出血泪,不住地抓挠墙壁,大叫大吼求主宽恕他的罪孽。

　　四百年后,正值德国入侵,在二战中最惨烈的时刻,斯大林委托谢尔盖·爱森斯坦拍摄一部有关恐怖伊凡的影片。

　　结果爱森斯坦制作了一部艺术作品。

　　作品一点也不讨斯大林喜欢。

　　他想要的是一部宣传作品,爱森斯坦没明白他的意思:斯大林,要把全民抵抗纳粹大侵略的爱国主义举动变成他的个人功绩。

一场战争终了,更多战争诞生

　　1945年4月28日,墨索里尼被头朝下倒挂在米兰的一个广场上,左右摇晃,与此同时,希特勒被困在柏林的地下掩体里。城

市在熊熊燃烧，炸弹在不远处爆炸，而他还在拿拳头砸着写字桌，大声发布没有人接收的命令，用一只手指在地图上下令调动已经不存在的部队，用一台已经坏掉的电话机召集他的诸位将领，他们不是已经死了就是正在逃亡途中。

4月30日，当苏联国旗在帝国国会大厦顶上高高飘扬时，希特勒对着自己开了一枪；5月7日夜，德国投降。

次日，从一大早开始，世界上各个城市的街道涌入大批人群。一场世界性噩梦终于结束了，耗时六年，死了五千五百万人。

阿尔及利亚也热闹起来。在两次世界大战中，都有许许多多的阿尔及利亚士兵为自由献身。这自由，是法国的自由。

在塞蒂夫城，欢庆之中，在胜利的旗帜丛中竖立起被殖民当局禁止的旗帜。绿白两色，是阿尔及利亚民族的旗标，游行群众为之大声欢呼，一个叫萨亚尔·布济德的阿尔及利亚男孩裹着这身旗帜，身中数弹倒在地上。子弹来自他的背后。

愤怒爆发了。

在阿尔及利亚，在越南，在所有地方。

世界大战的结束促成各殖民地纷纷起义。曾经在欧洲的战壕里做炮灰的臣民，如今在他们的主子面前站了起来。

胡

无人缺席。

整个越南站到了同一个广场上。

一个瘦得几乎只剩骨头、留山羊胡子的农民面对聚集在河内的群众发表讲话。

他有过好多个名字。现在他们叫他胡志明。

他讲话不紧不慢,柔顺平和,就像他走路一样。他不慌不忙地走过了很多地方,活过了许多灾难。站在巨大的人群前,他就像是在和村里的邻居们谈天:

"法国打着自由、平等和博爱的旗号,在我们国家造的监狱比学校都多。"

他曾经从断头台的刀口下逃出,坐过好几次牢,连脚上也上了镣铐。他的国家一直在坐牢,但现在不了,再也不会了:1945年9月的那个上午,胡志明宣布越南独立。他庄重地说,寥寥数语:

"我们自由了。"

他宣布:

"我们再也不会受欺凌了。永远不会了!"

广场震翻了。

胡志明羸弱而强大的身躯包含着他那块土地的力量,这块土地和他一样,满带痛苦而包含耐心。

从他的小木屋出发,胡引领了两场漫长的解放战争。

在最终胜利之前,结核病夺去了他的生命。

他希望他的骨灰随风飘洒,但他的同志们却把他做成木乃伊,关到了一具水晶棺里。

这不是赠礼

在三十年的漫长战争中,越南狠狠打击了两个帝国主义大国:打败了法国,打败了美国。

伟大而骇人的民族独立:

越南承受的炸弹,比二战中落下的所有炸弹还多;

八千万升化学毒剂淋洒在越南的丛林和田野里;

两百万越南人丢掉性命;

被截肢者、被焚毁的村庄、被夷平的森林、被破坏导致绝收的土地和后患无穷的中毒事件则是无以计数。

侵略者可以逃脱罪罚,这种特权是历史给予的,是受强权保障的。

迟来的解密:2006年,经过近乎四十年的隐瞒后,一份长达九千页的五角大楼详细调查报告方才为人所知。报告证实,在越南作战的所有美军部队都犯有戕害平民的战争罪。

客观信息

在民主国家,客观原则指引着大众传媒。

所谓客观,就是要让冲突中每一方的观点都得到传播。

越南战争期间,美国的大众传媒让公众既了解本国政府的立场,也了解敌国的立场。

乔治·贝里对这种事情很好奇，就比较了一下1965年至1970年美国广播公司、哥伦比亚广播公司和全国广播公司三家电视频道分别给予美方和越方的时间长度：给侵略一方表达观点的时间占据了总长的百分之九十七，给被侵略一方表达观点的时间则占百分之三。

九十七比三。

对被侵略的人来说，只有经历战争的义务；对侵略者来说，则是讲述战争经过的权利。

是信息制造现实，而非现实制造信息。

地上的盐

1947年，印度成为独立国家。

于是，那些用英文印刷的印度大报都改换了说法。1930年，当莫罕达斯·甘地发起"食盐进军"运动时，这些报纸曾讥讽过这位"荒唐的小人物"。

大英帝国曾用树干建起一道长达四千六百公里的隔离墙，从喜马拉雅山延伸到奥里萨邦海岸，以阻止这块土地上的盐的流通。自由竞争禁止自由：印度连消费自产盐的自由都没有，尽管自产的盐要比从利物浦舶来的盐更好也更便宜。

隔离墙终于衰老、死去了，但禁令犹在。于是，一个身材矮小、瘦骨嶙峋、眼力也不大好的男人发起了反抗禁令的游行。他总是裸着半截身子、拄着根竹杖行进。

莫罕达斯·甘地带领着寥寥几个朝圣者，开始向大海边进发。一个月后，走过了好多路，他身后有了一大群人。当他们抵达海滩时，每个人都伸手抓起一把盐。于是，每个人都触犯了法律。这是不肯屈从的举动，来自民间，对抗大英帝国。

一些不肯屈从的人倒在了枪口之下，超过十万人成为列队行进的囚徒。

他们的国家，便也是囚徒。

十七年后，正是因为不肯屈从，这个国家获得解放。

佛朗哥时代的教育

安德烈斯·索佩尼亚·蒙萨尔维把他上学时用的课本翻出来，重新温习了一遍：

*关于西班牙人、阿拉伯人和犹太人：

> 我们也要大声宣布，西班牙从来就不是个落后国家，因为西班牙在最古老的年代就有了像锁这样有用的发明，还把它的发明传给世界上最先进的民族。
>
> 阿拉伯人刚到西班牙时，还是头脑简单、性情粗暴的沙漠武士，但跟西班牙人接触后，他们的艺术和求知激情就被唤醒了。
>
> 犹太人曾有好几次用酷刑让信仰基督的小孩殉道。

因此，人们才憎恨犹太人。

* 关于美洲：

有一天，一位名为克里斯托弗·哥伦布的水手觐见天主教女王堂娜伊莎贝尔，说他想周游海洋，寻找陆地，教化新发现的土地上的所有人，让他们做好人，教他们祈祷。

美洲那些可怜的民族，真让西班牙痛心。

* 关于世界：

英语和法语都是已经用旧用破了的语言，正在走向全面消解。

中国人每周没有休息日，在生理上和精神上都比其他民族低劣。

* 关于富人和穷人：

一切都被冰雪覆盖了，小鸟们什么也找不到，就变穷了。所以我喂它们东西吃，就像富人供养穷人一样。

社会主义把穷人组织起来毁灭富人。

* 关于佛朗哥大元帅的使命：

俄国曾妄想把它旗帜上那把镰刀插在欧洲这块美丽的土地上,世界上所有的共产主义和社会主义者,连同共济会和犹太人,想在西班牙取得胜利……这时候,那个人出现了。他是救世主,是考迪罗[1]。民众从没有研究和学习过统治的高难度艺术,把领导国家的责任交给他们,是一种失去理智的行为,是一种恶。

* 关于健康:

刺激性的东西,比如咖啡、烟草、酒精、报纸、政治、电影和奢侈品会不停地破坏和损耗我们的肌体。

佛朗哥时代的司法

高高在上的,坐在审判台最高处的,是套着一身黑袍的审判长。
他右边是律师。
他左边是检察官。
台阶下,是被告席,仍然空着。
又要进行一场新的审判了。
法官阿方索·埃尔南德斯·帕尔多对听差下令说:

---

[1] 考迪罗(caudillo),原意为首领,特指靠武装力量支持实施统治的独裁者。

"带犯人过来。"

多瑞娅

开罗，1951年，一千五百名妇女冲进议会。

她们在那里长时间不肯离去，也没有办法把她们赶走。她们大声控诉说，议会是骗人的把戏，因为全国一半的人都不能投票也不能被人投票。

代表上天的宗教领袖把咆哮发到了天上："选票让女人堕落也违反自然法则！"

代表祖国的民族主义领袖宣称，参与争取妇女选举权活动的人都犯有叛国罪。

争取选举权不易，但终究还是争得了。这是尼罗河女儿联合会的一次胜果。当时，政府禁止这个组织转变为政党，并将多瑞娅·莎菲克软禁在家中，她是这场运动的标志性人物。

这没什么奇怪的。几乎所有的埃及女人都被软禁在家中。没有父亲或丈夫的许可，她们是不能出去活动的，很多女人一生只出过三次家门：去麦加，去婚礼现场，以及去下葬。

约旦家庭剪影

1998年的一天，娅思明·阿卜杜拉哭哭啼啼地回到家中。她只能不断重复一句话：

"我不是姑娘了。"

她本是去看她姐姐的。

姐夫强奸了她。

娅思明进了监狱，后来她父亲把她带了出来，保证会把她照顾好，并且缴纳了相应的保释金。

当时，她的父亲，她的母亲，各位亲戚和七百位邻居已经开过大会，一致决定，家族的荣誉要用血来清洗。

娅思明才十六岁。

她的哥哥萨罕往她脑袋里射入四颗子弹。

萨罕坐了六个月的牢。人们把他当英雄看待。另外二十七名因类似案件坐牢的男子也同样被奉为英雄。

在约旦，每四桩犯罪案件中就有一桩是"荣誉案"。

普兰

普兰·黛维运气不好，生在穷人家里，女儿身，还背负着印度最低贱的种姓之一。

1974年，她十一岁，她的父母把她嫁给一位种姓没那么低的男子，给的嫁妆是一头母牛。

普兰对妻子的义务全然不知，她的丈夫便折磨她，强奸她，以此进行训导。她曾离家出逃,他报了案,结果警察抓住她,折磨她,强奸她。当她回到村子里时，只有牛，只有她的牛才不骂她是肮脏女人。

然后她走了。她认识了一个贼,这家伙案底极为丰富,这家伙是唯一一个会问她冷不冷、会问她感觉好不好的男人。

与她相爱的贼在贝麦村身中数弹死去,她被几个地主抓住,在街上拖行,受他们折磨,被他们强奸。过了一段时间后,普兰在一天深夜回到贝麦村,率领着一帮逃犯挨家挨户把这些男人找出,一共找到了二十二个。她把他们一个一个叫醒,然后痛下杀手。

当时,普兰·黛维十八岁。在整个被亚穆纳河沐浴的地区,人们都知道她是女神"难近母"的女儿,和她母亲一样美丽而残暴。

冷战地图

硬汉,所谓硬汉,胸口有毛的男人,参议员约瑟夫·麦卡锡就是这样的人。20世纪中期,他举拳敲桌子,咆哮着宣称,国家正面临严峻的危险,就要落入红色极权主义的魔爪之中,就像铁幕后面的那些恐怖王国那样,在那些国家中,

自由遭到扼杀,

书籍被禁,

思想被禁,

公民揭发身边的人,然后被身边的人揭发,

谁胆敢思考,谁就是在破坏国家安全,

谁敢有异议,谁就是为帝国主义敌人服务的间谍。

麦卡锡议员在美国播下恐惧的种子。恐惧是通过吓唬人来施

行统治的。在恐惧的命令下,

  自由遭到扼杀,

  书籍被禁,

  思想被禁,

  公民揭发身边的人,然后被身边的人揭发,

  谁胆敢思考,谁就是在破坏国家安全,

  谁敢有异议,谁就是为共产主义敌人服务的间谍。

计算机之父

  因为不是硬汉,所谓硬汉,胸口有毛的男人,艾伦·图灵遭受惩罚。

  他尖叫,哀号,低语。他拿一根旧领带当皮带束腰。他很少睡眠,一连好多天不刮胡子,从城市的一端疯跑到另一端,脑子里却在勾画着复杂的数学方程式。

  几年前,他为英国情报部门工作,曾创造出一台机器,可以破解德国军方高层使用的无法破解的密码,从而缩短了二战进程。

  当时,他已经构想出电子计算机的雏形,打下了现代计算机科学的理论基础。之后,他主导了第一台可以运行积分程序的计算机的创建工作。他跟这台计算机没完没了地下象棋,向它提出一个又一个问题直到把它逼疯,还求它给他写情书。机器遵从命令,却只会发出一些不连贯的信息。

  但是,1952年,在曼彻斯特,是血肉之躯的警察把他铐走的,罪名是严重有伤风化。

在审判席上，图灵承认自己犯有同性恋罪。

为了获释，他同意接受治疗。

药物的狂轰滥炸让他丧失了性能力。他胸前长出乳房来。他把自己关了起来。他连学校也不去了。他总能听到人们在小声议论，他能感觉到从背后射来的似要枪毙他的目光。

每晚睡觉前，他都习惯性地吃一个苹果。

有一天晚上，他往他要吃的那个苹果里注射了氰化物。

民权之母和民权之父

在一辆行驶在亚拉巴马州蒙哥马利市街道上的公交车上，黑人乘客罗莎·帕克斯拒绝将她的座位让给一位白人乘客。

司机报了警。

警察赶到现场，对她说"法律就是法律"，然后以扰乱秩序为由将罗莎逮捕。

于是，一位叫马丁·路德·金的名不见经传的牧师从他的教堂开始发起了一场抵制公交车的运动。他是这样发出号召的：

懦弱问道：

"这安全吗？"

礼节问道：

"这合适吗？"

虚荣问道：

"这流行吗？"

而良知问道：

"这公平吗？"

他也被警察抓走了。抵制运动持续了一年多，引发了一场横跨东西海岸、势不可挡的抗议种族歧视的浪潮。

1968年，在美国南方的孟菲斯市，当金牧师正在控诉战争机器在越南吞噬黑人时，一颗子弹击穿了他的脸。

根据联邦调查局的说法，他是个危险人物。

罗莎也是。还有其他许多人，这些能掀起风暴的人，都是危险人物。

足球中的民权

青草在空空的体育场里疯长。

劳作的脚成了斗争的脚：乌拉圭的足球运动员们，这些为各自俱乐部卖命的奴隶，只是要求当权者承认，他们的工会是存在的，拥有存在的权利。他们罢工的理由再合理不过了，人们纷纷表示支持，尽管时间一天天地过去，没有足球的星期天只能光打哈欠，实在难熬。

当权者并没有让步，他们稳稳坐定，静待罢工者因为饥饿而屈服。但球员们没有松懈。有一个人为他们树立了榜样。他前额高耸，话不多，在苦难中长大，总是扶起跌倒的人，推动疲倦的人前进：奥布杜里奥·巴雷拉，黑人，几乎不认得字，足球运动员，泥瓦匠。

就这样，七个月后，乌拉圭足球运动员赢得了叉起腿来的罢工的胜利。

一年后，他们又赢得了世界足球冠军的头衔。

东道主巴西无可争议最被看好。巴西队 6 比 1 胜西班牙，7 比 1 胜瑞典，一路杀进决赛。按照命运的裁决，乌拉圭将成为最后的封圣仪式上任由宰杀的祭品。命运正在得到应验，乌拉圭正在节节败退，二十万人正在看台上狂吼，此时，肿着一只脚踝还在奋战的奥布杜里奥咬紧了牙。曾经的罢工领袖，如今领导全队取得了一场几乎不可能的胜利。

马拉卡纳

快要死去的人推迟了迈向死亡的脚步，快要降生的婴儿提前落地人间。

里约热内卢，1950 年 7 月 16 日，马拉卡纳体育场。

前一夜，谁也无法入眠。

后一天，谁也不愿醒来。

贝利

两支英国俱乐部队正在争夺冠军的决赛中厮杀。终场结束的哨声就要吹响了,比赛还是平局,此时一名球员遭冲撞后摔了个四脚朝天。

他被担架抬下场,整个医疗队立马开始奋战,但这位球员仍在昏迷之中,没有反应。

时间在一分钟一分钟地流逝,一百年一百年地流逝,教练恨不得要把手表连同指针吞进肚里去。他已经用完换人名额了。他的小伙子们,现在十对十一,正在全力防守,但他们能做的实在有限。

眼见着快要输球时,医生突然跑到教练身边,兴奋地大叫:

"成功了!他醒过来啦!"

然后他压低声音说:

"可他不知道自己是谁。"

这名球员正在试图起身,嘴里喃喃着胡话。教练凑上去,在他耳边说:

"你是贝利。"

最终他们以五比零获胜。

多年前,我在伦敦听说了这个编来的故事。虽是谎言,却道出了事实。

马拉多纳

在他之前，没有哪个足球明星会口无遮拦地控诉掌控足球生意的老板。他是历史上最有名气也最有人气的运动员，他主动站出来为没有名气也没有人气的运动员打抱不平。

这位慷慨大方、乐于助人的偶像人物，曾经在不到五分钟的时间里制造了足球史上最矛盾的两个进球。这两个球令他的球迷对他顶礼膜拜：值得景仰的，不仅是第一粒球，这位艺术家简直是双腿着魔，也许第二粒球更值得景仰，这一球充满贼气，是他一手偷来的。迭戈·阿曼多·马拉多纳受人喜爱，不仅是因为他常耍些惊世骇俗的花招，更是因为他是一尊劣迹斑斑的神，有罪过的神，众神之中最接近人的神。每个人都能在他身上找出或这或那的人性的弱点，或至少是男人的弱点：好色、贪吃、酗酒、惯于使坏、爱扯谎、喜欢炫耀、不负责任。

但神是不会退休的，哪怕他再像人。

他从无名的人群中来，却再也回不去了。

名声让他摆脱了贫困，也让他成为囚徒。

马拉多纳被罚自认为马拉多纳，于是不得不成为每一场欢会的明星、每一次洗礼的宝贝、每一回守灵仪式的死者。

比可卡因杀伤力更大的，是成功因。不管是尿检还是血检，都查不出这种毒品。

相片：蝎子

伦敦，温布利球场，1995年秋。

哥伦比亚国家队在英格兰足球的圣殿向高贵的英格兰足球发起挑战，雷内·伊基塔做出了一个前无古人的扑救。

英格兰队一名前锋拔脚劲射。司职守门员的伊基塔飞起身来与地面平行，放球过去，然后像蝎子翘尾巴似的弯起两腿，用鞋钉把球打了回去。

那几张可作为哥伦比亚身份证的照片，值得细细观赏。它们的启示力不在于球技，在伊基塔的脸上。他的笑从一只耳朵贯穿到另一只耳朵，此时他正犯下大逆不道、不可饶恕的罪过。

布莱希特

现实戴着好多种面具。贝尔托·布莱希特喜欢嘲讽这些面具。

1953年，共产主义德国爆发了工人抗议运动。

劳动者涌上街头，苏联坦克负责堵住他们的嘴。当时的官方报纸刊发了一封布莱希特向执政党表达支持的信。这封信是经过修剪的，不能传达作者的原意。而布莱希特自有办法嘲弄审查制度。他通过地下渠道传发一首诗：

> 6月17日起义后
> 作家工会书记

在斯大林大街上散发传单
说人民已经失去了对政府的信任
要经过很大的努力
才能把他们的信任争取回。
不如让政府解散人民
然后重新选出新一届人民
这样不是更简单吗?

黄色皇帝

1908年,溥仪坐上了专为天之子预留的皇位。当时他只有三岁。这个小不点皇帝,是当时唯一一个可以身穿黄色衣物的中国人。珍珠大冕遮住了他的眼睛,但他也没什么可看的:他深陷在用丝绸和黄金制作的巨袍里,身边总是围着一大群太监,只能在庞大的紫禁城里虚度无聊时光。紫禁城是他的宫殿,也是他的监狱。

君主制崩溃后,溥仪改名"亨利",做起了英国人的奴才。之后,日本人把他扶上伪满洲国的皇座,他一下子拥有了三百个大臣,这些人吃他每顿九十道菜的残羹冷炙。

在中国,龟和鹤象征延年永寿。溥仪既不是龟也不是鹤,却保住了肩上的脑袋。考虑到他所从事的职业的危险性质,这不能不说是罕见的。

1949年,中共取得了政权。溥仪结束了自己的事业。

1963年底,我在北京采访他,他的穿着和其他所有人一样,一件蓝色制服，纽扣直扣到脖子，破旧的衬衫袖口从制服袖子中探出头来。他在北京植物园修剪树木花草，以此为生。

居然有人有兴趣和他说话，他为此感到吃惊。他开始作自我检讨：我是个叛徒，我是个叛徒，然后又当面向我背诵口号，背诵了两个钟头，音调始终不变。

在此期间我时不时打断他。关于他的姨祖母慈禧太后，他只记得她长着副死人的脸。他第一次见她时，就给吓得直哭。她送了块糖给他，他却把糖扔到地上。关于他的几个女人，他告诉我说他只能通过照片初识她们，要么臣子们要么英国人要么日本人把她们的相片拿来让他挑选。后来，感谢毛主席，他终于可以和一个真爱结为夫妻。

"和谁结的婚呢，如果我的问题没有冒犯到您的话？"

"她是个劳动者，是医院里的护士。我们是在五一结的婚。"

我问他是不是共产党员。不，他不是共产党员。

我问他想不想加入共产党。

翻译叫王，不叫弗洛伊德。不过看样子他还是累坏了，因为他翻成：

"那对我来说是巨大的火炉。"[1]

---

[1] 应是把"honor"（荣幸）说成"horno"（火炉）之误。

禁止独立

1960年过到一半时,刚果欢庆独立,在此之前,刚果是比利时殖民地。

一场演说接着又一场演说,民众在热浪中厌倦起来。刚果,知恩图报的好学生,保证好好表现。比利时,严厉的老师,谆谆教导谨防自由的危险。

就在此时,帕特里斯·卢蒙巴的演讲炸开了花。他抨击"沉默的统治",沉默的人开始通过他的嘴发话。这个捣蛋鬼向独立运动的发起者们致敬,他们多年来致力于反抗"殖民当局强加的奴隶制",或遭枪杀,或被囚禁,或遭酷刑,或被迫流亡。

坐满欧洲人的主席台用冰冷的沉默回应他的话语,尽是非洲人的民众却以八次欢呼打断他的讲话。

这番演讲标记了他的命运。

刚刚从监狱走出的卢蒙巴赢得了刚果历史上的第一次自由选举,开始领导第一届民选政府,比利时新闻界却把他称作"狂人""文盲""民贼"。在比利时情报机构的报告里,卢蒙巴被称作"撒旦"。美国中央情报局局长艾伦·杜勒斯向他的部下发布命令说:

"把卢蒙巴赶下台应成为我们当前的要务。"

美国总统德怀特·艾森豪威尔对英国外相休姆勋爵说:

"我希望卢蒙巴掉到一条满是鳄鱼的河里。"

休姆勋爵过了一个礼拜才答复说:

"现在是时候让我们摆脱这个人了。"

比利时政府非洲事务大臣又在这场意见发布会上补上一句话:

"卢蒙巴应当被一次性永久清除掉。"

1961年初,比利时官员命令八名士兵和九名警察枪毙了卢蒙巴,一同遭枪杀的还有卢蒙巴最亲密的两个合作者。

比利时政府和它的两个当地爪牙蒙博托和冲伯,害怕民众起义,隐瞒了这起罪行。

十五天后,新当选的美国总统约翰·肯尼迪宣布:

"如果卢蒙巴重返政府,我们不会接受。"

卢蒙巴此时已经被枪杀并消解在一桶硫酸之中,他的确没能重返政府。

卢蒙巴的复活

卢蒙巴的遇害是一起殖民主义再征服事件。

丰富的矿产,铜、钴、钻石、金、铀、石油,从地底发号施令。

执行判决时,联合国扮演了共犯角色。卢蒙巴完全有理由不信任那些自称国际部队的军官,他控诉这些人的"种族主义和家长式作风,把非洲单单看成是狩猎场、奴隶市场和殖民征服之地。自然,他们和比利时人心领神会。他们拥有同样的历史,同样贪图占有我们的财富"。

蒙博托,自由世界的英雄,逮住了卢蒙巴,下令将他杀害,独享大权超过三十年之久。多个国际金融机构都承认他的丰功伟绩,对他十分慷慨。他将他最好的精力奉献给该国的外债。他死去时,他的个人财产差不多相当于该国外债的总和。

卢蒙巴曾宣称：

"总有一天，历史会说话。不是联合国、华盛顿、巴黎或布鲁塞尔教授的历史。非洲会书写她自己的历史。"

卢蒙巴是被绑到一棵树上遭枪杀的。现在，这棵树还挺立在姆瓦丁古沙森林里。它和他一样，遍身弹孔，还挺立在那里。

矛矛

50年代，恐怖是黑色的，它名叫"矛矛"，潜伏在肯尼亚雨林幽黑的深处。

国际舆论相信，矛矛党人常会迈着舞步砍下英国人的脑袋，把他们剁成碎块，然后在充满邪气的仪式上畅饮他们的血。

1964年，这些野蛮人的首领乔莫·肯雅塔刚刚从狱中出来，便成为他的自由国家的首任总统。

之后，人们才得知：在独立战争的岁月里，军人平民算到一起，殒命的英国人不到两百。被绞死、被枪杀或在集中营里死去的当地人的数目超过此数五百倍。

欧洲的遗产

在刚果，比利时总共留下了三个在公共管理部门拥有实权职位的黑人。

在坦桑尼亚，大不列颠留下了两个工程师和十二个医生。

在西撒哈拉，西班牙留下了一个医生、一个律师和一个商贸专家。

在莫桑比克，葡萄牙留下了百分之九十九的文盲、零个拥有中学文凭者、零个大学。

桑卡拉

托马·桑卡拉改换了上沃尔特的名称。这块前法属殖民地从此改名叫布基纳法索，意为"诚实之人的土地"。

经历漫长的殖民统治后，诚实之人继承下来的是一片荒漠：被榨干的田地，干涸的河流，被焚毁的树林。每两个新生儿中，只有一个能活过三个月。

桑卡拉主导变革。村社集体发挥力量，让粮食倍增，让识字教育得到普及，让原始森林重生，让稀少而神圣的水得到守护。

桑卡拉的声音回响着，从非洲传到全世界：

"我们呼吁，从研究外星生命的巨额耗资中拿出至少百分之一来，用于拯救这个星球上的生命。"

"世界银行和国际货币基金组织不肯赞助我们，哪怕是掘地一百米找水，却让我们挖三千米的深井寻找石油。"

"我们要创造一个新世界。我们不愿在地狱和炼狱间做选择。"

"我们控告那些为一己私利造成别人不幸的人。在今天的世界，对土地和空气大加杀戮、毁坏生物圈的罪行仍然得不到惩罚。"

1987年，所谓的"国际社会"决定拍手告别这位新的卢蒙巴。他们把这项任务委托给桑卡拉最好的朋友布莱斯·孔波雷。罪行赋予他永久的权力。

古巴的诞生

革命是一种揭示：黑人涌入了之前不许他们涉足以防他们污染海水的海滩，曾为古巴深藏的所有古巴在灿烂阳光下一起爆发。

在大山深处，在古巴深处，从没有看过电影的孩子们与查理·卓别林交上了朋友，扫盲工作者把文字这种稀罕物带到了那些遗失的地方。

在热带疯病的驱使下，国立交响乐团全体出动，把贝多芬什么的全都带上，向地图上遗落的小镇小村进发，当地人欢欣鼓舞，涂啊写啊，制作海报：

"舞起来吧！来享受国立交响乐吧！"

当时，我在古巴东部转悠。在那里，五颜六色的小蜗牛像雨一样从树上掉落，天际线上显露出海地的青山。

在一条土路上，我遇见一对夫妻。

她骑在驴背上，打着把遮阳伞。

他靠双脚走路。

他们俩穿着节日的盛装，简直是这里的国王和王后，不受岁月和泥巴的侵蚀：他们的衣服一身洁白，没有一处褶皱，没有一块污渍，自结婚之日起就静躺在衣柜深处，已经等了好多年，好多个世纪。

我问他们去哪里。他说：

"我们去哈瓦那。去特罗毕卡纳歌舞厅。我们有礼拜六的票。"

说完他拍拍口袋，以此证实。

我能

1961 年，一百万古巴人学会了读书和写字。当初，几千名志愿者宣布他们将在一年内实现目标时，回应他们的是讪笑和同情的目光。现在再没有人笑话他们或怜悯他们了。

多年后，凯瑟琳·穆菲收集了一些人的回忆：

* 格丽塞尔达·阿吉莱拉：

> 那时候我爸爸妈妈在哈瓦那做扫盲工作。我求他们让我也去，可他们就是不让。他们俩每天很早就出门，我就待在家里，等他们晚上回来。我求了他们好多好多次，有一天，他们终于答应了。我跟他们一起出发。我的第一个学生叫卡洛斯·佩雷斯·伊斯拉。那年他五十八岁，我七岁。

* 西斯多·希梅内斯：

那时候我爸爸妈妈也不让我去。那年我十二岁,我已经会读书会写字了,我每天都求啊吵啊,他们就是不让。我妈老说,那儿可危险了。也就在那些日子里,发生了猪湾侵略战,那些歹徒跑过来报仇了,眼睛里都是带血的,这些人是在古巴做主子的人。我们知道他们是什么人,在旧时代他们把我们的房子烧过两次,那时候我们还住在山上。于是,我妈给我把书包准备好,跟我说,再见。

*希拉·奥索里奥:

我妈妈在曼萨尼约那一带的山区做过扫盲工作。派给她的那家人有七个子女。没一个识字的。我妈在这个人家住了六个月。她白天摘咖啡豆、找水……晚上教课。等到大家都识字了,她就走了。来时她是一个人,走的时候就不是一个人了。你想啊,要不是因为扫盲运动,就没有我了呀。

*霍尔赫·奥维耶多:

扫盲支队来到帕尔马·索里亚诺的时候,我十四岁。我之前从没上过学。在第一堂扫盲课上,我一笔一划画了几个字母,然后我觉得:这就是我的了。第二天大早我就离家出走了。我在胳肢窝里夹着扫盲支队用的课本。

我走了好多路,来到东部大山深处的一个村子里。我说我是扫盲员。我教了第一堂课,就是把我在帕尔马·索里亚诺听到的那些东西重复一遍。我全都记得。第二堂课呢,我就自己学,应该说是自己猜课本上讲的东西。接下来的课呢……

我先做扫盲员,再被扫盲。或者怎么说呢,我帮人扫盲同时也给自己扫盲。

相片:世界上承载人口最多的眼睛

哈瓦那,革命广场,1960年3月。

港口有一条船爆炸了。七十六位工人遇难。这条船上装的是武器弹药,用于古巴国防,而艾森豪威尔政府不许古巴自己保护自己。

人群填满了城市的街道。

切·格瓦拉站在演讲台上,望着积聚起来的这么多怒火。

他的眼里装满人群。

阿尔贝托·柯达拍摄此照时,大胡子们的执政时间才一年多一点。

他的报纸没有刊发此照,总编没看出这张照片有什么特别。

时间会过去。这张照片将会是我们时代的一个象征。

重生的人

为什么切有不断重生的习惯?这个习惯很危险。他越是被操纵,越是遭背叛,就越是加劲重生。他是最能重生的人。

难道不是因为切总是说他所想的、做他所说的吗?在这个世界上,言与行很少相遇,即便相遇它们也不打招呼,因为它们互相认不得对方。所以切才会至今都显得如此特别,难道不是这样的吗?

菲德尔

他的敌人说他是不戴王冠的国王,混淆了统一和一致的概念。

在这点上,他的敌人说得没错。

他的敌人说要是拿破仑也有一份像《格拉玛报》这样的报纸,就没有一个法国人会知道滑铁卢的惨败了。

在这点上,他的敌人说得没错。

他的敌人说他行使权力时总是说很多,听很少,因为他更习惯于听回音而非人音。

在这点上,他的敌人说得没错。

但他的敌人没有说,当侵略军杀上来时,他并不是为了在历史面前摆姿态才挺起胸脯迎向子弹的,

也没有说,他和飓风面对面单挑,从一场飓风到另一场飓风,

也没有说,经历过六百三十七次暗杀后,他还活着,

也没有说，一个殖民地能成为独立祖国，他那可以感染众人的力量是关键，

也没有说，尽管历届美国总统总是备好餐巾等着拿起刀叉把古巴送进嘴里，这个新生国家历经十任美国总统还是屹立不倒，这并非仰赖非洲土著的魔法或上帝的神迹。

他的敌人也没有说，古巴这个奇怪的国家，从不参加世界"欢迎踏进我家门"锦标赛的角逐。

他们也没有说，这场革命在受罚中成长，只能成为它可以成为的样子，而非当初设想的样子。他们也没有说，愿望和现实之间的屏障越筑越高，越筑越长，是因为帝国主义封锁，此举压制了一种古巴式民主道路的进展，迫使古巴社会军事化，给不解决问题光制造问题的官僚主义提供了为自己正名、让自己长存的借口。

他们也没有说，尽管有种种不幸，尽管外有侵扰，内有专制，这个磨难多多却坚持快乐的海岛上产生了拉丁美洲最公平的社会。

他的敌人也没有说，这场胜利来自古巴人民的牺牲，同样来自这位骑士的不屈意志和古老的荣誉感。他总是为那些失败的人而战，就像他远在卡斯蒂利亚原野上的那位同道者一样[1]。

---

1 此指堂吉诃德。

相片：向天高举的拳头

墨西哥城，奥林匹克体育场，1968年10月。

胜利的星条旗在最高的那根旗杆顶上飘扬，美国国歌在全场奏响。

奥运冠军、亚军和季军登上领奖台。接着，在最激动人心的时刻，金牌得主汤米·史密斯和铜牌得主约翰·卡洛斯，这两个黑人，这两个美国人，紧握戴着黑手套的双拳，向着夜空高高举起。

《生活》杂志摄影记者约翰·多米尼斯记录下了这一时刻。这两双高高举起的拳头，是"黑豹"革命运动的象征，它们向全世界控诉美国存在的种族侮辱现象。

汤米和约翰旋即被赶出了奥运村。从此他们再也不能参加任何体育赛事。赛马、斗鸡和人类运动员都没有让欢会的参与者扫兴的权利。

汤米的妻子和他离了婚。约翰的妻子选择了自杀。

这两个麻烦制造者回到国内后，谁也不肯给他们就业机会。约翰想尽一切办法维持生计，而曾打破十一项世界纪录的汤米则靠洗车换取小费。

阿里

他是羽毛也是铅锤。他打拳时一边跳舞一边粉碎对手。

1967年，原名卡修斯·克莱的穆罕默德·阿里拒绝穿上军服：

"他们要把我送去杀越南人,"他说,"可在我的国家,谁在侮辱黑人?越南人吗?他们从没对我做过什么。"

他们便称他为叛国者。他们威胁抓他坐牢,他们禁止他继续打拳。他们剥夺了他的世界冠军头衔。

这样的惩罚,正是对他的奖赏。他们夺走了他的王冠,封他为真正的王。

五年后,几个大学生请他朗诵点什么。他便为他们创作了世界文学史上最短的诗:

"Me, we."

我,我们。

园丁

1967年末,在南非的一家医院里,克里斯蒂安·巴纳德首次成功移植了一颗人类心脏,成为世界上最有名的医生。

在一张照片上,在他的众助手里冒出一个黑人。医院院长澄清说,这个黑人是自己偷偷挤进去的。

那个时候,汉密尔顿·纳基住在一间没有电也没有自来水的棚屋里。他没有文凭,连小学都没有读完,却是巴纳德大夫的得力助手。他秘密地在他身边工作。法律和习俗禁止黑人触碰白人的皮肉和血。

在临终之前,巴纳德承认:

"也许在技术上他比我更厉害。"

无论如何，若无此人相助，他就不可能取得如此成就。这个黑人生着具有魔力的手指，在动手之前，已经在猪和狗身上演练了好几次心脏移植手术。

在医院的编制中，汉密尔顿·纳基的名字对应的是园丁。

他是以园丁身份退休的。

第九交响曲

耳聋让贝多芬听不到他自己创作的第九交响曲，哪怕是一个音符，死亡让他无法得知他的这部巨制后来所遭受的跌宕坎坷。

俾斯麦侯爵宣称，第九交响曲激发了德意志民族的意志，巴枯宁在此曲中听出了无政府主义的旋律，恩格斯说它将成为全人类的颂歌，列宁指出它比《国际歌》更具革命性。

冯·卡拉扬为纳粹政府指挥演奏该曲，多年后，他又以此曲赞颂自由欧洲的统一。

第九交响曲一路陪伴着为他们的天皇赴死的日本神风特攻队队员，也一路陪伴着为反抗一切帝国而捐躯的战斗者。

它为反抗德国侵略的人们唱响，也给希特勒轻声哼唱，他曾有一回罕见地谦虚之心发作，说贝多芬才是真正的"元首"。

保罗·罗伯逊[1]唱响第九交响曲反对种族主义，南非的种族主

---

[1] 保罗·罗伯逊（1898—1976），美国著名歌唱家、社会活动家。

义者将第九交响曲用作种族隔离宣传的背景音乐。

1961年,在第九交响曲的伴奏下,柏林墙给竖了起来。

1989年,在第九交响曲的伴奏下,柏林墙倒下了。

墙

柏林墙是每天的新闻。我们从早到晚读到、看到、听到:耻辱之墙、无耻之墙、铁幕……

这堵该倒的墙终于倒了。然而,在世界上,其他的墙又冒了出来,而且还在不断涌现。虽然它们比柏林墙更为高大,却很少或从未被提及。

人们很少谈到美国正在与墨西哥接壤的边境上建造的那堵墙,也很少谈到在休达和梅利利亚圈起的铁丝网[1]。

约旦河西岸的那堵墙,无限延续着以色列对巴勒斯坦土地的占领,比柏林墙长约十五倍,却几乎没有人谈论;摩洛哥的那堵墙,无限延续着摩洛哥王国对撒哈拉共和国的盗取,比柏林墙长六十倍,却没有人谈论,哪怕一点评论也没有。

有的墙如此高调,有的墙如此沉默,这是为什么呢?

---

[1] 休达和梅利利亚位于摩洛哥北部,是西班牙宣布拥有主权的两块飞地。

相片：墙的倒塌

柏林，1989年11月。费迪南多·西亚纳拍到一个推着小车艰难行进的人。小车里装着的是一个巨大的斯大林头像。当这个青铜巨头被斩落的时候，暴怒的民众正在用锤子敲翻那堵把柏林城一分为二的墙。

倒下的不仅仅是墙。随着墙一起倒下的，是那些一开始宣称实现无产阶级专政最后实行官僚阶级专政的制度。倒下的，是那些被政党缩减为宗教信仰的政治意识，这些政党口口声声马克思，行动起来却像响应了教皇格里高利七世的那句圣谕的教会："教会从没有犯过错，而且，根据《圣经》记载，教会永远都不会错。"

没有淌一滴泪，也没有洒一滴血，在整个东欧，人民叉起手臂来，观看那曾经以他们的名义行事的政权挣扎着断气。

神圣之光，杀戮之光

火焰在噼啪作响。

在篝火中燃烧着的，是废旧的床垫，废旧的木椅，废旧的轮胎。以及一个废旧的神：火烤炙着波尔布特的遗体。

1998年夏末，这个杀了许多人的人死在自己家里，死在自己床上。

没有哪种瘟疫让柬埔寨一下子减少了那么多人口。波尔布特念着圣徒般的一些人名，造起了一个巨大的屠宰场。为了节省时间和资金，每一次指控就包含了审判，每一间监狱都有开向公共尸坑的门。整个国家成了一个巨大的公共尸坑，成了一个赞颂波尔布特的神庙，波尔布特不断地净化神庙，使之配得上他的恩赐。

革命纯洁要求消灭所有不洁之人。

不洁之人是：思考的人，提出不同意见的人，提出怀疑的人，不服从的人。

犯罪还有报酬拿

苏哈托将军到了他多年统治的最后，已经数不出他杀了多少人、攒了多少钱。

1965年，他从剿灭印度尼西亚共产党开始自己的事业。究竟杀了多少，无人知晓。不会少于五十万，也许超过一百万。难以估算。当军人们对进村庄屠杀大开绿灯时，随便什么人，只要是拥有一头令人垂涎的母牛，或是几只为邻人觊觎的母鸡，就立即成了共产党，罪该绞死。

马歇尔·格林大使以美国政府的名义，"对目前军队所做之事表达赞同和敬仰"。《时代》杂志报道说死尸多得堵塞了河道，却称赞正在发生的事情是"多年来最好的消息"。

二十年后，该杂志又揭露说苏哈托将军有"一颗柔情的心"。那个时候，死在他手上的人总共有多少，他已经没数了，但他还在准备扩充死亡名单，要把帝汶岛上的菜园变成墓园。

当他为国尽职三十多年最后被迫下台时，他的储蓄账户也不算少。口袋深深：继承他位子的阿卜杜勒-拉赫曼·瓦希德总统估计，苏哈托积累的个人财富相当于印度尼西亚欠国际货币基金组织和世界银行外债的总和。

大家都知道，在苏黎世和日内瓦，有银行的街道都是他最喜欢散步的地方。不过即便他再喜欢瑞士风光，他还是想不起来把钱都放哪儿了。

2000年，一个医疗委员会检查了苏哈托将军的身体后宣布，他在体力和脑力上都失去接受审判的能力了。

另一例失忆症

一份医学报告认为，奥古斯托·皮诺切特将军患有老年痴呆。因为头脑不清醒，他无法接受审判。

皮诺切特面不改色地逃过了三百项有罪指控，到死也没有受到一次惩罚。智利自民主重生之日起，就被迫偿还他的债务，忘掉他的罪行，而他享受着官方所谓的失忆症。

他杀过人，折磨过人，但他总是说：

"不是我干的。另外，我也不记得了。要是我记得的话，那个也不是我干的。"

在足球国际通用语中，那种特别烂的球队仍被称作皮诺切特，因为他们总是折磨整个球场的观众，可是这位将军不乏崇拜者。圣地亚哥城的九一一大道，其名称的由来并非为了纪念纽约双子塔恐怖主义袭击的死难者们，而是为了向那场推翻了智利民主的恐怖主义军事政变致敬。

皮诺切特满不情愿地死在了一个国际人权日。

此时，他盗取的三千多万美元已被人发现。这些钱分藏在世界上好几家银行，总共有一百二十个账户。此事的曝光稍稍有损他的声誉。不是因为他偷了钱，而是因为他偷钱的效率实在不高。

相片：这颗子弹不撒谎

智利圣地亚哥，总统府，1973年9月。

没人知道拍摄者的名字。这是萨尔瓦多·阿连德最后的留影：他头戴钢盔，手中握枪走上前抬头望天，飞机正在倾吐炸弹。

这位由民众自由投票选出的智利总统说：

"我不会从这里活着出去。"

在拉丁美洲历史上，这是一句重复了很多次的话：许多总统在需要说真话的时刻说了这句话，他们选择了求生，以便日后能继续说这句话。

阿连德没有从那里活着出去。

一个吻，吻开了地狱之门

这是一种暗示，就像福音书里所述的背叛行径一样：

"我吻的那个人，便是。"

1977年末，在布宜诺斯艾利斯，金发天使先后吻过爱斯特·巴蕾丝特里诺、玛利亚·彭塞和阿苏瑟娜·维娅弗劳尔，她们是"五月广场母亲"[1]的发起人，他又吻过修女阿丽丝·杜蒙和莉奥妮·都凯。

她们消失在地底了。军事独裁政府的内政部长否认那几位母亲遭到关押，还说那两个修女去墨西哥卖淫了。

后来人们得知，她们所有人，母亲们和修女们，都在遭酷刑后被带上飞机，被活活地从空中抛到海里。

后来金发天使被人认出来了。当报纸刊登出阿尔弗雷多·阿斯蒂斯上尉低着头在英国人面前签署投降书的照片时，他被人认出来了，尽管他留起了胡子，戴着军帽。那是马岛战争的终了，他自始至终没有开过一枪。他擅长于另外的英雄行为。

阿根廷家庭剪影

阿根廷诗人莱奥波尔多·卢贡内斯曾宣称：

"为世界之福亮剑的时刻敲响了！"

1930年，他为一场建立起军事独裁的政变如此喝彩。

诗人之子、博罗·卢贡内斯警长为独裁政权发明了高压电棒和其他具有奇效的刑具，他专在不听话的人身上试验刑具的功效。

---

[1] 阿根廷人权团体，由在阿根廷军事独裁统治期间被政府宣布"失踪"的青年的母亲发起成立。

四十多年后,有一个不听话的人,叫皮丽·卢贡内斯,诗人的孙女,警长的女儿,在另一个独裁政权的刑讯室里亲身体验了她爸爸的发明。

这个独裁政权让三万阿根廷人失踪。

她是其中一个。

安娜生平纪事

小时候,安娜·费伊尼以为她的爸爸妈妈死于一场事故。这是她的爷爷奶奶告诉她的。他们说,她爸爸妈妈过来找她,结果他们坐的飞机掉下去了。

十一岁那年,有人告诉她说,她的父母是在与阿根廷军事独裁政权的斗争中遇害的。她什么也没问,什么也没说。她曾经是个话特多的女孩儿,但打那以后她就很少讲话甚至闭口不语了。

十七岁那年,她连吻人都觉得困难了。她的舌头下面生了个小烂疮。

十八岁那年,她连进食都觉得困难了。烂疮越长越深。

十九岁那年,她上了手术台。

二十岁那年,她死了。

医生说她是被一种口腔癌夺去生命的。

爷爷奶奶说她是被真相夺去生命的。

社区里的巫婆说,她不叫喊,所以死了。

被抚摸最多的名字

1979年春,萨尔瓦多大主教奥斯卡·阿努尔福·罗梅罗远赴梵蒂冈。他苦苦哀求,像乞丐一样乞求教皇约翰·保罗二世能见他一面:

"您先排队。"

"不知道。"

"您明天再来吧。"

他挤在等待赐福的信众队列里,和所有人一样。他终于逮到机会叫住了教皇陛下,从他那里争取来几分钟的时间。

罗梅罗试图交给他一份厚重的报告,里头有好多照片和证据,但教皇把报告挡了回去:

"我没有时间读这么多东西!"

罗梅罗嗫嚅着说,成千上万的萨尔瓦多人遭到军人政权的毒打和杀害,其中有好多天主徒,还有五个神父,就在昨天,在他等待教皇接见的时候,军队又把二十五个人扫死在大教堂门口。

教会领袖只是生硬地打断他说:

"大主教先生,您不要夸大事实!"

他们的会晤没持续多久就结束了。

圣彼得的继承人要求、指挥、发令说:

"你们要理解政府!一个好的基督徒是不会给行政当局制造麻烦的!教会爱和平,爱和谐!"

十个月后,在圣萨尔瓦多城的一个教区,罗梅罗大主教轰然倒地。就在做弥撒时,当他举起圣饼的时候,一颗子弹将他撂倒。

教皇从罗马发出声音，谴责这项罪行。

而惩罚罪犯的事情却被遗忘了。

多年后，在库斯卡特兰公园，竖起了一道长得一眼望不到头的墙，纪念战争中死难的平民。墙上是成千上万的名字，都是白颜色，刻在黑色的大理石上。罗梅罗大主教的名字是唯一一个漫漶不清的。

是被人们的手指抹糊了。

死了两次的主教

记忆被囚禁在博物馆里，禁止出馆。

胡安·赫拉尔迪主教曾主持展开对危地马拉发生的恐怖事件的调查。

1998年春，有一天晚上，主教在大教堂的大院里公布调查结果，一共一千四百多页，一千多条证据。他说：

"我们都清楚，这条路，记忆之路，是充满危险的。"

两个晚上之后，他躺倒在血泊里，头骨被石头砸得粉碎。

紧接着，像是变魔术似的，他的血迹被清洗干净，一切痕迹都被抹掉。传出来的种种说法，越说越让人迷惑，一场庞大的国际行动迅即展开，把这桩凶杀案变成了一个深不可入的迷宫。

就这样，主教又死了一次。参加了这场肮脏行动的，有律师、记者、作家和被收买了的犯罪学专家。新的罪犯、新的情节忽有忽无，转换频率令人晕眩，脏水一盆接着一盆地泼在死者身上，为的是保护犯下这个案子和另外二十万宗凶杀案的凶手免受法律制裁：

"是某个渗透进教会的共产党党徒干的。"

"是厨娘干的。"

"是女管家干的。"

"是那个常睡在教堂对面的醉鬼干的。"

"是情杀。"

"是同性恋之间的事情，碎人头颅是很典型的。"

"是复仇，曾有个神父发誓要报仇的。"

"是那个神父干的，还有那条狗。"

"是……"

全球税

爱情是匆匆而过的，生命是沉甸甸的，死亡是狠狠压下的。

有的痛苦是不可避免的，就是这样，没办法。

但这个星球上的政权还往痛上加痛，甚至向我们征收这种服务费。

每天，我们用撞击声响亮的现钱支付增值税。

每天，我们用撞击声响亮的不幸支付增痛税。

多出来的痛苦，伪装成宿命的模样。对生命稍纵即逝的焦虑与对职位稍纵即逝的焦虑，似乎是一回事。

不是新闻

印度南部,纳亚玛达医院,一个自杀未遂者苏醒过来。

让他重获生命的人围绕在病床四周,对着他微笑。

这个重获生命的人望着他们说:

"你们想要什么?要我谢你们吗?我欠了十万卢比的债。现在我还要欠上四天的住院费。你们这些白痴给我做的好事。"

我们对自杀式恐怖分子已经了解很多了。媒体每天都跟我们提到。然而,媒体却从不报道这些自杀的农场工人。

根据官方数据,从 20 世纪末本世纪初开始,印度农民以一个月一千人的速度自杀。

很多农民是喝他们买都买不起的杀虫剂自杀的。

市场逼得他们债台高筑,偿还不了的债务逼得他们去死。他们花费越来越多,收益越来越少。巨人般的买入价,侏儒般的卖出价。他们成了外国化工、进口种子和转基因作物的人质:曾经生产食物给人吃的印度,现在生产食物让别人吃掉自己。

犯罪学

每年,化学杀虫剂夺去不止三百万农民的性命。

每天,劳动事故夺去不止一万工人的性命。

每分钟,贫穷夺去不止十个儿童的性命。

这些罪行不在新闻报道中出现。它们和战争一样,是再正常不过的吃人行为。

罪犯则逍遥世间。监狱不是给那些吃了很多人的造的。建造监狱，就是给穷人建造他们应得的住房。

两百多年前，托马斯·潘恩曾自问：

"为什么绞死一个不是穷人的人就会显得如此奇怪呢？"

得克萨斯州，21世纪：最后的晚餐揭示了绞刑架的顾客都是些什么人。没有人点龙虾或菲力牛排，尽管这些菜名出现在临终餐的菜单中。死囚们情愿像平日里那样吃着汉堡包加炸薯条告别这个世界。

现场直播

整个巴西都在观看。

精彩节目，实时转播。

2000年的一个上午，一个罪犯，应该是黑人，将里约热内卢一辆小型巴士上的乘客劫持为人质。电视台全程关注，不放过任何一个细节。

这起事件仿佛是足球与战争的综合：记者们的讲述方式，用的是报道诺曼底登陆的史诗性悲剧式语调，其情绪渲染力之强，如同在转播世界杯决赛。

警察包围了小巴士。

在长时间的交火中，死了一个女孩儿。围观群众齐声高呼，咒骂那头毫不犹豫地拿无辜生命作牺牲的畜生。

经过为时四个钟头的激烈枪战大戏后,维持秩序一方射出的一枚子弹终将此社会高危分子打倒在地。警察面对摄像机镜头展示他们的战利品,这个身负重伤、浑身被血洗过的罪犯。

所有人,现场的几千人和不在现场却在收看直播的几百万人,都想动用私刑将罪犯处死。

警察将他从愤怒的人群的千百只手中拉了出来。

他进警车时还是个活人。出来时,他已经被掐死了。

在他短暂的人生中,他使用桑德罗·德·纳西蒙多这个名字。1993年的一个夜晚,当子弹如大雨般落下时,他便是在坎德拉里亚教堂大门台阶上酣睡的众多街头儿童中的一个。那一天死了八个孩子。[1]

活下来的,不久之后也几乎尽数被屠。

桑德罗幸免于难,却成了暂持活命许可证的死人。

七年后,判决得以执行。

其实他一直梦想做电视明星。

直播现场

整个阿根廷都在观看。

精彩节目,实时转播。

---

[1] 指1993年7月23日凌晨在里约热内卢发生的警察屠杀流浪少年事件。

2004年的一个上午，一头公牛，应该是黑色的，出现在布宜诺斯艾利斯郊区的一条街道上。电视台全程关注，不放过任何一个细节。

这起事件仿佛是斗牛与战争的综合：记者们的讲述方式，用的是报道攻克柏林的史诗性悲剧式语调，其情绪渲染力之强，如同在转播塞维利亚斗牛场上的一场激战。

一上午过去了，警察还没赶到。

那头对人构成威胁的畜生吃起草来。

惊恐万分的居民隔得老远观望。

"当心，"一个记者手拿麦克风，穿梭在人群中，提醒众人，"当心啊，这畜生有可能突然情绪激动起来啊。"

野兽则细细嚼着草，不理会所有人，专注于它在灰色的楼群中发现的这块野地。

最终，数辆警车赶到，下来一大群警察，兵分数路包围了这头公牛，望着它，不知道该做什么。

此时，人群中冲出几个自告奋勇者。他们扑向猛牛，将它掀翻在地，然后一顿拳打脚踢，用锁链将牛牢牢捆住，充分展示了他们的勇气和灵巧。摄像机记录下他们中的一人得意地把一只脚踩在战利品身上的那一刻。

牛给送上一辆小车拉走了。它的头还悬在外面。只要它一抬头，拳头就如雨点般砸来。众声高呼：

"它想溜！它还想再溜一次哪！"

于是，这头刚刚长出角来、从屠宰场出逃的小牛犊就这样完蛋了。

餐盘是它的最终归宿。

其实它从来不曾梦想做电视明星。

监狱有危险

1998年，玻利维亚共和国全国监狱系统管理局收到了一封来信，信上有科恰班巴山谷中一座监狱的全体犯人的签名。

犯人们恳求管理方行行好，把监狱的围墙加高些，因为附近的居民不用费多少力气就能翻过墙来，把犯人们晾在院子里的衣服偷走。

因为没有可支配的预算，这封信也就没有回音。因为没有回音，犯人们只好自己动手了。他们用泥巴和草做成砖，把围墙垒得足够高，以抵御住在监狱周边的平民的危害。

街头有危险

从大半个世纪前开始，乌拉圭就再也没有赢得过一届世界足球冠军，但它在军事独裁统治期间赢得了其他方面的世界冠军：它一度是政治犯和受酷刑者占总人口比例最高的国家。

关押人数最多的监狱名为"自由"。被囚禁的词语从监狱中逃逸而出，仿佛是在对这个名字致敬。从铁栏间溜出了犯人们写在方寸卷烟纸上的诗歌，比如这首：

有时候下雨，我爱你。
有时候出太阳，我爱你。
监狱只是有时候有。
我永远爱你。

安第斯山有危险

狐狸从天上顺着绳子滑下来的时候，鹦鹉们动嘴把绳子啄断了。

狐狸坠落在安第斯山的高峰上，爆炸了，于是，它肚子里的藜麦散落四处。这些藜麦是它从天神的宴席上偷来的。

于是，这原属天神的食物在地上生了根。

从此，藜麦就生活在极高的地带，只有它才能承受得了那里的干燥和苦寒。

世界市场从没有对这种印第安人的低贱食物有过半点关注，直到有一天方才知晓，这种能在不毛之地生长的细小谷物，是极佳的营养品，不会致人发胖，还能预防某些疾病。1994年，藜麦被科罗拉多州立大学的两名研究员注册了专利（美国专利注册号US Patent 5304718）。

于是，农民们的怒火爆发了。尽管专利拥有者向他们保证，他们不会动用法定权利来禁止藜麦的种植，也不会征收种植费，这些玻利维亚印第安农民回应说：

"我们不需要任何一个美国的教授过来，把原本就是我们的东西施舍给我们。"

四年后,迫于世界舆论的压力,科罗拉多州立大学放弃了这项专利。

空中有危险

白瓦斯电台于 21 世纪前夜诞生于尼加拉瓜中部。

听众最多的节目占据的是清晨时间。"灵通女巫"陪伴成千上万个女人,让成千上万个男人心生畏惧。

对于女人,女巫给她们介绍陌生的朋友,比如这个尼古拉老爹,或那个康丝蒂图西翁太太,还跟她们讲妇女权益,"街头、家中和床上都要零暴力",还问她们:

"昨晚你们过得怎样?他们怎么对待你们的?你们满意吗?还是被硬着上的?"

对于男人,要是他们强奸或殴打女人,她就指名道姓地控诉他们。在夜晚,女巫会乘着扫帚从一家窜到另一家;到了清晨,她就抚拭着她的水晶球,在麦克风前吐露秘密:

"啊哈?你在那儿呢,我看到你啦,在用棍子打你老婆呢,太野蛮啦,你这千刀万剐的!"

这家电台收到并播发的一则则指控,警察是不会受理的。他们忙着处理偷牛抢羊的案子,一头奶牛可要比一个妇女值钱。

芭比从军

芭比娃娃的总数超过十亿。只有中国人口能超越她们。

这个世界上最受宠爱的女人，是不能让人失望的。在善恶之战中，芭比报名参军，抬手行军礼，然后开往伊拉克战场。

她穿着陆军、海军或空军制服抵达前线。这些衣服都是为她量身定制、由五角大楼审查通过的。

她惯于变换职业、发型和衣饰。她当过歌手、运动员、古生物学家、牙医、宇航员、消防队员、舞女等，每一种新的职业都意味着旧貌换新颜，意味着从上到下一套新衣装，全世界的小女孩就不得不争相抢购。

2004年2月，芭比也想换情侣了。她已经和肯尼牵手差不多半个世纪了。肯尼全身上下除了鼻子，再无突出之处。芭比被一个澳大利亚冲浪运动员引诱上钩，犯了塑料肉体之罪。

美泰公司正式宣布芭比和肯尼分手。

这简直是一场灾难。芭比娃娃的销量顿时直线下降。芭比可以也应当换职业、换衣服，但她绝没有权利做坏榜样。

于是，美泰公司又正式宣布，芭比和肯尼复合。

机械战警之子从军

2005年，五角大楼发布消息说，一支由机器人组成的坚不可摧的部队，正在从梦想变成现实。

据军方发言人戈登·约翰逊说，阿富汗战争和伊拉克战争对机器人的进步起了巨大的作用。现在的机器人已经装配上夜视仪和自动武器，完全具备条件，可以几乎毫无差错地锁定敌方建筑物并一举摧毁。

它的身上没有任何可以阻碍它高效发挥的人类特性：

"机器人不会饿肚子，也不会害怕，"约翰逊说，"它们绝不会忘记命令。要是与它并肩战斗的那个家伙中弹倒下，它一点也不在乎。"

戴面具的战争

20 世纪初，哥伦比亚遭受了千日战争之苦。

20 世纪中叶，千日变成了三千日。

21 世纪初，日子变得无穷无尽不可计算了。

这场战争，对于哥伦比亚是致命的，但对于哥伦比亚的主人们来说，就不那么致命了：

战争让恐惧成倍增长，恐惧把不义之行变成了命运之安排；

战争让贫穷成倍增长，贫穷提供千万条辛勤劳动却收入微薄或没有收入的手臂；

战争把农民赶离他们的土地，他们的土地随即被低价转卖或无偿赠送；

战争将大把大把的钱赠予军火贩子和绑架平民的匪徒，向毒品贩子赠予一堆又一堆的不可告人的财富，让可卡因生意维持美国人凑鼻子、哥伦比亚人奉上死尸的现状；

战争大肆杀害工会成员，工会组织的葬礼比罢工还多，也就不再去打扰金吉达、可口可乐、雀巢、德尔蒙或扎蒙德这些大公司了；

战争还大肆杀害揭发战争起因的人，让战争变得既无法解释也不可避免。

暴力学专家们说，哥伦比亚是一个爱上了死亡的国家。

基因里面就有，他们说。

河边的女人

死亡如大雨般降下。

在这散发着尸臭的地方，哥伦比亚人一个个倒下，或遭枪击，或被刀捅，

或挨刀砍，或遭棍击，

或被绞死，或被烧死，

或给天上下来的炸弹炸死，或给脚下埋着的地雷炸死。

在乌拉瓦雨林，佩兰丘河或佩兰奇托河的某一处岸边，在用木棍和棕榈叶子盖的房子里，一个叫艾莉西亚的女人摇着扇子，驱赶炎热和蚊虫，也驱赶恐惧。扇子一上一下摆动着，她大声说道：

"要是能自然死亡，该有多美啊！"

撒谎撒出来的战争

广告攻势，市场营销行动。公共舆论就是靶心。战争是靠说谎来销售的，与售车如出一辙。

1964年8月，林登·约翰逊总统声称越南人在北部湾袭击了两艘美国军舰。

于是，总统下令入侵越南，派遣飞机和部队，他的支持率升入云端，记者们和政客们为他欢呼，执政的民主党和在野的共和党面对共产主义挑衅结成同一个党。

战争将为数众多的越南人开膛破肚，其中大部分是妇女和儿童。此时约翰逊政府的国防部长罗伯特·麦克纳马拉才承认，北部湾袭击事件是子虚乌有。

可死人没法复活。

2003年3月，乔治·W.布什总统声称，伊拉克正待动用它的大规模杀伤性武器、"前所未有的致命武器"毁灭世界。

于是，总统下令入侵伊拉克，派遣飞机和部队，他的支持率升入云端，记者们和政客们为他欢呼，执政的共和党和在野的民主党面对恐怖主义挑衅结成同一个党。

战争将为数众多的伊拉克人开膛破肚，其中大部分是妇女和儿童。此时布什才承认，大规模杀伤性武器并不存在。"前所未有的致命武器"是他自己编造出来的。

在接下来的大选中，为了给他补偿，民众让他获得连任。

小时候，妈妈告诉我说，谎言腿短走不长。她了解得不够。

拥抱的诞生

在伊拉克被毁灭的几千年之前,在这块土地上诞生了世界文学史上第一首爱情诗:

> 让歌者在歌声中编织
> 我要讲给你听的故事。

歌儿用苏美尔语讲述了一位女神和一个牧人的邂逅。

女神伊南娜在这个晚上如生命有限的凡人般坠入爱河。长夜漫漫,牧人杜姆兹获得了永生。

骗人的战争

伊拉克战争缘起改正错误的需要:地理学错误地把西方的石油放在了东方的黄沙底下,但没有哪场战争敢于老老实实承认:

"我杀人是为了抢东西。"

"魔鬼的大便"是黑金的不雅别称。它已经创下并将继续创造多项战功。

在20世纪末、21世纪初的苏丹,在一场伪装成民族与宗教冲突的漫长的石油战争中,为数众多的人死于非命。在村庄被焚毁、作物被消灭的土地上,塔架、钻头和输油管道像变魔术般涌现出来。在达尔富尔地区,屠杀还在继续,生于斯长于斯的穆斯林在得知他们的脚下可能有石油后便开始相互仇恨。

卢旺达的山间发生的屠杀，也自称是民族和宗教战争，尽管屠人者和被屠者都是天主教徒。仇恨是殖民遗产，来自比利时统治时代。当时，比利时做出裁断，养牛的人是图西人，种地的人是胡图人，为数不多的图西人应当统治为数众多的胡图人。

就在这些年里，在刚果民主共和国，又有一大群人死于非命。他们为数家争夺钶钽铁矿的外国公司贡献劳力。这种稀有矿产，是生产移动电话、计算机、集成电路板和电池的必不可少的原材料。媒体使用这些产品，却忘了提及这种矿产。

贪得无厌的战争

1975年，摩洛哥国王下令入侵撒哈拉共和国，将大部分居民赶走。

现在，西撒哈拉是非洲的最后一块殖民地。

摩洛哥剥夺了西撒哈拉选择自己前途的权利，以这样的方式承认，它盗取了一个国家，并且没有任何偿还的打算。

西撒哈拉人，"云的儿女"，雨的追逐者，被判无期痛苦徒刑和无期思乡徒刑。联合国已经一千零一次承认他们的诉求合理，但争取独立仍比在沙漠中找水还难。

联合国同样一千零一次声明抗议以色列侵占巴勒斯坦。

1948年，以色列的诞生意味着八十万巴勒斯坦人遭驱逐。被夺去家园的巴勒斯坦人把家门钥匙带在身上，正如几百年前遭西班牙驱逐的犹太人所做的那样。犹太人再也不能回到西班牙。巴勒斯坦人再也不能回到巴勒斯坦。

留下来的人生活在屈辱中，连续不断的侵略让他们的土地越缩越小。

巴勒斯坦人苏珊·阿卜达拉知道制作恐怖分子的工序：

"抢走他的水和食物。

武装包围他的家。

采用一切手段、时时刻刻对他进行打击，晚上效果尤佳。

拆他的房子，烧他的菜地，杀他的亲人，特别是小孩子，或者把他们弄残。

恭喜：您已经成功制造出一支人肉炸弹部队了。"

毁灭世界的战争

17世纪中叶，爱尔兰主教詹姆斯·乌谢尔称，世界诞生于公元前4004年，大概介于10月22日星期六黄昏和次日夜晚之间。

关于世界的死亡，我们就没有如此精确的信息了。不过，世界灭亡之日恐怕真的为期不远了，看看杀手们狂热的工作节奏就知道了。21世纪的科技进步将相当于人类历史两万年进步的总和，但谁也不知道，人类将在哪个星球上庆祝这些进步了。莎士比亚已经作出预言："一群疯子带领着一群瞎子，这是这个时代的不幸。"

我们造出来帮助我们生活的机器，向我们发出死亡邀请。

大城市不让人呼吸也不让人走路。化学轰炸融化了南北两极和山巅上的积雪。加利福尼亚的一家旅行社正在销售去格陵兰岛与冰雪说再见之旅。海洋在吞噬海岸，渔网捕到的不再是鳕鱼而是水母。自然森林，这些生物多样性的绿色盛宴，成了工业林或连石头都长不出来的沙漠。本世纪初，在二十个国家，干旱让一亿农民抬头望天束手无策。"大自然已经很累了。"西班牙教士路易斯·阿方索·德·卡尔瓦略写道。那还是1695年。他要是看看今天的我们呢。

不是干旱，就是大雨。没完没了的洪水、龙卷风、飓风和地震年复一年地增长。它们被称为"自然灾害"，似乎大自然是罪魁祸首而非受害者。毁灭世界的灾难，也是消灭穷人的灾难：在危地马拉，有种说法说这些自然灾害很像从前的美国西部片，因为死的都是印第安人。

为什么星星在发抖？也许它们预感到，我们马上就要侵入天上其他的星球了。

图雷巨木

1586年，西班牙神父约塞普·德·阿科斯塔在距瓦哈卡三个西班牙里的图雷村发现了它："一道闪电从天上劈落，击伤了这棵树，从心口一直往下。据说，在遭雷击之前，这棵树的树荫下足足能站一千人。"

1630年，贝尔纳维·科沃记述说，大树有三道门，门洞巨大，可走马。

它还在那里。它诞生在耶稣之前，还在那里。它是世界上现存的年龄最高、体积最大的活体。成千上万只鸟儿在它的繁茂枝叶间安家。

这尊绿色大神遭受着孤独之刑。它的周围已经没有雨林植被陪伴了。

城市交通的诞生

马儿在嘶叫，车夫在咒骂，鞭子在空中呼呼作响。

那位老爷已是一头怒火。他已经等了好几百年了。他的马车被另一辆马车拦住了去路，另一辆马车在其他更多马车之间徒劳地尝试调头。他失去了本就不多的耐心，下了车，拔出佩剑，将阻挡他前路的第一匹马开膛破肚。

这起事件发生在1766年一个周六的傍晚，巴黎胜利广场。

这位老爷是萨德侯爵。

今天的堵车，比萨德更疯狂更暴力。

猜谜

他们是家里的宠儿。

他们的嘴很馋，石油、天然气、玉米、甘蔗，有什么吃什么。

他们是人类时间的主人，人类要花时间给他们洗澡、喂他们吃饭、给他们穿衣、聊他们的好坏、为他们开道。

他们的繁殖速度比我们快，他们的数量已经比半个世纪前多了十倍。

他们夺去的人命比所有战争都多，可是没有人控诉他们的杀人罪行，报纸和电视频道更不敢，它们可是靠着他们的广告生存的。

他们抢走了我们的街道，夺走了我们的空气。

听到我们说"我来驾驶"的时候，他们笑了。[1]

科技革命简史

生长吧，倍增吧，我们说。于是机器生长、倍增。
它们曾向我们许诺说，它们会为我们工作。
现在我们为它们工作。
我们发明了机器用来成倍增加食物，机器却让饥民倍增。
我们发明了武器用来自卫，却被武器夺了性命。
我们发明了汽车用来行路，却被汽车阻挡了脚步。
我们发明了城市是为了相聚，却被城市疏远了彼此。
我们发明了媒体用来沟通，可媒体不听我们也不看我们。
我们成了我们的机器的机器。
它们辩解说它们是无辜的。

---

[1] "我来驾驶"原文为"Yo manejo"，亦有"我来掌控"之意。

它们说的没错。

博帕尔

噩梦在深夜里把居民惊醒：空气烧起来了。

1984年，在印度城市博帕尔，联合碳化物公司的一家工厂发生爆炸。

多个安保系统一个也没有运转起来。或者，用经济学的话说：为了赢利，必须大幅削减成本，不得不牺牲安全。

这起被命名为"事故"的罪行夺去了成千上万条人命，并且让更多的人终身受疾病折磨。

在这个世界的南方，人命价格是按促销价来核算的。经过多番讨价还价，联合碳化物公司给每位死者支付了三千美元，给每位不治之症患者支付了一千美元。他们聘请的大名鼎鼎的律师成功驳回了众多幸存者的上诉，因为这些人都不识字，不能明白他们用大拇指按印确认的究竟是什么东西。公司没有处理博帕尔仍然含有毒素的水和空气，也没有处理仍然含有汞和铅的土地。

然而，为了擦拭自己的形象，联合碳化物公司给收费最狠的化妆专家支付了百万巨款。

几年后，另一家化工业巨头陶氏化工收购了这家公司。买下了公司，却没有买下犯罪记录：陶氏化工洗净双手，拒绝为1984年的事件承担任何责任，并以扰乱公共秩序为由把那些聚在公司门口抗议的妇女告上法庭。

动物媒体

1986年春的一个夜晚，切尔诺贝利核电站发生爆炸。

苏联政府下令保持沉默。

许许多多的人，一大群人，要么死掉，要么侥幸存活却变成一个个移动炸弹，而电视台、电台和报社毫不知情。三天后，媒体也没有打破秘密、告诫民众说这起放射物泄漏事故是新的广岛大劫难，反而坚定地声称这不过是一场轻微的事故，没什么事，一切都在控制之中，不必惊慌。

然而，在周边土地和水域中劳作的农民和渔民还是感到，出事了，出大事了。给他们报信的是蜜蜂、马蜂和鸟儿，它们飞得高高，消失在天际线之外，还有蚯蚓，它们往地下深入了一米，于是渔夫没了鱼饵，母鸡没了吃食。

大约二十年后，东南亚发生海啸，又是一大群人被巨浪吞没。

当灾难正在酝酿之中、海底深处刚刚开始闷声作响时，大象的长鼻发出吼叫，哀怨声声，无人能解，然后它们挣破捆束身体的锁链，向雨林深处疾奔而去。

还有红鹳、豹子、老虎、野猪、鹿、水牛、猴子和蛇，也纷纷赶在灾难降临前仓皇逃命。

只有人和龟惨死在大难中。

阿尔诺河

当大自然还没有给送入精神病院的时候，它已经开始神经发作、预示将来之事了。

1966年末，阿尔诺河终于圆了洪流之梦，佛罗伦萨城遭受了有史以来最严重的水灾。仅在一天之内，佛罗伦萨的损失超过了二战中所有轰炸造成损失的总和。

之后，佛罗伦萨市民泡在烂泥中，开始抢救灾难过后的剩余物品。男人们和女人们就这样忙碌着，拍着水，咒骂着阿尔诺河连同它所有的亲戚，此时，距他们不远处，一辆长长的卡车摇摆着驶来。

卡车上装着一具硕大的身躯，已经在洪水中身负重伤了：脑袋在后轮上晃荡，一条断臂伸出车斗一侧。

这位木头巨人经过时，男人们和女人们把手上的铲子和水桶放到一边，脱下帽来，抬手画十字。他们默默地站着，直到卡车消失在视野之中。

他也是佛罗伦萨城的儿子。

这个被钉上十字架的耶稣，这个支离破碎的耶稣，是在佛罗伦萨降生的。他于七百年前出自画家乔托的老师乔万尼·契马布埃之手。

恒河

印度的这条大河原先并不是沐浴土地的。它沐浴的是遥不可及、高高在上的天空,众神始终不肯离开这条给他们送来水和清凉的河流。

直到有一天,恒河打算搬家,便来到了印度。现在,它流过这块土地,从喜马拉雅山直到大海,让生者在它的水中得到净化,让死者的骨灰找到最终的去处。

这条怜悯世人的圣河绝没有想到,这个世界会用垃圾和毒素来供奉它,让它痛不欲生。

河与鱼

有一句古谚说,授人以鱼,不如授人以渔。

住在亚马孙地区的佩德罗·卡萨尔达里加主教说,没错,说得很好,非常好的想法,但是,要是有人把属于所有人的河买下来,禁止我们捕鱼,该怎么办呢?或者,排放到河中的毒垃圾污染了河水,让河中的鱼儿中了毒,该怎么办?或者说:如果发生了现在发生的这种事情,该怎么办?

河与鹿

最古老的教育学著作出自一位女性之手。

9世纪初,加斯科涅[1]的铎妲用拉丁语写下《告儿读本》一书。

她并不强加半句教条。她只是劝诫、提建议、讲事理。书中有一页,她邀请我们向鹿儿学习。"过河时,它们排成一列往前游,一个跟一个,每头鹿都把脑袋和脖子靠在前面那头鹿的后背上;它们互相支持,这样子就能顺顺当当地渡过大河。它们很聪明很灵敏,要是发现排头的那只鹿没力气了,它们就让它排到最后一位,另一只鹿顶上来打头。"

火车的手臂

孟买的火车每天运送六百万名乘客,打破了物理学定律:火车装下的乘客,要远远大于它的额定承载量。

苏科图·梅塔熟知这种不可思议的旅行方式。他说,每当一列装得满满当当的火车开动时,总会有人在车头后面奔跑追赶。赶不上火车,就丢了工作。

此时,车厢外就会冒出一条条手臂,这些手臂从车窗中伸出来,或从车顶上垂下来,帮助落在后头的人爬上车。这些火车的

---

[1] 加斯科涅,法国西南部地区名。

手臂并不问那狂奔的人是外国人还是本地人，也不问他说什么语言，也不问他是信大梵天还是安拉还是佛还是耶稣，也不问他属于哪个种姓，也不问他是不是下贱种姓，还是有没有种姓。

丛林有危险

萨维特丽跑了。

是一头猛兽把她带走的。他听到了她的呼唤，便来找她。他踏破围栏，撞倒门卫，一头冲进帐篷里。她挣脱锁链，与他一起消失在丛林深处。

奥林匹克马戏团老板估计损失约达九千美元，他说，更糟的是，萨维特丽的闺蜜嘉娅特丽情绪低落，不愿工作了。

2007年8月底，那对私奔的情侣在距加尔各答约两百公里的一个湖边被人发现。

众追捕者不敢靠近。公象和母象已经把它们的鼻子缠到了一起。

水源有危险

据《启示录》(21:6)记载，上帝会造出一个新世界，并且会说："我要将生命泉的水白白赐给那口渴的人喝。"

白白给吗？新世界里难道没有一个给世界银行或买卖水的高尚公司的位子吗？

似乎是这样。然而，在我们今天生活的这个旧世界，水源已经变得和石油储备一样抢手，正在成为战场。

美洲的第一场水战争是埃尔南·科尔特斯入侵墨西哥。最近的抢夺蓝金的战斗发生在玻利维亚和乌拉圭。在玻利维亚，人民发动起义，把失去的水争取回手中；在乌拉圭，全民通过投票阻止了水的流失。

土地有危险

1996年的一个下午，在巴西帕拉州，亚马孙地区，十九位农民被军警蓄意杀害，身上布满了弹孔。

在帕拉，在巴西的很多地方，土地的主人靠着世袭的偷抢权或偷来抢来的偷抢权，统治着广袤辽阔的空置土地。他们的财产权就是免罪权。屠杀过去十年后，没有人给送进监狱。主人和主人的武装工具都免于惩罚。

但是，惨剧恐吓不了也打击不了"无地农民运动"的参与者们，反而让他们的队伍更加庞大，让他们劳动的愿望、耕作土地的愿望倍增，尽管在这个世界上，耕作土地是不可饶恕的罪行，是不可理喻的癫狂。

天上有危险

2003年，玻利维亚人民造反，政府倒了台。

穷人已经忍不下去了。连雨水都给私有化了，玻利维亚连同玻利维亚人和玻利维亚的一切都给放到了拍卖台上。

起义震撼了埃尔阿尔托，这个坐落在高高的拉巴斯城顶端的地方。在这里，最穷的穷人日复一日地劳作过活，把悲伤放在嘴里咀嚼。他们居住得如此之高，走路时都要推着云朵前行。在这里，所有的房子都把门开向天空。

在起义中死去的人，便向天空飞升而去。他们离天空比距世间更近。现在他们跑去大闹天堂了。

云间有危险

根据梵蒂冈收到的无可置疑的证明，安东尼·高迪凭他创造的那么多奇迹，完全可以入选圣徒行列。

这位开创了加泰罗尼亚现代主义的艺术家卒于1926年，从此开始，他治愈了许多没法治愈的病人，找到了许多无法找到的人，在四处播撒工作和住房的种子。

封圣仪式已进入程序。

天上的建筑正面临严重的危险。因为这个内心纯洁的清教徒式的人，这个从不缺席宗教游行的人，生有一双不遵守教规的手。他在他创作的房屋和公园里设下了肉体的迷宫，他的手在其中清晰可见。

到时候他会把到手的云朵弄成什么样子呢?他会不会邀请我们去第一次罪孽之夜的亚当和夏娃的体内散步呢?

世界的总清单

亚瑟·比斯波·德·罗萨里奥是黑人、穷人、水手、拳手和从上帝那里领工资的艺术家。

他住在里约热内卢的精神病院里。

在那里,七个蓝色天使向他传达了神的命令:上帝要他做一个世界的总清单。

这项任务是宏伟的。亚瑟不分昼夜地干,每一天,每一夜,终于,在1989年冬,当他正在全力创作时,死神揪住他的头发,把他带走了。

未完成的世界的总清单,是用废铁、

碎玻璃、

毛发掉光的扫帚、

走了好多路的运动鞋、

饮料被喝光的瓶子、

被人睡旧了的床单、

跑了好多里程的轮子、

航行过很多海域的船帆、

落败了的旗帜、

被人读完的信、
被遗忘的词语和
从天上落下的雨水
做成的。

亚瑟是用垃圾进行创作的。因为一切垃圾都是已然逝去的生活,在垃圾中能找到一切曾经存于世间的东西。没有哪样完好的东西可以成为他的创作材料。完好的东西没有出生就死了。生命只在有疤痕的东西中搏动。

路在延续

一个人若是死了,他的时间停止了,那么这个世界上一切以他为名的旅程、欲望和话语也会一同死去吗?

对于居住在奥里诺科河上游地区的印第安人来说,人死了,名字也就没了。他们会和着香蕉汤或玉米酒吃死者的骨灰,此仪式结束后,就没有人再呼唤死者的名字了:死者会在他们的躯体里,用他们的名字,继续走路、向往、说话。

夜间有危险

当我们正在酣睡时,它看着我们。
埃莱娜梦见我们在某一个机场排队。

队排得很长：每名乘客都在腋下夹着昨晚睡过的枕头。

所有的枕头都要通过一个读梦机。

这台机器检测每个人的梦，查出对公共秩序构成威胁的梦。

消失的东西

20世纪在和平和公正的呼声中诞生，在血泊中死去，留下一个比先前更不公正的世界。

21世纪也在和平和公正的呼声中诞生，接着上个世纪的老路前行。

小时候，我坚定地相信，在地球上消失的一切，最后都跑到月亮上去了。

可是，宇航员在月球上并没有发现危险的梦，或遭到背叛的承诺，或破碎的希望。

它们不在月亮上，又在哪里呢？

会不会是，它们没从地球上消失呢？

会不会是，它们就藏在这地球上呢？

译名对照表

A

阿波罗 Apolo
阿卜杜拉 Abdullah
阿卜杜勒-拉赫曼·瓦希德 Abdurramán Wahid
阿布·阿拉·阿尔马里 Abul Ala al Maari
阿布维尔 Abbeville
阿黛丽塔 Adelita
阿道夫·菲舍尔 Adolf Fischer
阿尔贝托·柯达 Korda
阿尔贝托·桑托斯·杜蒙 Alberto Santos Dumont
阿尔伯特·贝弗里奇 Albert Beveridge
阿尔伯特·卡埃罗 Alberto Caeiro
阿尔伯特·帕森斯 Albert Parsons
阿尔弗雷德·斯隆 Alfred Sloan
阿尔弗雷多·阿斯蒂斯 Alfredo Astiz
阿尔罕布拉宫 la Alhambra
阿尔卡赫 Arkah
阿尔卡米勒 Al-Kamil
阿尔勒 Arles
阿尔诺-阿毛里 Arnaud-Amaury
阿尔诺河 el río Arno
阿尔瓦尔 Alwar
阿尔瓦罗·德·冈波斯 álvaro de Campos
阿耳戈斯 Argos
阿耳戈众英雄 los argonautas
阿耳忒弥斯 Artemisa
阿方索·阿莱桑德尔 Alfonso Alexander
阿方索·埃尔南德斯·帕尔多 Alfonso Hernández Pardo
阿佛洛狄忒 Afrodita
阿伽门农 Agamenón
阿格里皮娜 Agripina
《阿格尼丝·格雷》 Agnes Grey
阿古斯丁·法拉本多·马蒂 Agustín Farabundo Martí
阿古斯丁·维克多·卡萨索拉 Agustín Víctor Casasola

阿喀琉斯 Aquiles
阿卡 Acre
阿卡德人 los acadios
阿卡普尔科 Acapulco
阿拉伯的劳伦斯 Lawrence de Arabia
阿勒山 el monte Ararat
阿雷格里港 Porto Alegre
阿雷贾迪纽 Aleijadinho
阿里哈里发 el califa Alí
阿里斯托芬 Aristófanes
阿丽丝·杜蒙 Alice Domon
阿鲁辛奴 Aluzinnu
阿美卡梅卡 Amecameca
阿默斯特 Amherst
阿纳纳 ananá
阿纳斯塔西奥·索摩查 Anastasio Somoza
阿纳托尔·法朗士 Anatole France
阿那克萨哥拉 Anaxágoras
阿内内库伊尔科 Anenecuilco
阿契美尼德家族 los Aqueménidas
阿塞拉 Asera
阿散蒂王国 el reino Ashanti
阿瑟·柯南·道尔 Arthur Conan Doyle
阿瑟·韦尔斯利 Arthur Wellesley
阿斯帕西娅 Aspasia
阿斯图里亚斯 Asturias
阿苏马尔伯爵 el conde de Assumar
阿苏瑟娜·维娅弗劳尔 Azucena Villaflor
阿塔纳斯·基尔歇 Athanasius Kircher
阿塔瓦尔帕 Atahualpa
阿特柔斯 Atreo
阿瓦卡西 abacaxi
阿维拉 ávila
阿维森纳 Avicena

《阿依达》Aída
阿伊莎 Aixa
阿兹特克 Azteca
埃尔阿尔托 El Alto
埃尔巴列 Elbarieh
埃尔南·科尔特斯 Hernán Cortés
埃癸斯托斯 Egisto
埃莱娜 Helena
埃米尔·左拉 Emile Zola
埃米里奥·莫拉 Emilio Mola
埃米利亚诺·萨帕塔 Emiliano Zapata
埃涅阿斯 Eneas
埃斯科里亚尔 El Escorial
埃斯库罗斯 Esquilo
埃舒 Exu
埃沃·莫拉莱斯 Evo Morales
埃兹拉·庞德 Ezra Pound
艾尔伯特·休巴德 Elbert Hubbard
艾马拉 aymara
艾姆谢特 Amset
艾科 Eco
艾伦·杜勒斯 Allen Dulles
艾伦·拉德 Alan Ladd
艾伦·图灵 Alan Turing
艾米莉·狄金森 Emily Dickinson
艾米莉亚·帕尔多·巴桑 Emilia Pardo Bazán
艾丝美拉尔达剧院 el teatro Esmeralda
爱达 Ada
爱德华·马奈 Edouard Manet
爱德华·蒙克 Edvard Munch
爱德华王子 el príncipe Eduardo
爱德华·詹纳 Edward Jenner
爱丁堡 Edimburgo

爱斯特·巴蕾丝特里诺 Esther Balestrino
安布罗斯·比尔斯 Ambrose Bierce
安德烈斯·德·桑塔克鲁斯 Andrés de Santa Cruz
安德烈斯·索佩尼亚·蒙萨尔维 Andrés Sopeña Monsalve
安德鲁·梅隆 Andrew Mellon
安的列斯群岛 las Antillas
安第斯山 los Andes
安东尼·高迪 Antoni Gaudí
安东尼奥·阿尔瓦雷斯·阿尔古埃耶斯 Antonio álvarez Argüelles
安东尼奥·弗朗西斯科·里斯本 Antonio Francisco Lisboa
安东尼奥·何塞·德·苏克雷 Antonio José de Sucre
安东尼奥·洛佩兹·德·桑塔安纳 Antonio López de Santa Anna
安东尼奥·马查多 Antonio Machado
安东尼奥·莫拉 Antonio Mora
安东尼奥·纳里尼奥 Antonio Nariño
安东尼奥·皮加费塔 Antonio Pigafetta
安东尼奥·若泽·达席尔瓦 Antonio José da Silva
安娜·费伊尼 Ana Fellini
安善 Anzán
安条克 Antiocus
奥布杜里奥·巴雷拉 Obdulio Varela
奥德修斯 Odiseo
奥登广场 Odeonplatz
奥尔良 Orléans
奥丁 Odín
奥格斯特·斯派司 Auguste Spies
奥古斯都 Augusto
奥古斯都·塞萨尔·桑地诺 Augusto César Sandino
奥古斯特·罗丹 Auguste Rodin
奥兰普·德古热 Olympia de Gouges
奥里弗·洛 Oliver Law
奥里诺科河 el río Orinoco
奥里萨 Orissa
奥林匹斯 Olimpo
奥萝拉 Aurora
奥马尔·托里霍斯 Omar Torrijos
奥斯蒂亚海滩 la playa de Ostia
奥斯卡·阿努尔福·罗梅罗 óscar Arnulfo Romero
奥斯卡·尼迈耶 Oscar Niemeyer
奥斯维辛 Auschwitz
奥西里斯 Osiris

B

巴别 Babel
巴迪·伯顿 Buddy Bolden
巴尔托拉 Bartola
巴尔托利娜·希萨 Bartolina Sisa
巴枯宁 Bakunin
巴库 Bakú
巴罗达 Baroda
巴洛文托 Barlovento
巴士拉 Basora
巴斯科·努涅斯·德·巴尔沃阿 Vasco Núñez de Balboa
巴塔哥尼亚 Patagonia
巴伊亚 Salvador de Bahía
白金汉公爵 duque de Buckingham
白瓦斯电台 la radio de Paiwas

拜伦勋爵 lord Byron
保罗·高更 Paul Gauguin
保罗·罗伯逊 Paul Robeson
保罗·乌切洛 Paolo Ucello
保罗四世 Paulo IV
贝登堡上校 el coronel Baden-Powell
贝尔纳多·苏亚雷斯 Bernardo Soares
贝尔纳维·科沃 Bernabé Cobo
贝尔托·布莱希特 Bertolt Brecht
贝济耶 Béziers
贝麦村 la aldea de Behmai
贝塔斯曼 Bertelsmann
贝特朗·德·伯恩 Bertrán de Born
贝维尔·加西亚 Bebel García
本笃十六世 Benedicto XVI
本杰明·富兰克林 Benjamin Franklin
比奥夏 Beocia
比莉·哈乐黛 Billie Holiday
比森特·罗梅罗 Vicente Romero
比森特·洛佩兹 Vicente López
比亚雷霍·德·萨尔瓦内斯 Villarejo de Salvanés
俾格米人 los pigmeos
毕里维乌伊村 el pueblo de Piribebuy
庇护五世 Pío V
庇护九世 Pío IX
标准石油公司 Standard Oil
宾根 Bingen
波比诺剧院 el teatro Bobino
波尔布特 Pol Pot
波哥大 Bogotá
波里亚街 la calle Bòria
波利尼西亚人 los polinesios
波培娅 Popea

波塞冬 Poseidón
波斯敦 Postum
波司土米乌斯 Postumius
波托西银山 el Cerro Rico de Potosí
博罗·卢贡内斯 Polo Lugones
博洛尼亚 Bolonia
博帕尔 Bophal
博世 Bosch
伯里克利 Pericles
伯利恒 Belén
伯罗奔尼撒 Peloponeso
伯纳尔·卡瓦纳 Bernard Cavanagh
勃兰登堡 Brandenburgo
勃朗特三姐妹 las hermanas Brontë
薄伽丘 Bocaccio
布尔人 los boers
布莱斯·孔波雷 Blaise Campaoré
布朗克斯 Bronx
布列塔尼库斯 Británico
布鲁克林道奇队 los Dodgers de Brooklyn
布鲁内德 Brunete
不朽长枪队 Falange de los Inmortales

C

《草叶集》 Hojas de hierba
查尔科 Chalco
查尔斯·德鲁 Charles Drew
查尔斯·凯特灵 Charles Kettering
查尔斯·屈维廉 Charles Trevelyan
查理曼·佩拉特 Charlemagne Péralte
查鲁阿人 los charrúas
查穆拉 Chamula
查普尔特佩克 Chapultepec

查士丁尼大帝 el emperador Justiniano
冲伯 Tshombé
出云国 Izumo
《创造亚当》Creación del hombre
《创造夏娃》Creación de Eva

D

D.W. 格里菲斯 D.W. Griffith
达格拉部落 el pueblo dagara
达卡 Dacca
达朗贝尔 D'Alembert
达姆施塔特 Darmstadt
达涅莱·达·沃尔泰拉 Daniele da Volterra
大和武尊 Yamato Takeru
大流士王 el rey Darío
大西国 Atlántida
代尔夫特的弗美尔 Vermeer van Delft
丹东 Danton
《丹东之死》La muerte de Danton
丹尼埃尔·瓦斯盖斯·迪亚斯 Daniel Vázquez Díaz
丹尼尔·笛福 Daniel Defoe
得哈斯 Tejas
得墨忒耳 Demeter
德尔蒙 Del Monte
德摩斯梯尼 Demóstenes
德瓦-耶提 Dwa-Jeti
德意志银行 Deutsche Bank
德尤伯爵 el conde d'Eu
堤厄斯忒斯 Tiestes
狄安娜 Diana
狄奥多拉 Teodora
狄奥多罗斯 Diodoro

迪安·艾奇逊 Dean Acheson
迪特里希·朋霍费尔 Dietrich Bonhoeffer
的黎波里 Trípoli
底比斯城 Tebas
底格里斯河 Tigris
地母神 la diosa Cibeles
蒂拉登特斯 Tiradentes
帝汶岛 la isla de Timor
第聂伯河 el río Dniéper
迭戈·德·阿尔玛格罗 Diego de Almagro
迭戈·德·兰达 Diego de Landa
杜阿尔特·帕切科 Duarte Pacheco
杜罗河 el río Duero
杜姆亚特 Damieta
杜姆兹 Dumuzi
杜桑·卢维杜尔 Toussaint L'Ouverture
杜伊勒里宫 el palacio de las Tullerías
多尔钦诺 Dolcino
多米妮卡·洛佩斯 Dominica López
多明戈·比奥俄 Domingo Bioho
多明戈·福斯蒂诺·萨米恩托 Domingo Faustino Sarmiento
多瑞娅·莎菲克 Doria Shafik

E

俄耳甫斯 Orfeo
俄瑞斯忒斯 Orestes
额尔金 Elgin
厄勒克特拉 Electra
恩德贝勒人 los ndebeles
恩奇都 Enkidu
恩斯特 Ernst
恩图曼 Omdurman

F

法本 I. G. Farben
法蒂玛·梅尼希 Fátima Mernissi
法新社 France Presse
凡士通 Firestone
菲狄亚斯 Fidias
菲莱岛 la isla Filae
菲利普·哈斯曼 Philippe Halsman
菲尼亚斯 Fineo
腓特烈二世 Federico II
斐迪南·德·雷赛布 Ferdinand de Lesseps
斐迪南七世 Fernando VII
《费城论坛报》Philadelphia Tribune
费迪南多·西亚纳 Ferdinando Scianna
费尔南多 Fernando
费尔南多·奥尔蒂斯 Fernando Ortiz
费尔南多·佩索阿 Fernando Pessoa
费雷尔·巴萨 Ferrer Bassa
费利佩二世 Felipe II
费利佩五世 Felipe V
费萨尔 Feisal
冯·比洛 Von Bülow
冯·卡拉扬 Von Karajan
疯女胡安娜 Juana la Loca
佛兰德斯 Flandes
佛纳里 Fornari
福金 Huguin
福卢克多索·里维拉 Fructuoso Rivera
福洛森堡 Flossenbürg
福泽谕吉 Fukuzama Yukichi
弗拉基米尔·马雅可夫斯基 Vladimir Maiakovsky
弗莱杰里克·范斯顿 Frederick Funston

弗兰茨·凯沃尔克·科尔西茨基 Franz Georg Koltschitzky
弗朗·塞维利亚 Fran Sevilla
弗朗西斯·德雷克 Francis Drake
弗朗切斯科·斯福扎 Francesco Sforza
弗朗西斯科·德·奥雷亚纳 Francisco de Orellana
弗朗西斯科·德·戈雅 Francisco de Goya
弗朗西斯科·莫拉桑 Francisco de Morazán
弗朗西斯科·皮萨罗 Francisco Pizarro
弗里德里希·冯·席勒 Friedrich von Schiller
弗里德里希·黑格尔 Friedrich Hegel
弗里德里希·李斯特 Friedrich List
弗里吉亚帽 gorro frigio
弗里茨·蒂森 Fritz Thyssen
弗利诺的圣女安赫拉 Santa ángela de Foligno
弗萝拉·特里斯坦 Flora Tristán
弗洛伦斯·南丁格尔 Florence Nightingale
弗洛伊德 Freud
富恩特斯·伊·古斯曼 Fuentes y Guzmán
富格尔 Fugger
复活节岛 la isla de Pascua

G

G.P. 戈德史丁 G.P. Goldshtein
伽利尔摩·马可尼 Guglielmo Marconi
盖伦 Galeno
冈萨罗·奎波·德·亚诺 Gonzalo Queipo de Llano
高乔人 los gauchos
《告儿读本》Manual para mi hijo

哥伦比亚广播公司 CBS
戈登·约翰逊 Gordon Johnson
格奥尔格·毕希纳 Georg Büchner
格奥格·恩格尔 Georg Engel
格尔尼卡 Guernica
格哈德·多马克 Gerhard Domagk
《格拉玛报》Granma
格拉纳达 Granada
格拉斯哥 Glasgow
格雷高里奥·乌尔瓦诺·吉伯特 Gregorio Urbano Gilbert
格雷戈里博士 el Dr.Gregory
格蕾戈里娅·阿帕萨 Gregoria Apaza
格里高利七世 Gregorio VII
格里蒙·德拉雷尼埃 Grimod de la Reynière
格利高里·季诺维也夫 Grigori Zinoviev
格涅沙 Ganesha
革命广场 Plaza de la Revolución
葛雷特 Gretel
葛饰北斋 Hokusai
孤塔巴 Gútapa
古阿尔特洛蒂 Gualterotti
古德里奇 Goodrich
古斯塔夫·莫瓦尼埃 Gustave Moynier
古滕堡 Gutenberg
古伊特拉瓦克 Cuitláhuac
瓜拉尼语 la lengua guaraní
瓜廖尔 Gwalior
瓜纳华托 Guanajuato
《国际犹太人》 El judío internacional
国家宫 Palacio Nacional

H

哈德良 Adriano
哈顿·桑布罗姆 Habdon Sundblom
哈克·费恩 Huck Finn
哈里·劳格林 Harry Laughlin
哈莉特·塔布曼 Harriet Tubman
哈密尔顿·纳基 Hamilton Naki
哈泼斯 Harper's
哈特谢普苏特 Hatsheput
海得拉巴 Hyderabad
海德堡大学 Universidad de Heidelberg
海神普洛透 Proteos
海斯廷斯男爵 lord Hastings
海因里希·戈林 Heinrich Göring
海因里希·霍夫曼 Heinrich Hoffmann
海因里希·克莱默 Heinrich Kramer
含 Cam
韩塞尔 Hansel
汉姆 Ham
豪尔赫·路易斯·博尔赫斯 Jorge Luis Borges
荷鲁斯神 el dios Horus
和村辰太郎 Kawamura Tokitaro
何塞·阿尔蒂加斯 José Artigas
何塞·埃斯特万·帕夫莱蒂 José Esteban Pavletich
何塞·巴特耶 José Batlle
何塞·德·帕勒德斯 José de Paredes
何塞·德·圣马丁 José de San Martín
何塞·费里西亚诺·阿马 José Feliciano Ama
何塞·加夫列尔·贡多尔康基 José Gabriel Condorcanqui

何塞·莱昂·迪亚斯 José León Díaz
何塞·雷安德罗·安德拉德 José Leandro Andrade
何塞·马丽亚·莫雷洛斯 José María Morelos
何塞·马蒂 José Martí
何塞·米盖尔·卡雷拉 José Miguel Carrera
何塞·米扬 - 阿斯特拉伊 José Millán-Astray
赫伯特·斯宾塞 Herbert Spencer
赫尔曼·戈林 Hermann Göring
赫耳墨斯 Hermes
赫费斯提翁 Efestion
赫拉 Hera
赫拉波罗 Herapolo
赫拉克勒斯 Heracles
赫斯特 Hoechst
赫克托尔 Héctor
赫雷罗人 los hereros
赫丘利 Hércules
赫西俄德 Hesíodo
《黑暗的心》 El corazón de las tinieblas
黑豹 Panteras Negras
黑色绘画 pintura negra
亨德蕾切·施托弗尔斯 Hendrickje Stoffels
亨利·福特 Henry Ford
亨利·基辛格 Henry Kissinger
亨利·马蒂斯 Henri Matisse
亨利八世 Enrique VIII
亨利六世 Enrique VI
洪诺留三世 Honorio III
《呼啸山庄》 Cumbres borrascosas
胡安·何塞·卡斯特伊 Juan José Castelli
胡安·赫拉尔迪 Juan Gerardi

胡安娜·伊内斯·德拉克鲁兹 Juana Inés de la Cruz
胡图人 hutus
华斯台卡 Huasteca
皇家非洲公司 Royal Africa Company
霍屯督人 los hotentotes
霍华德监狱改革学会 la Sociedad Howard para la Reforma de las Prisiones
霍洛威 Holloway

J

基多 Quito
基里瓜 Quiriguá
基隆波 quilombo
吉尔·德·莱斯 Gilles de Rais
吉尔伽美什王 el rey Gilgamesh
吉约坦夫人 doña Guillotina
几内亚公司 Compagnie de Guinée
加的斯 Cádiz
《加的斯宪法》 la Constitució de Cádiz
加尔文 Calvino
加夫列尔·阿里亚斯·萨尔加多 Gabriel Arias Salgado
加弗努尔·莫里斯 Gouverneur Morris
加拉帕戈斯群岛 las islas Galápagos
加里·库柏 Gary Cooper
加理多三世 Calixto III
加利利 Galilea
加利西亚 Galicia
加斯科涅的铎姐 Dhouda de Gasconia
加斯帕尔·德·阿斯特德 Gaspar de Astete
加泰罗尼亚 Cataluña
迦玛尔·阿卜杜尔·纳赛尔 Gamal Abdel

Nasser
嘉娅特丽 Gayatri
贾科梅蒂 Giacometti
《简·爱》Jane Eyre
杰弗里·阿默斯特 Jeffrey Amherst
杰基·罗宾逊 Jackie Robinson
杰里科 Jericó
金环骑士团 los Caballeros del Círculo Dorado
金吉达 Chiquita Brands
金角湾 Cuerno de Oro
京巴犬 el perrito pekinés
酒神 Baco
居鲁士 Ciro
居那加德 Junagadh

K

卡拉万切尔 Carabanchel
卡洛斯 Carlos
卡洛斯·阿蓬特 Carlos Aponte
卡洛斯·波罗梅奥 Carlos Borromeo
卡洛斯二世 Carlos II
卡洛斯·加德尔 Carlos Gardel
卡米耶·克洛岱尔 Camille Claudel
卡普阿 Capua
卡普塔拉 Kapurthala
卡沙镇 el pueblo de Cassia
卡珊德拉 Casandra
卡斯蒂利亚 Castilla
卡斯凯什 Cascais
卡塔赫纳港 el puerto de Cartagena de Indias
卡塔琳娜 Catalina

卡塔马卡 Catamarca
卡特里派 los cátaros
卡修斯·克莱 Cassius Clay
喀土穆 Jartum
凯瑟琳·穆菲 Catherine Murphy
坎德拉里亚教堂 la iglesia de la Candelaria
坎加斯 Cangas
坎库克村 el pueblo de Cancuc
康塞普西翁 Concepción
考阿克·天 Cauac Cielo
科尔多瓦 Córdoba
科雷乌斯 Korebus
科林·鲍威尔 Colin Powell
科林斯 Corinto
科连特斯 Corrientes
科罗拉多斯普林斯 Colorado Springs
科潘国 Copán
科恰班巴 Cochabamba
科英布拉大学 la Universidad de Coimbra
钶钽铁矿 coltán
可颂面包 croissant
克拉伦斯 Clarence
克劳狄 Claudio
克劳迪奥·蒙特威尔第 Claudio Monteverdi
克里斯蒂安·巴纳德 Christian Barnard
克里斯托瓦尔·德·阿库尼亚 Cristóbal de Acuña
克里斯托瓦尔·德·奥利德 Cristóbal de Olid
克里特 Creta
克利 Klee
克虏伯 Krupp
克吕泰涅斯特拉 Clitemnestra

恐怖伊凡 Iván el Terrible
孔瑟普西雯·阿雷纳尔 Concepción Arenal
苦痛圣母 la Virgen de las Angustias
库斯卡特兰公园 el parque Cuscatlán
库斯科 Cuzco
狂野西部马戏团 Wild West Circus
昆斯贝里侯爵 el marqués de Queensberry

L

拉奥孔 Laocoonte
拉巴斯 La Paz
拉格 raga
拉格朗日 Lagrange
拉科鲁尼亚 La Coruña
拉曼查的堂吉诃德 don Quijote de La Mancha
拉蒙·贝坦塞斯 Ramón Betances
拉蒙·佛朗哥 Ramón Franco
拉姆勒 Laemmle
拉普拉塔河 el río de la Plata
拉威达修道院 el monasterio de la Rábida
拉韦纳 Ravena
莱昂·罗姆 Léon Rom
莱奥波尔多·卢贡内斯 Leopoldo Lugones
莱斯博斯 Lesbos
《莱翁采和莱娜》 Leoncio y Lena
兰开斯特家族 la familia Lancaster
兰开夏 Lancashire
劳埃德公司 la empresa Lloyd's
劳斯莱斯 Rolls-Royce
老普林尼 Plinio el Viejo
勒克莱尔 Leclerc
雷内·伊基塔 René Higuita

雷诺阿 Renoir
雷特朗主教会议 el Concilio de Letrán
藜麦 quinua
理查德·尼克松 Richard Nixon
理查德·萨尔诺 Richard Sarno
理查三世 Ricardo III
里奥·弗罗贝纽斯 Leo Frobenius
里卡尔多·雷耶斯 Ricardo Reis
里士满 Richmond
里亚托 Rialto
李顿爵士 lord Lytton
利奥波德 Leopoldo
利奥波丁娜 Leopoldina
利奥十世 León X
莉奥妮·都凯 Léonie Duquet
联合碳化物公司 Union Carbide Corporation
列奥纳多 Leonardo
列比达 Lépida
列夫·加米涅夫 Lev Kamenev
烈士谷 el Valle de los Caídos
刘易斯·莱恩 Louis Linng
龙骑兵光荣护卫团 los Dragones de la Guardia de Honor
卢卡尼亚 Lucania
卢卡斯·邓达斯 Lucas Dantas
鲁道夫·胡斯 Rudolf Höss
鲁德亚드·吉卜林 Rudyard Kipling
鲁日·德·利勒 Rouget de Lisle
鲁塔·冯·特罗塔 Lothar von Trotta
鲁文·阿迪拉·戈麦斯 Rubén Ardila Gómez
路透社 Reuter
路西法 Lucifer

路易十三 Luis XIII
路易斯·阿方索·德·卡尔瓦略 Luis Alfonso de Carvallo
路易斯·阿姆斯特朗 Louis Armstrong
路易斯·德拉佩尼亚 Luis de la Peña
路易斯·贡扎加 Luis Gonzaga
露易丝·米歇尔 Louise Michel
伦巴第 Lombardía
罗贝尔·乌丹 Robert Houdin
罗伯特·奥本海默 Robert Oppenheimer
罗伯特·菲斯克 Robert Fisk
罗伯特·霍普金斯 Robert Hopkins
罗伯特·卡特 Robert Carter
罗伯特·兰辛 Robert Lansing
罗伯特·麦克纳马拉 Robert McNamara
罗德里戈·波西亚 Rodrigo Borgia
罗德里戈·德·瓦斯蒂达斯 Rodrigo de Bastidas
罗卡将军 el general Roca
罗兰夫人 Manon Roland
罗塞塔 Rosetta
罗莎·卢森堡 Rosa Luxemburgo
罗莎·玛利亚·埃希普西亚卡·达维拉克鲁斯 Rosa María Egipcíaca da Vera Cruz
罗莎·帕克斯 Rosa Parks
罗莎莉奥·桑切斯·摩拉 Rosario Sánchez Mora
罗素勋爵 lord Russell
罗西南特 Rocinante
《裸体的玛哈》 La maja desnuda
吕底亚 Lidia
吕西斯忒拉忒 Lisistrata

M

马丁·德·卡斯塔涅加 Martín de Castañega
马丁·菲耶罗 Martín Fierro
马尔博罗爵士 lord Marlborough
马格德堡的圣女梅蒂尔德 Santa Mechtilde de Magdeburgo
马可·安东尼 Marco Antonio
马可·奥勒留 Marco Aurelio
马可斯·布鲁图斯 Marco Bruto
马克西米利亚诺·埃尔南德斯·马丁内斯 Maximiliano Hernández Martínez
马克西莫 Máximo
马克·夏加尔 Marc Chagall
马拉 Marat
马拉赫 Marrah
马拉喀什 Marrakech
马拉卡纳体育场 estadio de Maracaná
马拉特 Maarat
马拉维迪 maravedí
马里亚诺·梅尔加雷赫 Mariano Melgarejo
马莉亚娜·皮内达 Mariana Pineda
马洛 Marlowe
马略卡 Mallorca
马努埃尔·里拉 Manoel Lira
马奇乌斯 Marcius
马提雅尔 Marcial
马萨特科人 los mazatecos
马赛 Marsella
马歇尔·格林 Marshall Green
玛蒂尔德·兰达 Matilde Landa
玛尔嘉丽塔 Margarita
玛尔斯 Marte
玛格丽特·尤瑟纳尔 Marguerite Yourcenar

玛丽·安托瓦内特 María Antonieta
玛丽·蒙塔古 Mary Montagu
玛丽·斯克沃多夫斯卡 Marie Sklodowska
玛利亚·彭塞 María Ponce
玛利亚娜城 la ciudad de Mariana
玛雅人 los mayas
麦地那 Medina
麦加 Meca
迈尔 Mayer
迈蒙尼德 Maimónides
迈索尔 Mysore
迈锡尼 Micenas
曼努埃尔·冈萨雷斯 Manuel González
曼努埃尔·玛利亚·西隆·鲁阿诺 Manuel María Girón Ruano
曼萨纳雷斯河 el río Manzanares
曼萨尼约 Manzanillo
矛矛 Mau-mau
毛伊 Mauí
梅利利亚 Melilla
美狄亚公主 Medeas
美国广播公司 ABC
美国殖民公司 American Colonization Society
美联社 Associated Press
美泰公司 la empresa Mattel
美因茨 Mainz
门多萨 Mendoza
蒙博托 Mobutu
蒙得维的亚 Montevideo
蒙哥马利 Montgomery
蒙马特高地 Montmartre
蒙特祖马 Moctezuma
孟菲斯 Memphis

弥达斯 Midas
米盖尔·德·塞万提斯 Miguel de Cervantes
米盖尔·伊达尔戈 Miguel Hidalgo
米格尔·塞尔韦特 Miguel Servet
米凯拉·巴斯蒂达斯 Micaela Bastidas
米利都城 la ciudad de Mileto
米斯基科 Mixquic
米歇尔·巴切莱特 Michelle Bachelet
米歇尔·德·蒙田 Michel de Montaigne
密特拉 Mitra
《摩登时代》 Tiempos modernos
摩尔 Moore
摩尔人 los moros
摩奴王 el rey Manu
抹大拉的玛利亚 María Magdalena
墨丘利 Mercurio
莫迪利亚尼 Modigliani
莫里哀 Molière
姆瓦丁古沙 Mwadingusha
牧宁 Munin
穆哈亚德·阿尔-乌迪 Muhayad al-Urdi
穆罕默德·花剌子密 Mohamed al-Jwarizmi
穆罕默德苏丹 el sultán Mehmet
穆拉诺 Murano

N

纳尔逊·迈尔斯 Nelson Miles
纳西尔·阿尔-图西 Nasir al-Tusi
纳亚玛达医院 el hospital de Nallamada
南达科他 Dakota del Sur
南海公司 South Sea Company
南卡罗来纳 Carolina del Sur

南妮 Nanny
难近母 Durga
内格罗河 el río Negro
内森·罗斯柴尔德 Nathan Rothschild
尼伯龙根 los nibelungos
尼古拉·布哈林 Nikolai Bujarin
尼古拉·特斯拉 Nikolai Tesla
尼古拉五世 Nicolás V
尼米亚 Nemea
尼禄 Nerón
尼罗河女儿联合会 la Unión de Hijas del Nilo
尼尼微城 la ciudad de Nimrod
尼普顿 Neptuno
奴隶海岸 la Costa de los Esclavos
诺查丹玛斯 Nostradamus
诺瓦莱斯 Novarais

O

欧根·费舍尔 Eugen Fischer
欧里庇得斯 Eurípides
欧鲁普雷图 Ouro Preto
欧玛尔·海亚姆 Omar Khayyam
欧文斯 Owens

P

帕多瓦 Padua
帕尔马·索里亚诺 Palma Soriano
帕尔马里斯 Palmares
帕克托罗斯河 el río Pactolo
帕拉 Pará
帕里斯 Paris

帕伦克 Palenque
帕洛斯 Palos
帕恰卡马克神 el dios Pachacamac
帕斯魁诺 Pasquino
帕特拉 patera
帕特里斯·卢蒙巴 Patricio Lumumba
帕特农 Partenón
帕图塞特 Patuxet
潘盖翁山 el monte Pangaeum
潘乔·维亚 Pancho Villa
佩德拉尔贝斯 Pedralbes
佩德罗·德·阿尔瓦拉多 Pedro de Alvarado
佩德罗·费加里 Pedro Figari
佩德罗·卡萨尔达里加 Pedro Casaldáliga
佩德罗·马丁·德·安格莱利亚 Pedro Martín de Anglería
佩德罗·西蒙 Pedro Simón
佩德罗·亚美利科·德·菲盖雷多·伊梅罗 Pedro Américo de Figueiredo e Melo
佩兰丘河 el río Perancho
佩兰奇托河 el río Peranchito
佩里戈 Perigord
佩罗 Perrault
彭伯顿博士 el Dr.Pemberton
皮埃尔·德阿伊 Pierre d'Ailly
皮埃尔·洛蒂 Pierre Loti
皮丽·卢贡内斯 Pirí Lugones
皮诺切特将军 el general Pinochet
皮特·温达 Peter Wender
皮辛奎尼亚 Pixinguinha
珀德农的鄂多立克 Odorico de Pordenone
珀勒德布尔 Bharatpur
普尔曼公司 la empresa Pullman

普兰·黛维 Phoolan Devi
普雷斯科特·布什 Prescott Bush
普里阿摩斯 Príamo
普里西利安 Prisciliano
普利茅斯 Plymouth
普林斯顿 Princeton
普鲁登特·德·莫拉伊斯 Prudente de Moraes
普鲁塔克 Plutarco
普罗米修斯 Prometeo

Q

齐格弗里德 Sigfrido
奇科莫佐克山 la montaña Chicomóztoc
奇马尔瓦坎 Chimalhuacan
奇穆国 el reino chimú
奇恰酒 chicha
《奇异果》 Strange fruit
恰帕斯 Chiapas
强戈·莱因哈特 Django Reinhardt
乔·肯尼迪 Joe Kennedy
乔·罗森塔 Joe Rosenthal
乔莫·肯雅塔 Jomo Kenyatta
乔纳森·斯威夫特 Jonathan Swift
乔托 Giotto
乔万尼·契马布埃 Giovanni Cimabue
乔治·贝里 George Bayley
乔治·居维叶 Georges Cuvier
乔治·卡伦 George Caron
乔治·卡斯特 George Custer
乔治·坎宁 George Canning
切·格瓦拉 Che Guevara
切萨雷·龙勃罗梭 Cesare Lombroso

清少纳言 Sei Shōnagon
全国广播公司 NBC

R

让·昂泰尔姆·布里亚-萨瓦兰 Jean Anthelme Brillat-Savarin
让·弗朗索瓦·拉巴雷 Jean François La Barre
让·弗朗索瓦·商博良 Jean François Champollion
热那亚 Génova
人类改进基金会 Human Betterment Foundation
茹弗·克里斯皮诺 Rufo Crispino
乳房桥 Ponte delle Tette
瑞塔圣母 santa Rita
若昂·德·纳西蒙多 João do Nascimento
若昂五世 João V
若古 Jaucourt
若望·贝赛拉中尉 el teniente João Bezerra

S

撒哈拉共和国 la patria saharaui
萨德侯爵 el Marqués de Sade
萨尔塔 Salta
萨尔瓦多·阿连德 Salvador Allende
萨尔瓦多·达利 Salvador Dalí
萨佛纳罗拉 Savonarola
萨福 Safo
萨罕 Sarhan
萨卡特卡斯 Zacatecas
萨克拉门托 Sacramento

萨拉丁 Saladino
萨莱诺 Salerno
萨伦姆 Salem
萨缪尔·沃伦 Samuel Warren
萨姆埃尔·帕里斯 Samuel Parris
萨维特丽 Savitri
萨亚尔·布济德 Saal Bouzid
塞巴斯蒂安·莱昂 Sebastião Leão
塞蒂夫 Sétif
塞尔塔雷斯玛雅人 los mayas tzeltales
塞米拉米司宾馆 el hotel Semíramis
塞涅卡 Séneca
塞索斯特利斯三世 Sesostris III
塞维利亚 Sevilla
塞沃洛德·梅耶荷德 Vsevolod Meyerhold
塞西尔·罗兹 Cecil Rhodes
赛义德 Said
桑德罗·波提切利 Sandro Botticelli
桑德罗·德·纳西蒙多 Sandro do Nascimento
桑给巴尔 Zanzíbar
桑丘·潘沙 Sancho Panza
桑塔·克劳斯 Santa Claus
色雷斯 Tracia
沙贾汗皇帝 el emperador Shah Jahan
莎拉·伯恩哈特 Sarah Bernhardt
莎莉 Sally
山鲁佐德 Sherezade
山姆·休斯敦 Sam Houston
伤膝河 Wounded Knee
上沃尔特 Alto Volta
《神操》 ejercicios espirituales
《生活》杂志 Life
圣阿波罗妮娅 santa Apolonia

圣埃斯特万 san Esteban
圣安布罗西奥 san Ambrosio
圣奥古斯丁 san Agustín
圣保罗 san Pablo
圣贝纳多 san Bernardo
圣彼得 san Pedro
圣地亚哥 San Tiago
圣地亚哥德孔波斯特拉 Santiago de Compostela
圣地亚哥德勒斯泰罗 Santiago del Estero
圣多明各 Santo Domingo
圣多明我·德·西洛斯 santo Domingo de Silos
圣格里高利·纳齐安 san Gregorio Nacianceno
圣胡安 San Juan
圣胡安·克里索斯托莫 san Juan Crisóstomo
圣灰星期三 el miércoles de ceniza
圣加大肋纳 santa Catalina
圣卢西亚 santa Lucía
圣路易斯 san Luis/Saint Louis
圣玛尔塔·索罗特佩克村 el pueblo de Santa Marta Xolotepec
圣玛加利大 santa Margarita
圣马可 San Marcos
圣米迦勒 san Miguel
圣莫里茨 Saint Moritz
圣尼古拉斯 san Nicolás
圣女玛加利大·玛利亚·阿拉蔻克 santa Margarita María Alacoque
圣帕特里克大教堂 la catedral de San Patricio
圣皮埃德罗·达米安尼 san Pedro Damián

圣乔治 san Jorge
圣茹斯特 Saint Just
圣索菲亚大教堂 la catedral de santa Sofía
圣特蕾莎 Santa Teresa
圣瓦西里大教堂 la catedral de san Basilio
圣维塔教堂 la iglesia de San Vital
圣心教堂 la Basílica del Sacré-Coeur
圣依纳爵·罗耀拉 san Ignacio de Loyola
圣哲罗姆 san Jerónimo
圣周 la Semana Santa
胜利广场 Place des Victoires
湿婆 Shiva
十八兔王 el monarca 18-Conejo
史密森尼学会 Smithsonian Institution
斯巴达克斯 Espartaco
斯蒂芬·奥斯汀 Stephen Austin
斯坦利博士 el Dr.Stanley
斯特拉波 Estrabón
苏福赫塔酒店 el hotel Suvretta
苏哈托将军 el general Suharto
苏凯娜 Sukaina
苏美尔人 los sumerios
苏珊娜·瓦拉东 Suzanne Valadon
苏族人 los sioux
随笔 zuihitsu
索邦大学 Universidad de la Sorbona
索菲·热尔曼 Sophie Germain
索沃弗·索梅 Soboufu Somé
索西人 los tzotziles

T

塔科德 Tacorde
塔姆斯 Thamus

塔普洛瓦纳 Taprobana
塔斯通讯社 la agencia Tass
塔西里 Tassili
泰迪·罗斯福 Teddy Roosevelt
泰莱马科 Telémaco
泰勒斯 Tales
《泰晤士报》*The Times*
泰晤士河 el río Támesis
太平洋战争 Guerra del Pacífico
弹性表面研究 el estudio de las superficies elásticas
汤米·史密斯 Tommie Smith
汤姆·索亚 Tom Sawyer
陶氏化工 Dow Chemical
特奥菲尔·戈蒂耶 Théophile Gautier
特拉尔玛纳尔科 Tlalmanalco
特拉卡拉 Tlaxcala
特拉索尔泰奥特尔 Tlazoltéotl
特雷布林卡 Treblinka
特鲁希略 Trujillo
特萝图拉·鲁杰罗 Trótula Ruggiero
特诺奇蒂特兰 Tenochtitlán
藤原宗理 Fujiwara Iitsu
提费斯 Tifis
提库纳人 los tikunas
提图巴 Tituba
天主教双王 los Reyes Católicos
通布图 Tombuctú
图拉城 la ciudad de Tula
图雷 Tule
图雷村 el pueblo de Tule
图卢兹的贝纳多 Bernardo de Tolosa
图卢兹-洛特雷克 Toulouse-Lautrec
图库曼 Tucumán

图帕克·阿马鲁 Túpac Amaru
图帕克·卡塔里 Túpac Catari
图特摩斯 Tutmosis
图西人 tutsis
推罗城 la ciudad de Tiro
突厥斯坦 Turquestán
托尔克马达 Torquemada
托尔特卡人 los toltecas
托勒密 Ptolomeo
托马·桑卡拉 Thomas Sankara
托马斯·德拉托雷 Tomás de la Torre
托马斯·杰斐逊 Thomas Jefferson
托马斯·洛佩兹 Tomás López
托马斯·莫尔 Tomás Moro
托马斯·纳斯特 Thomas Nast
托马斯·潘恩 Thomas Paine
托特神 el dios Thot
托托尼卡潘 Totonicapán

W

瓦尔基丽娅 las walkirias
瓦尔塔 Varta
瓦哈卡 Oaxaca
瓦伦 Varennes
瓦伦西亚 Valencia
瓦斯拉夫·尼金斯基 Vaclav Nijinsky
瓦西里·康定斯基 Wassily Kandinsky
瓦伊那·卡帕克 Huayna Cápac
威廉·迪格比 William Digby
威廉·贺加斯 William Hogarth
威廉·麦金莱 William McKinley
威廉·塔夫脱 William Taft
威廉·沃克 William Walker

威廉·渣甸 William Jardine
维多利亚·根特 Victoria Kent
维多利亚女王 la reina Victoria
维吉尔 Virgilio
维京人 los vikingos
维隆博士 el Dr.Veron
维纳斯 Venus
维苏威火山 Vesubio
维瓦尔多 Vivaldo
韦尔切利 Verceil
韦尔瓦 Huelva
委罗基奥 Verrocchio
魏地拉将军 el general Videla
魏尔塞尔 Welser
温布利球场 estadio de Wembley
温泉关 las Termópilas
温斯洛女士 la Sra.Winslow
翁法勒 Onfale
《我忧伤的夜晚》Mi noche triste
沃尔弗拉姆·冯·里希特霍芬 Wolfram von Richthofen
沃尔特·惠特曼 Walt Whitman
沃尔特·雷利 Walter Raleigh
《沃伊采克》Woyzzek
屋大薇娅 Octavia
乌尔巴诺八世 Urbano VIII
乌拉卡 Urraca
乌拉瓦雨林 la selva de Urabá
乌鲁安纳岛 la isla Uruana
乌斯塔德·艾哈迈德 Ustad Ahmad
无地农民运动 el Movimiento Sin Tierra
五月广场母亲 las Madres de Plaza de Mayo

X

茜蒙内塔 Simonetta
西奥多·莫里森 Theodor Mollison
西蒙·玻利瓦尔 Simón Bolívar
西蒙·罗德里格斯 Simón Rodríguez
西莫霍维尔村 el pueblo de Simojovel
西塞罗 Cicerón
西斯廷礼拜堂 la capilla Sixtina
西西里 Sicilia
西屋电气 Westinghouse
希波克拉底 Hipócrates
希尔德加德 Hildegarda
希罗多德 Heródoto
希律王 Herodes
希奈 Hine
希帕提娅 Hipatia
锡拉库萨 Siracusa
锡纳卡坦 Zinacatán
锡耶纳城 la ciudad de Siena
夏安族人 los cheyennes
夏尔·波德莱尔 Charles Baudelaire
小仓 Kokura
谢尔盖·爱森斯坦 Sergei Eisenstein
谢尔盖·叶赛宁 Sergei Esenin
新喀里多尼亚岛 la isla de Nueva Caledonia
休达 Ceuta
休姆勋爵 lord Home
叙姆普勒加得斯王 el rey de Salmidesos

Y

雅典娜 Atenea
雅各布·施宾格 Jakob Sprenger
雅科夫 Yakov
雅克-路易·大卫 Jacques Louis David
亚壁之道 la vía Appia
亚赫·阿桑托瓦 Yaa Asantewaa
亚历山大·冯·洪堡 Alexander von Humboldt
亚历山大·弗莱明 Alexander Fleming
亚历山大·汉密尔顿 Alexander Hamilton
亚历山大大帝 Alejandro Magno
亚历山大六世 Alejandro VI
亚历山德拉·柯伦泰 Alexandra Kollontai
亚马孙人 las amazonas
亚美利哥·韦斯普奇 Américo Vespucci
亚美利加 América
亚穆纳河 el río Yamuna
亚瑟·比斯波·德·罗萨里奥 Arthur Bispo do Rosario
亚述 Asiria
亚维侯 Averroes
亚西西的圣方济各 San Francisco de Asís
娅思明·阿卜杜拉 Yasmin Abdullah
耶罗尼米斯·博斯 Hieronymus Bosch
叶夫根尼·哈尔杰伊 Evgeni Jaldei
野牛比尔 Buffalo Bill
伊阿宋 Jasón
伊本·阿尔-沙义克·阿尔-利比 Ibn al-Shaykh al-Libi
伊本·沙特 Ibn Saud
伊壁鸠鲁 Epicuro
伊菲 Ifé
伊菲革涅亚 Ifigenia
伊克巴尔·马依斯 Iqbal Maiz
伊拉斯谟 Erasmo
伊雷娜 Irene

伊玛丁 Imad ad-Din
伊南娜 Inanna
伊诺拉·盖伊 Enola Gay
伊帕内玛 Ipanema
伊皮兰加河 el arroyo Ipiranga
伊萨尔科火山 el volcán Izalco
伊萨克·巴别尔 Isaac Babel
伊莎贝尔 Isabel
伊塔卡 ítaca
伊特鲁里亚人 los etruscos
伊西斯 Isis
《一个国家的诞生》 El nacimiento de una nación
以西结 Ezequiel
印度的克莱武 Clive de la India
印加人 los incas
英诺森八世 Inocencio VIII
优努斯 Eunus
尤卡坦 Yucatán
尤里西斯·格兰特 Ulises Grant
尤利乌斯·恺撒 Julio César
尤利西斯 Ulises
油灯 Lampião
幼发拉底河 éufrates
雨果 Hugo Boss
羽蛇神 Quetzalcóatl
《源氏物语》 Historia de Genji
约翰·H. 威勒 John H. Wheeler
约翰·保罗二世 Juan Pablo II
约翰·宝宁 John Bowring
约翰·伯格 John Berger
约翰·多米尼斯 John Dominis
约翰·弗里德里希·布卢门巴赫 Johann Friedrich Blumenbach
约翰·亨利·安德森 John Henry Anderson
约翰·霍金斯 John Hawkins
约翰·卡洛斯 John Carlos
约翰·洛克 John Locke
约翰·曼德维尔 Jean de Mandeville
约翰·萨特尔 John Sutter
约翰·塞尔登 John Selden
约翰·托马斯·诺斯 John Thomas North
约翰·威尔 Johann Wier
约翰·韦恩 John Wayne
约翰·温斯洛普 John Winthrop
约翰·亚当斯 John Adams
约塞普·德·阿科斯塔 Josep de Acosta
约瑟芬·贝克 Josephine Baker
约瑟夫·冯·桑能菲尔兹 Joseph von Sonnenfels
约瑟夫·吉约坦 Joseph Guillotin
约瑟夫·康拉德 Joseph Conrad
约瑟夫·麦卡锡 Joseph MacCarthy
约瑟夫·门格勒 Joseph Mengele
约瑟夫·朱加什维利 Iósif Dzhugashvili
约瑟夫乌村 el pueblo de Josefów
约克公爵 el duque de York
约克家族 la familia York
约克郡 Yorkshire
"越远号" Plus Ultra

Z

扎蒙德 Drummond Limited
詹姆斯·卡伦德 James Callender
詹姆斯·科尔曼 James Colman
詹姆斯·库克 James Cook
詹姆斯·门罗 James Monroe

詹姆斯·瓦特 James Watt
詹姆斯·沃森 James Watson
詹姆斯·乌谢尔 James Ussher
折钵山 Suribachi
《枕草子》 *Libro de la almohada*
宙斯 Zeus
猪湾 la Bahía de los Cochinos
朱庇特 Júpiter

朱克尔 Zukor
朱塞佩·阿尔钦博托 Giuseppe Arcimboldo
朱塞佩·威尔第 Giuseppe Verdi
《追剿女巫》 *El martillo de las brujas*
紫式部 Murasaki Shikibu
祖鲁人 los zulúes
《最终审判》 El juicio final
坐牛 Toro Sentado